—— 作者 ——

约翰·亨德里

英国剑桥大学格顿学院研究员、雷丁大学亨利商学院管理学荣休教授，曾任剑桥大学MBA中心创始主任、雷丁大学亨利商学院院长，并曾供职于伦敦商学院、克兰菲尔德管理学院和圣母大学门多萨商学院，主要研究商业战略和组织、商业道德和公司治理等，不仅在管理教学方面拥有二十多年的经验，而且在大型企业、会计师事务所和公共部门有着多年任职经历。

A VERY SHORT INTRODUCTION

MANAGEMENT

管理学

[英国] 约翰·亨德里 著
苏瑞娜 林海涛 —— 译

译林出版社

图书在版编目（CIP）数据

管理学 /（英）约翰·亨德里（John Hendry）著；苏瑞娜，林海涛译. -- 南京 : 译林出版社，2025. 3.（译林通识课）. -- ISBN 978-7-5753-0554-9

Ⅰ. C93

中国国家版本馆CIP数据核字第2025AR2953号

著作权合同登记号　图字：10-2024-433 号

管理学　[英国] 约翰·亨德里 / 著　苏瑞娜　林海涛 / 译

责任编辑　陈　锐
装帧设计　孙逸桐
校　　对　戴小娥
责任印制　董　虎

原文出版　Oxford University Press, 2013
出版发行　译林出版社
地　　址　南京市湖南路 1 号 A 楼
邮　　箱　yilin@yilin.com
网　　址　www.yilin.com
市场热线　025-86633278
排　　版　南京展望文化发展有限公司
印　　刷　南京新世纪联盟印务有限公司
开　　本　850 毫米 ×1168 毫米　1/32
印　　张　4.75
插　　页　4
版　　次　2025 年 3 月第 1 版
印　　次　2025 年 3 月第 1 次印刷
书　　号　ISBN 978-7-5753-0554-9
定　　价　59.00 元

序　言

龙　静

在现代社会中，管理无处不在。无论人们从事何种职业，事实上都在参与管理，管理国家、管理政府、管理某种组织、管理某个部门、管理某项业务、管理家庭、管理自己，生活中处处蕴含着管理的思想。但是，管理的真谛是什么？或许没有多少人能说得清楚。因为管理工作千差万别，要从各种特殊的管理工作中寻找出共同的普遍适用的规律和原理，具有很大的难度。同时，管理又是一个十分复杂的过程，往往涉及多个学科的交叉，也可以从多个不同维度去解读，这又大大增加了管理学研究的难度。因此，有关管理学的读本或书籍不胜枚举，有聚焦于基础的管理学教材，有梳理演进脉络的管理思想史类读物，也有专注探究管理某个方面的专业书籍。作为其中之一，约翰·亨德里所著的这本通识类《管理学》定位在教材和专业书籍之间，为广大读者提供了一个系统涉猎管理学内容的契机。

不同于传统教材按照管理的几大职能描述管理学的宏大绘卷，作者在带领我们理解管理学重要概念的基本内涵与管理者的工作后，从“管理的尺度”，即我们如何看待组织或员工入手，依托管理学发展历程中的三个趋势——理性化趋势、社会化趋势与个性化趋势，向我们阐述管理学的重要内容。管理是糅合了理性和艺术的复杂性活动。作为一门学科，管理学本质上是一套有关社会、组织与人的公理体系，其中必然包含着理性成分，但管理的神奇亦体现在管理者根据自身特点、能力及其组织和环境的情况，对基本管理原理的创造性应用上。管理者能够应用的武器既包括科学的、带有普遍性的技术和方法，也包括与人有关随情况变化的、涉及心理和行为的具有艺术特色的知识和经验。同时，管理世界并不是一个独立于人们心灵之外的物理世界，管理世界的真实图像是由人们共同的自由意志创造的，管理学科的真理性，又依赖管理实践的有效性。从这个意义上说，管理是一种实践，管理理论的可靠性和有用性也只有通过实践去检验。管理似乎永远达不到“自然科学”的那种境界，但这丝毫不影响管理可以成为一门学科。再者，管理面对的是实际的企业、组织和人，一般规律对他们有用，但他们往往也有独特性，所以不能僵化地看待管理知识，在理解和运用管理知识时一定要意识到其使用对象的特殊性。本书框架构思的巧妙之处在于，它将管理所具有的以上种种科学、艺术、实务、思想等多个属性，都融合进了三个趋势的分析之中，在此基础上又添加了一些“点缀”，即我们看待管理学内容时应该具备的视角、能力和素质，包括跨文化视角与批判性视角、意义建构能力和最基本的道德素质，从而向读者展示了一幅较为系统的管理学绘卷。

关于管理内容的叙述，本书一方面梳理了古典理论内容的精华部分，展现了管理学中经过历史沉淀的理论璀璨，如马克斯·韦伯的三种权威形式和科层制；另一方面也汇总了相关领域的新颖成果，如意义建构带给管理者与组织的新思考。在叙述这两方面的内容时，作者更多采用了一种整体视角，尽可能梳理关联理论，将相关理论整合到一起，以反映理论的演进过程，例如围绕赫伯特·西蒙的有限理性，探讨该理论在社会、政治及社会心理学方面进行的探索。

在上述内容的具体分析中，同样反映了作者的独到见解，例如通过叙述警长的工作实践向我们表明了从功能性维度探讨管理工作的重要性，进而展示了管理工作的三个维度；又如在“跨文化管理”中分析了美国研究与教学能够成为管理主流的文化特质方面的原因，同时也详细分析了世界典型国家在不同文化维度上的差异性，尤其是在时间观方面存在的巨大差异。当然，为了使叙述更为形象，文中穿插了大量生动的例子，这些例子既涵盖知名企业或组织的典型管理实践，如惠普公司的“惠普之道”与实施家长式管理的吉百利和利华兄弟公司等，也涉及日常生活与其他学科领域浅显易懂的示例，如在探讨理性时列举的有关量子力学、经济学和心理学等学科的例子。这些都让我们深刻感受到管理思想早已渗透到方方面面，它与其他学科在社会运作中相映成趣。

纵观全书，作者力图以浅显直白的语言向我们传递管理学的重点内容，虽然叙述中不可避免地涉及管理学的专业概念，但作者行文轻盈、语气诙谐、娓娓道来，尤其是作者在“管理者的工作”

中展现出的写作方式，你似乎完全感受不到管理学教材那种专业化、学术化的语言形式。阅读这本书，与其说是作者向我们传授管理学的专业知识，不如说作者在同我们畅谈管理学的内容理念，它给读者留下了充分思考与领悟日常管理实践思想的余地。

总之，作为一本管理学科的通识读物，约翰·亨德里所著的这本《管理学》的确做到了一点，即兼顾了管理学的科学性与艺术性、专业性与普及性之间的平衡。著作整体表现出结构新颖、内容翔实、视野独到、观点有趣、言语亲和等特点，能够帮助广大读者更好地涉猎和把握管理学的重要思想与前沿内容。阅读本书，是一趟充实有趣的管理知识之旅，也是充满科学内涵与生活气息的思想之旅，相信读者们可以在作者的引领下，在阅读中细细去品味、去感悟、去思考、去探寻管理的真谛和智慧。最后，希望包括这本《管理学》在内的“译林通识课”丛书能够对丰富读者精神世界、提升国民科学素养与推动通识教育提供帮助。

目 录

前言与致谢

本书旨在将管理学介绍给以下三类人群：没学过管理学但可能有管理实践，有兴趣了解管理学“学科”的人；可能学过管理学，但从未将所学应用于实践，想要探究他们从书本上所学的东西与管理者的日常实践有多少关联的人；从未学过也从未实践过管理学，仅是对管理理论与实践好奇的人。

管理可谓博大精深。全球有数亿人受雇于各种形式的管理职务。数以百万计的学生在学院和大学中学习管理学课程。从事管理学教学、科研及发表学科论文的学者有数十万之多，可供论文发表的管理学学术期刊约有上千种。本书是一本概要性著作，甚至都无法充分探讨管理学研究的一个细小分支，但我仍尝试在书中梳理出一个框架，讨论以下问题：围绕管理展开的思考是如何演进的，相关研究如今已探索到哪一步，管理学对管理实践在过去及未来都有哪些影响。

我自身对管理的体验源于实践也终于实践。最初，我是从我父亲伊恩那里学习管理。我父亲是一名工业界的经理人，他在工作中十分关注自己的下属，对这些人恪守承诺。从他身上，我学到了一点：当人们感到快乐、感恩并且相信管理者的正直与公正时，他们表现得最好，尤其在组织承受压力且绩效至关重要的时候。之后，我开始管理商学院，我希望不管自己有什么局限，都至少要设法将自己的洞察应用于实践。

从受我父亲启发到现在管理商学院，其间我还经历了工业界、会计行业、公共事业部门以及多个大学学院，最终作为一名学者研习并讲授管理学。在此期间，有许多对我影响至深的人，他们的影响以某种形式体现在本书中，其中有两位影响尤其突出，我在伦敦商学院工作时首次与他们相遇，同他们共事。一位是查尔斯·汉迪，他有关管理学和组织学的著作十分畅销，启发了数百万人。另一位是约翰·罗伯茨，他如今在悉尼大学，是我的学术密友，我们的友谊持续了将近三十年，他同时也是我共事过的最富洞察力的学术研究者。他们二位都是才华横溢的教师，虽然方法不同，但他们都能将对每个人潜能的深刻理解与对人性弱点的清醒认识结合起来。能理解人之所以为人，同时也只是人，这是理解管理（无论是理论上的还是实践上的）的核心。基于此，本书献给伊恩、查尔斯和约翰。

任何一本像这样的概要类著作都得益于许多人，既有书中梳理的作者（本书没有任何理论是自创的，错误解读倒都是自创！），也有那些一路协助本书写作出版的人。我在此特别想要感谢牛津大学出版社的戴维·穆森和安德莉亚·基根，感谢他们对本项目给予的信任。还要感谢伊斯梅尔·艾尔·阿莫迪那些激动人心的对谈以及宝贵的批评。

约翰·亨德里

剑桥，2013 年 1 月

第一章

管理学与管理实践

引　言

在与一位朋友聊天时，约翰向朋友解释道：他夫人玛丽，要离开两周去管一个海外项目；他们的儿子皮特，要管好他那条因为踢足球而受伤的腿；而他自己就是个“管事的”。

我们一想到“管理”，脑子里最先想到的就是与工作和就业相关的事情。管理是“管理者”做的事，在企业或其他组织中尤其如此；或者我们会将管理视为管理者这个群体要做的事情，与此相对，则是不承担相应管理职责的雇员（“劳工”或“工人”）。在这种工作语境下，管理一词有着深刻内涵，涉及体系与流程的控制、事务指导、设计与实施。然而，在工作场景之外，我们经常将管理一词用作反语，暗指缺乏控制力（管好受伤的腿），或者将其等同于应付、搞掂的同义词，意指需要施加更多控制（而非建设性指导）以防事态崩溃。

这些有关管理的非正式含义出现得相对较晚。管理一词源于拉丁语，意指驯养或驯服一匹马，该词的含义逐渐从控制马匹扩展到控制武器、船只和人群，并且在英国，管理一词的含义更加宽泛。在当代，管理的含义及其与行政、指示等密切相关的概念之间存在的差别，使它不知不觉间得以跨越时空限制。在英国，管理（management）一词历来专指商业管理，涉及公共部门的管理工作则多用行政（administration）一词。从事商业管理工作的人在英国被称为企业管理人员，但在美国则按美式传统被称为执行官（executives），管理一词在美国既指管理科学也指管理实践。在法国和西班牙，管理一词依旧处于词义演进史的早期阶段，仍特指对运动员的管理，或者再广一点，指对体育团队的管理。在特指商业管理活动时则使用其他词汇，如：经营（*gestion*）、企业（*empresa*）、指导（*direction/direccion*）和执行（*administation/administacion*）等。

所有这些术语都带有极强的指示、控制内涵，这在“管理”这一术语上体现得尤为明显。“管理”一词在当代的全球通行用法吸收了传统英式用法的词义，还吸收了现在扩展到公共组织、私营企业的用法，同时还叠加了美式词义，使其得以被科学地研究和学习。所以，在全球范围内由数以亿计的管理人员（行政管理者、执行官或主管）遵循特定的管理实践。同时，与管理实践密切相关的是，管理作为一项课题被纳入学术研究，探讨管理者应当如何行事以实现效率、产量或利润最大化，每年都有数以百万计的学生在商学院里学习相关研究成果。

本书既关注管理实践，也重视管理理论。本书大部分内容不仅会涉及管理者实施的指导和控制尝试，还会论述管理学家对于如何更好地开展管理工作所做的研究探讨。然而，本书的一个中心思想是要强调：我们在开始理解管理这一概念时，不能忘记“管理”这一术语存在着诸多非正式化、反讽化的用法。的确，管理者掌握事态、下达指令，但因为管理者都是人，他们所管理的对象也都是人，这会导致事态很少按照预期发展。所以，管理实践不仅是要掌控事态，还包括处理那些失去控制（或是脱离管理者掌控）但又不得不以某种方式去处理的事情。同样的，管理者和被管理者群体都会有不可避免的失误、完全无法预料的行为，研习管理学就要考虑到这些问题，而排除这些问题也需要给出正当理由。

在管理中加入人的维度，这使得管理学研究变得异常丰富多样。与所有社会科学一样，管理学面临着严峻挑战，即：采用理性科学方法来预测那些有顽固非理性、难以预测特征的主体的行为结果。然而，与社会科学许多分支不同的是，管理学本质上是实践性的。它之所以发展出科学性就是为了应用，为了能以组织技术的形式指导实践，任何无法弥合假设与现实之间鸿沟的结果都是异常明显的。还有，人的维度也会对管理实践产生影响。概因人有失去控制、逃脱掌控的天性，作为一种实践，管理会令人十分沮丧。但也恰恰因为管理有如此难度，成功的管理总会带来巨大激励。

我们会在第二章详细论述管理实践，探讨管理是什么、管理者做什么。但一开始，我们要先做一些准备工作，先花点笔墨研究一下人具有哪些特征，以及这些特征如何与管理任务相互关联，理解这些问题有助于我们更好地理解管理。

人的境况：理性及其局限

在此探讨的一个关键概念是理性，或称为理性的力量。在人类所有非凡的能力当中，理性的力量毫无疑问是最超凡的一项。与理性相对的是感性，或称为同情心、人类的爱心，但理性定义了何为人类。理性最为显著的成果是人类在科学技术上所取得的进步：计算和通信技术、生物技术、医药学以及其他。但同样，理性也是日常生活中的一个重要方面。我们可能并不擅长使用理性，但我们大多数人都能在辩论时遵循一定的逻辑性，使得从假设到结论的过程看起来符合客观规律。我们能够对其他人的主张进行批判性评价，并做出复杂的、证据充足的判断。另外，我们还能够制订并执行复杂计划以期实现我们的目标。

这种推理能力正是管理的精髓所在。在商学院中，在商业和管理学课本中，在许多工作组织中，管理被描绘为一种完全理性的、完全技术性的活动。就这种普遍构想来看，管理者的工作核心就是理性地分析其所处的形势，并就如何处理相关事务做出理性决策。管理者认为，企业乃至其他工作组织是特定的理性实体，致力于特定的理性目标，典型的理性目标是谋求利润或股东利益最大化，或是以最低成本谋求最大收益。

对管理的理性化解读固然很好，但我们也不能忘记（人们经常会忘记）：理性有其局限性。一些学者声称，客观理性的整个概念都是神话。他们辩称：理性自身以及以此为基础的科学本身在本质上都是主观性的，是特定社会及该社会中权力关系的产物。这大概又太过极端。的确，所有的科学理论与其后的进化版本比起来都存在瑕疵和不足之处，在科学理论的演进过程中，社会的、政治的因素与理性的因素同等重要。但科学理论在预测上的非凡成就说明，如果不是从严苛的哲学意义上讲，而仅从实践层面来看，一些非常客观的事情是在起作用的。探讨科学理性，甚至更为普遍的客观理性是十分有意义的。然而，对客观理性的批判比表面上看到的更有意义。我们思考事物的方式，我们所使用的语言，我们所采用的推理方式，都受到了社会力量和政治力量的影响，其影响程度比我们能意识到的要深刻得多，本书将在第八章探讨管理所遭受的这类影响。与此同时，对理性的批判同样也提醒我们注意那些对理性力量的限制，这类限制往往不太受关注，且较少引发争议。

首先，虽然理性能够引领我们在试图理解世界的道路上走得很远，但理性未必能确保我们一路畅通无阻。以量子力学这一学科为例。量子力学能够以一种难以置信的精度来预测那些极为微小、无法被观察到的物理实体的运动，并为20世纪晚期至21世纪早期诸多最具影响力的技术提供了科学基础；但如果我们尝试去理解量子力学，去想象那些公式在物理术语层面意味着什么，我们就会陷入一种绝望的、无可救药的矛盾之中。在那种境况下，理性就会从我们身上溜走。

其次，理性还有一种令人不悦的习惯：当事态进入紧要关头，理性就会从我们身上溜走。举例来说，假设我们想要问“上帝是否存在”或者“是否存在着超越此生的事物”这样的问题时，理性就会完全坍塌。基督教领袖们声称（按现任教皇的话来说）：基督教教义就是“客观真理”。其他宗教的领袖们对他们自己的教义也有过类似主张，但与宗教领袖们相反，激进的无神论者援引科学来申辩“上帝不存在”这一主张。然而，事实上，上帝是否存在难以从逻辑或科学角度予以证明。宗教信仰证实了这样的事实：人类是理性存在，但又不单单是理性存在。当理性自身难以给出答案时，人会致力于寻求答案本身。

“上帝是否存在”这类论述最显著的特征是：每个答案最终都是假设的产物，而构成假设的基础通常都是不言自明的。这种情况也同样存在于某些哲学分支的论述中，比如伦理学。在伦理学中，我们能从逻辑上证明什么是善（good）的唯一路径，就是从一些关于什么是善的直觉性假设或情感性假设出发。我们不能从无中推导出有。大多数社会科学也是如此，包括管理学，管理学涉及的行为都十分复杂，难以被模型精准描绘，我们无法用模型化物理世界的方式来研究管理学。但换个视角来看，指导我们工作与日常生活的多数推理都是正确的。

总的来看，像是分子或电子这样的物理实体稳定度高。它们不会忘事，不会犯错，不会改变主意，不会彼此坠入爱河。但恰恰因为它们表现稳定，我们才能对它们的行为进行建模、预测，并根据我们的预测来发明某种技术。但人类完全不同。我们有时可以（虽然并不经常能做到）预测他们的普遍行为或总体表现，但我们很难借助理性科学的推理来预测他们作为单个个体的行为。

理性与管理挑战

对理性力量的这种限制会带来一种相当显著的影响，不仅影响管理学的科学研究，还影响着管理实践，甚至也影响到了理论与实践之间的相互作用。让我们从管理科学开始说起。与其他任何一门科学一样，在管理学中也是理性法则占统治地位，但理性法则在管理学中的统治地位有着十分明显的妥协性。如果管理科学要达成任何有用的结论或预测，它就必须要先一步设定一些基础性的简化假设。举例而言，管理经济学假设人是彻头彻尾的利己主义者；他们唯一的目标是追求金融财富最大化；他们会动用所有手段来达成这一目标，手段甚至不乏欺诈和诡计；并且他们完全有能力实现这一点。然而，管理经济学家实际上并不相信这些假设都是真的（当然，有些人相信，但大部分人不相信！），但是，他们如果不严格遵守这些假设，他们的数学模型就会分崩离析，他们也就无法预测任何事情。实际上，管理学中使用的假设比经济学其他分支学科所采用的假设要少得多，以期望能最大限度接近现实世界，让他们的理论变得有价值。

管理心理学家则按完全不同的方式开展研究，但他们的假设也多有争议。一些研究假设动机或心理发展的特定模型，另一些研究则基于大脑及其运行的各类推测模型展开。某些时候，经由洞察力导致的结果如此引人注目，以至于我们至少会在一段时间内说服自己：假设一定是正确的。但更为常见的是，心理学家的假设在凸显人类行为某种特性的同时，排除掉了其他同等重要的特性，后者可能与前者互为补充，也可能与前者差异巨大。每种理论都会揭示一些东西，又掩盖一些东西，继而形成理论特色。

说回管理，尤其是管理实践，人类理性的局限无论是在管理者还是被管理者身上都十分明显。与经济学家的假设完全相反，人的能力不是完美无缺的。实际上，人是出了名的无能力。就像我们经常说的那样，人“仅仅是人”。他们会忘事，会心烦，会分心，会犯错，会被自己的情绪牵着走。即便是最能干的管理者也要应对下属的人性弱点（如果某些特质算“弱点”的话），同时还要面对那些无法回避的环境的不确定性。管理者可能接触的信息远少于其所需，但他们永远无法获取充分信息去制订信心十足的计划。他们直面未知，很多时候需要直面完全无法预知的未来。同时，在商业环境下，他们要面对竞争中固有的不确定性。理性此时可以发挥作用。就像赫伯特·西蒙指出的那样，对不确定性的理性回应是限制你自己的研究和分析，提出一些“合理的”可操作性假设，着手处理事情，而不是尝试分析你能想到的所有可能性。但仅有理性远远不够，尤其是涉及与其他人打交道的时候，最理性的路径不见得一直就是最有效的路径。

当把科学与实践结合起来，应用到管理技术或管理技巧中时，什么事情都有可能发生。有时候，管理技术背后的假设与现实足够接近而使其有用。举例来说，管理经济学的一项建议是：一般而言，应当根据人的产出而非投入给予全部或部分报酬以资鼓励，报酬可以是计件工资，也可以是绩效工资。如果你要管理的是水果采摘工，这个建议就很适用。采摘工需要钱，他们通常也能胜任水果采摘工作，同时你也能度量他们采摘的成果，你就应该根据水果重量而不是他们的工作时长来支付报酬，这会提高他们的工作效率。

如果将这一建议应用到其他一些场景中，按业绩付酬这样的管理技术同样有效，但并不是因为相关假设反映了现实，而仅仅是因为模型可套用的范围比较广，并不见得推导模型的具体假设就是正确的。举个例子，事实证明，在对雇佣合同进行解释时，我们可以用经济学的“代理理论”来解释，也可以用能力欠缺但胜在服务诚实守信这一假设来解释，两种解释路径完全相反，但得出的结果是一样的。如果不直接参与管理，你很难区分雇员到底是懒散还是能力不足。大部分人是二者兼有，这种混合特质因为过于复杂就很难用模型来表示，但在一些特定情况下我们的假设是否符合事实并不重要：相同的处方可以治疗不同的疾病。

但是，在其他情况下，这类假设可能就完全没法应用，这项管理技术也完全不合适。比如，经济学的代理理论最主要的应用就是用来设计首席执行官和其他资深管理者的薪酬。但这类人的动机到底是追求金钱还是追求做好工作所带来的自我满足感是很不明确的。然而，作为一家企业的职业经理人，兢兢业业做好工作很可能对他们而言尤为重要。在企业中需要与其他人深度合作，商业环境的竞争既激烈又充分，这都会限制他们能力的发挥。毕竟不是所有企业都能脱颖而出成为行业龙头。此外，我们付给首席执行官薪酬，让他们自己判断、自行裁决，我们就必须假设他们是值得信赖的，是有良好内驱力的。在这种场景下，假设就事关重大，在设计首席执行官的薪酬时就应假设他们是充分胜任工作的自我驱动型个人，多数大企业都是如此行事，但这势必会导致不合意的且完全预料不到的影响。

一种无法预料的影响就是当我们将强假设性的理论应用于实践时，这些假设就非常容易自我实现。比如，当社会科学家假设人是狭隘的利己主义者时，老师们就会将这种假设传播给学生，实践者在执行中也会基于这样的假设行事，如此一来，人就会变成狭隘的自利者，哪怕他们一开始并不是这样的人。这种现象在金融界表现得尤为明显，市场参与者现在都有意识地遵照金融学理论（尤其是与管理经济学密切相关的理论）的假设行事。就像是在近年来的金融危机中所展现的那样，这使得理论和实践能更好地契合，但也对我们所有人带来了极其严重的后果。

管理学尚未走到这步田地。虽然管理科学越来越多地被经济学主导，但它也大量借鉴心理学和社会学，这给经常相互矛盾的诸多假设提供了修正空间。不过，这也造成理论应用难题。管理科学一开始是被视为实践的辅助才得以持续不断地发挥作用。当引入社会科学中更为基础的研究时，管理科学只对可能有用的理论感兴趣。管理科学在借用想法和概念时，极少考虑这些想法与概念的基本假设，也很少考虑它们是否科学有效。结果就形成了一个理论缝合体，内里自相矛盾、混乱不堪，这样的理论被拿来指导实践时，相应地就会造成矛盾和混乱的后果。正如我们在下文中将要论述的那样，管理学的发展史，更像是管理实践的日常史，是一个充满了必然和偶然的故事。但在讲述这一故事之前，且容我稍作停歇，问一个非常明显但少有回应的问题：管理者到底应当做什么？

第二章

管理者的工作

管理学的研究著作、文章成千上万，但奇怪的是，很少有研究会关注管理者具体做什么，仅有的少数研究，其分析基础也十分薄弱。这类研究中影响力最大的是加拿大学者亨利·明茨伯格在1970年左右所开展的研究。他对五名高管展开每人为期一周的观察。三十年后，为了验证明茨伯格的结论在多大程度上能经受住时间的考验，斯特凡·滕布拉德研究了四名总经理。明茨伯格的最新研究则分析了二十九名不同资历的高管，但他与每名高管也只相处了一天，这是他2009年出版的那本著作的研究基础。幸运的是，这些研究成果以及其他主要研究成果（共计十五项）的结论颇为一致。不同学者用不同方式阐释他们的观察结果，显然，不同的时期、不同的国家文化、不同的企业规模和文化以及不同的职位资历，在管理工作的性质上都会造成一些差异。然而，管理的普遍模式看起来却十分一致。

我们可以从三方面来看待管理工作。我们可以从功能的角度问：管理者做什么工作？我们也可以从实践的角度问：管理者如何开展工作或管理实践如何？我们还可以就这种实践的成效来发问。举个很简单的例子，如果我们想要描述警长们的工作，我们也可以用这三种方式。我们可能会探讨他们在预防犯罪和抓捕罪犯方面的功能；我们可以列举警长们的实践，如巡逻、写报告、维持治安、抓捕罪犯等；我们还可以强调警长们的忠诚、服务意识等素质，强调警长们能在沉闷单调与紧张刺激之间做好平衡的能力。当然，警察的工作比我们在此简略描述的内容要复杂得多，同样的，管理工作（也包含警务管理）也更为复杂。这三个维度彼此重叠又互相独立。当我们描述功能时就不能不提实践细节，或者说当我们要解释实践时就必定要探讨功能。然而，这三个维度为我们提供了一个非常有用的研究起点，便于我们展开结构化研讨。

在本章中，我们会从常规管理、解决问题以及领导力这三个功能性维度来探讨管理工作，这三个维度是从各式各样的研究成果中提炼出来的。我们借鉴了明茨伯格的最新研究成果，在探讨每个维度时采纳了他的实践分类。他将管理分为以下几种：管理者在自己头脑中所做（如，思想实验）的管理，通过信息的管理，人际的管理，通过直接行动的管理。继而，他将这些管理实践又分为三种：一是组织内部需要管理者负责的管理，二是涉及组织内跨部门的管理，三是涉及客户、供应商和其他股东等跨越组织边界的管理。最后，我们将在总结部分简要讨论管理工作的成效。本章的研究框架参见图1。

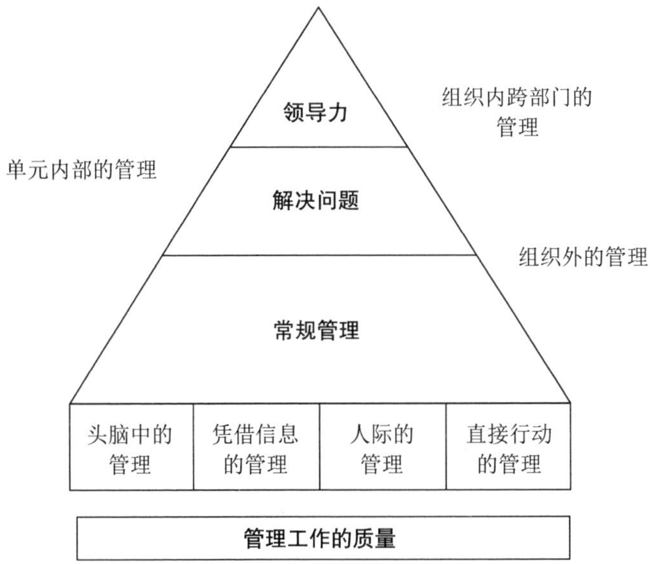

图1 管理工作的维度

常规管理

从定义上看，管理的特质就是对组织负责，对组织内的各部门负责，对组织雇员的工作负责。组织有大有小，小至只有一两名店员的零售商店，大到有成百上千、成千上万雇员的大企业，但多数管理者直接负责管理的团队规模一般都有一个“可管理”的人数限制——人数一般在两到二十人——在这一数量级上，管理者可以直接参与团队各式各样的工作进程。所以，我们能看到有销售经理、生产经理、市场经理和IT经理等相关管理人员，他们负责管理专业性工作。然后，在业务单元、经销商或区域性子公司这个层面还有总经理，他们的工作则是组织并协调不同专业团队之间的工作。

组织通过协作来运行，但协作并不是自发产生的，管理者的大部分工作都与维持组织协作相关。在信息维度，管理工作涉及监测单元内外都在发生什么事情，并将相关信息传递到需要它们的地方。这些信息有一部分是以下级机构呈递报告或上级部门下达指令的方式呈现的。另外一部分信息则以非正式方式流转于对话与会议中。管理者从外部世界汇总信息，并与其他单元的管理者相互交换收集到的信息。正如明茨伯格所言，好的管理者应是单元的神经中枢，他应掌握比其他人更多的信息，还要能筛选信息（仅回复邮件这一件事就已是非常耗时的任务）。他既要作为单元的发言人，代表单元向外部世界做好展示；又要成为单元的谏言者，代表外部世界向单元做好反馈。

还是在信息维度，典型的管理者要负责做好管理和协调，有时候还要设计单元借此得以运行的结构和体系。明茨伯格从控制性功能的角度来描述这一点。那个时代流行的研究风潮是从控制导向角度阐释管理者职责，明茨伯格的研究显然是受到这一风潮的影响。管理者分配资源，设定目标，安排任务，并授权下属去做。从被管理者群体的视角来看，这看起来就像是行使权威。从管理者的角度来看，大部分管理工作都是单纯的例行公事，在某些方面体现出这项工作最枯燥的部分：做经营决策，设定预算，写工作描述，签署文件。偶尔会有机会组建一个新团队，创设一个新项目，或者是重新筹划事情，这时候事情就变得更加有趣。但计划越成功，项目持续时间越长，卓有成效的组织也就越容易被常规工作所主导。

转换到人际关系的视角来看，在上述这些信息处理活动中，多数都涉及人际的管理。为了维持他们的信息流，管理者需要建立有效的人际网络，在多数情况下，需要同时在组织内部和外部都有人际网络。虽然当今社会已经拥有了发达的信息系统，但人与人之间的联系依然无法被取代。你的人际联系网络越完善，你越有可能获得你想要的信息。你对与你交换信息的那个人越是了解，信息交换就可能越有效，误解的风险也就越小。同样的，你越了解人，你在协调你与他人的行为时也就越有效。

管理者的发言人角色同样体现出较强的人际关系维度。作为单元的代表，管理者经常被赋予一种社会责任，有时候甚至是一种公共责任。这涉及提倡、劝服、激励，还涉及帮助那些可能会帮助你的人。对单元的反馈同样需要这些技能，管理者不仅需要告诉人们要做哪些事情，还需要使人们深信自己所做的事情，比如，对公司经营战略或新的人力资源政策有信心。许多员工天生对别人做出的决策有怀疑倾向。举例而言，医生不信任医院，教授质疑大学领导。一线分公司、子公司信不过它们的总公司。员工普遍不信任“领导层”。要让一个组织整体有凝聚力且工作高效，管理者就必须克服存在于他们单元中的这种怀疑主义，并且成为政策和执行之间一座个人的桥梁。与此同时，他们还必须捍卫自己所处的单元及他们自身，免受来自碍事的老板、反复无常的顾客、野心勃勃的销售员无意义的外部干扰。单元管理的一项重要工作就是管理外部干扰，让单元内的员工能安心开展工作。

最后，维护并运作体系的任务大多都与人和信息有关。如果你对自己的每个员工都了如指掌，知晓他们的一些私人关系，你才能分配任务或设定目标。会议必须得到高效管理。在更为正式的组织中，必须要有效地主持委员会。管理者的职责就是确保听到正确的声音，而不是听到最吵或最执着的声音。员工的招聘、激励、审查与评估都是关键性任务，不单是因为这些工作本身十分重要，而是因为这些工作是体现管理者公正度和良好判断力的符号化指示器。员工对这些工作的认知尤为重要，这是管理者获得员工支持和爱戴的关键所在。

不言而喻，所有这些活动都需要管理者花时间去思考。老派观点将管理者视为一个坐在办公桌前、花大把时间思考的沉思者，但这与现实相去甚远。管理者确实会花大量时间去思考他们的常规管理，但他们一般会在途中做这些，比如在两场会议的间隙、在开车上下班的路上。至于说直接行动，许多管理者都会空出时间跟手下的员工一起处理日常工作，但如果他们在这些事情上花了太多时间，更大的可能是他们正在尝试回避真正的管理任务。成功的管理者经常会尝试安排一些活动，比如参加项目团队，或者密切参与其单元的一些专业性工作，这主要是为了维持他们的信息流和个人关系网。但他们经常会发现，这会让他们的日程安排变得拥挤不堪。

从诸多方面看，常规管理是管理中最无趣的部分，但也是最耗时的部分。它对于一个组织的平稳运行十分重要，许多管理者也乐在其中。它相对没有那么大压力，能让人从压力更大、要求苛刻的任务中欣然解脱出来。然而，常规管理很难带来成就感，它能以惯常的方式让你拥有一份圆满且满意的工作、一份还算不错的薪水。但它也能给人以巨大的成就感，特别是负责一个愉快且高效的团队，尤其是见证卓越工作和优秀员工被认可、被奖励的时候。

解决问题

如果说常规管理可能是管理的诸多维度中最耗时的，那么管理中最耗心力的就是解决问题，或者借用英国前首相哈罗德·麦克米兰的名言，就是处理“大事件”。

计划外的事、意想不到的事，还有经常不希望发生的事就这样发生了。事情变糟，机器死机，供应延误，工人罢工，竞争对手先发制人。无论你怎么解释，消费者就是不放心。项目超出预算，错过了最后期限。任务被忘记，或因琐屑细节而失败。在关键时刻，员工病了或者出事故了。员工会犯错，还相信其他人也会犯错。团队分崩离析，谣言满天飞。计划得非常完美，但执行时却漏洞百出，事情就是不按预期发展。

在某种意义上讲，解决问题本身也是一种常规。考虑到社会环境的不确定性、人性的不可靠性，无法避免的是，事态有时就是会趋于恶化。有时候问题是由于管理者本人的局限或错误引起的（所有管理者都会犯错，虽然他们可能不会承认这一点），有时候问题是由管理者手下员工的错误引起的。有时候错误出在部门之外，有时候根本就没人犯错，但组织必须以某种方式对错误做出回应。无论问题源于何处，解决问题的重任一般都要落在某个管理者或某群管理者肩上，组织的管理者拥有正式权力，掌握信息（他是组织的信息中枢），有开展有效行动所需的人脉资源和关系网络。

根据问题的性质，解决问题的管理可能会涉及明茨伯格模型中各种不同维度的融合。当然，解决问题需要思考，并且是清晰的思考——思考那些危机境遇中更为困难但也更为必要的问题。在解决问题时，管理者最有可能会直接采取行动，对于那些通常情况下可能被委派给下属去做的事情，这时候要亲自出马。有时候解决问题就是顶上去，代替那些因缺席或情绪而无法正常工作的员工，尤其是在把所有人手都用上的时候。有时候解决问题需要经理具备一些额外的知识、关系网或经验，比如与难对付的客户打交道，再比如获取支持以确保项目交付或找到技术性修复方案。

当问题源于一个或多个错误时，管理的人际维度就变得至关重要。关于探讨管理者如何应对错误的文献非常少。仿佛错误可能会发生的这个理念就不该有，它与主流管理学那种技术和理性的乌托邦形象格格不入，以至于主流研究容不下对错误的研究。然而，我们都知道，错误会发生，员工犯了错，管理者如何做出反应关涉管理的成败。这个错误仅仅是一次意外，你此时要不要忘记这个错误继续向前？还是说，它是一个信号，说明这个人实际上无法胜任自己的工作？在这种情况下，你就得弄清楚能不能通过培训提升他的能力来弥补错误，还是说你得按程序来，再考量一下这个人的能力？有没有故意疏忽的迹象，如果有，要不要启动惩戒程序？还是说这个人的个人生活出了问题？是工作关系问题？家庭问题？生病了？还是抑郁了？要不要提议给他帮助？还是建议他去做心理咨询？你的这些不同行为又会激起此君的何种反应？什么时候该硬起心肠、什么时候该施与同情，该如何拿捏尺度？

不同的管理者具有不同的风格，但所有优秀的管理者都需要把握自身风格带来的影响，在特例和个人特质与对公平和一致性的普遍要求之间取得平衡。在更为基础的层面，他们同样需要别人的回应。因为处理人的错误是一件困难且极具压力的事情，这总会诱使人搁置对错误的处理，把事情盖起来，幻想问题会自动消失。组织生活的一个共同特点是，当到了要采取纪律处分或要对无能力之人施加惩罚时，才会发现涉事人员多年以来一直在犯同样的错误，但没有人走正规流程、采取行动去揭露问题，或就相关问题写出书面警告。任何惩戒都得从零开始，累犯被当作初犯对待。由于同一名经理很少会长时间待在同一个岗位上，他便没有足够的时间去审查这类流程，导致审查变成了集体任务，由此带来的问题是由组织自身尤其是组织中其他员工来承担的。所以，管理中的一个关键部分是对“管理”进行管理，而不单单是处理问题。

管理者如何应对他们自己的错误也同样重要。当然，有些管理者纯粹就是一点错也不想认，一有错就归咎到别人身上。虽然推卸责任在短期内对他们的事业有好处，但这并不是有成效的管理。当然，管理者一味地沉溺于错误之中也是不可取的。应对失误的诀窍很简单：让损失最小化（要确保无辜者免于责罚），最大程度吸取教训，以能让组织利益最大化的方式行事。但这么说容易，要做到却很难。我们会在第九章详细讲述这一点。

若错误来自单元外，管理者在应对时便要加倍小心，外部错误会诱导你抓住机会归罪他人，但这并不总是最有成效的前进之路。管理者的人际网络、社会关系乃至政治技巧都将在此处派上用场。管理的任务是解决问题、继续前进，并且正如一般在政治中的那样，这经常需要谨慎的妥协、外交式沉默和慎重的过度自信。

领导力

管理者要有能力迅速克服一堆错误、避免相互指责，让所有人再度齐心协力向前看。这既是领导力，也是管理能力，我们通常将这两者混为一谈。长期以来，关于领导力和管理能力之间的关系就一直争论不休。一些在领导力研究上最有影响力的学者，一直尝试想要严格区分领导力与管理。比如，沃伦·本尼斯就宣称："领导者是那些做正确事情的人；管理者是那些把事情做好的人。"从这个概念上讲，领导者是为组织设定战略和方向的人。管理者是执行既定战略的人。然而，本尼斯同样也批评领导者，他认为领导者已深陷常规管理中难以自拔。而其他著名学者，如哈佛商学院教授约翰·科特和亚伯拉罕·扎列兹尼克，则批评管理者沉溺于常规管理。许多管理学经典著作在某处标题中都会使用“领导力”一词。如此看来，领导力一直是管理的重要部分，也是必要部分，特别是涉及驾驭变局时。但无论在管理实践还是管理学理论发展中，领导力通常都处于被忽视的状态。现在很难再说领导力在管理学的演进过程中被忽视了，毕竟有些商学院看起来除了培养领导力以外什么也没做。但要将领导力融入管理实践，依然面临很大挑战。

领导力和管理这二者间关系的历史与组织结构的历史紧密相连。五十年前，多数大型组织，无论是私营机构还是公共部门，都是死板的科层制组织结构。在科层制组织中，把握方向被限定为最高管理层的专属功能，在商业中高效竞争、在公共部门中有效服务所需的知识和理解力，是在漫长的时间中逐步添加到组织系统和流程中的。这些组织被设计成追求稳定性，它们的管理天然被常规事务所主导。

但在过去的四十多年间，全球化竞争和大量先进信息技术的出现，使得这些大规模商业机构日益受到更快、更敏捷竞争对手的蚕食。当今社会的商业企业在组织设计时要同时考虑变化性和稳定性，这造成的一个后果是让既有的科层制结构变得日益松散。所有的公司都保留着一定的科层结构色彩，大多数战略设计和总体方向性规划，依然是由首席执行官或高管团队负责，至少在形式上如此。但在组织中，科层制骨架现在叠加了柔性网络和自组织项目组，而不单只有传统的官僚办公室。与此同时，企业和雇员之间的心理契约也在发生变化，从基于长期忠实服务给予回报的心理契约，转向基于短期绩效奖励的心理契约。同时，在效率提升这一需求的驱动下，公共部门组织变得越来越像商业组织。

要了解这些变化对管理的领导力维度所造成的影响，可以参考约翰·科特对高能效领导力的三大流程分析：

1. 确定方向。描绘未来蓝图（通常展望的都是遥远的未来），同时要为实现这一愿景制定变革性战略。

2. 协调员工。将确定好的方向传达给那些潜在的伙伴，这些人可能就是助你打造同盟的盟友，要让盟友们理解你的愿景并致力于帮助你实现愿景。

3. 激励鼓舞。尽管存在政治的、官僚的甚至是资源上的巨大障碍，但依然要通过诉诸那些非常基本但经常是尚未被开发的员工的需求、价值和激情而让他们朝着正确的方向前进。

过去，一个组织单元会为自己设定方向。尽管情况可能依然如此，但在当代组织中，它可能只是强加的产出，完成绩效目标。因此，需由管理者设定单元的方向来实现那些目标。在传统的成熟科层制机构中，协调员工的大部分工作都是通过正式程序实现的，如用协议、手册、工作描述等，或者是通过深植于组织中的文化来实现的。在更为灵活的组织中，工作并不是被定死的，员工在不同团队中快速切换，管理者有更多工作要做。而且，无论处于稳定期还是变动期都是这样。科特在20世纪80年代面对的问题并不是如何协调组织内部的员工（在这一点上科层制已经做得非常好了），他面对的问题是如何把员工调整到一个新的方向，以对抗组织中根深蒂固的保守力量。他强调激励鼓舞，聚焦于克服变革的阻力这一需求。摆在当今管理者面前的问题是，在快速的组织变动及雇佣条件影响员工个人利益的情境下如何让员工保持完全一致。即使让一个团队待在一起足够长的时间去完成一项工作都变得艰难，因为员工是通过从一个团队跳槽到另一个团队来谋划自己的升迁的，他们尝试在正确的位置、正确的时间抓住下一个晋升的机会。激励人、鼓舞人变得比以前更为重要，也更加艰难。

设定方向，传达这些方向，建立同盟，激励鼓舞员工，既是管理的一部分，也是领导力的一部分，保守来看，这些就是管理的全部，是常规管理的全部。然而，激励并维持一个高效的团队或组织，引导他们渡过由“大事件”带来的危机是一回事；在需要的时候激励他们，让他们超越自我，打破固化的舒适圈，投入那个他们自己内心可能都不相信能改变的事则是另外一回事。二者存在不同。尽管现在对高效能领导力的要求是简单地维持局面，让人们劲往一处使，而不是只关注自己的个人目标；但当变局到来时，尤其是当组织正在形成或重组时，则是最需要领导力的。

惯例、习惯和组织文化是我们应对复杂性、不确定性的一种方式。虽然无法弄清楚每天会有哪些新东西，但我们会找到固定的模式去应对全新的每一天。不仅因为这些模式是基于过去的成功，也因为这些模式本质上与生存技巧相关，所以极其难以扭转。无论是在组织层面还是个人层面，本性都很难转圜。但世界是变化的，要维持成功就必须要随变化而改变。对领头的管理者而言，关键是要倡导变化、管理变化，释放能量让员工摆脱既有的稳定状态，利用变化促进员工发展，使他们养成新习惯，让新文化替代旧文化。

管理工作的特质

时至今日，显而易见的是，管理者的工作看起来更像是某个人日常生活中的“管理”工作（就像我们在开篇提到的约翰那个例子一样），而不再是传统的控制型经理的形象。正如我们在前文提到的，管理者面对的挑战是超越处理杂事，对管理本身进行管理。一名高能效管理者是有掌控力的，尽管他的控制力不那么绝对，且经常是不明显的。但她施加控制的方式以及掌控的局面更像是疲惫不堪的父母，小孩在哭，狗在叫，电话铃在响，快递来了，客人到了，电路跳闸了，她要同时处理所有这些事情。

探讨管理工作的特质最有力的是研究新上任的管理者，他们很快就发现管理工作跟他们原来想象的完全不一样。另外，从管理者如何分配他们的时间这一基础数据也能看出管理工作的特质。多数研究都认为，管理者将他们的大部分时间花在了开会上，开会耗费了他们三分之二的时间。剩下的时间，管理者主要用来打电话、会议间的旅行，或者按现在的习惯来看就是收发电子邮件。坐在办公桌前工作的时间很少，管理者更多时候是在家而不是办公室里写报告、看报告。管理工作高度灵活、高度碎片化，一天中要处理多达三十或四十件不同事务，重大事务和平淡琐事交错在一起，毫无规律可言。管理者要能以惊人的频率转换心情和行为模式。

管理工作也是十分灵活的。因为有如此多的诉求侵占管理者的时间，所以他们的日程通常都安排得非常满，但为了应对新需求，管理者的日程经常变来变去。修改日程极其消耗时间。明茨伯格在四十年前就观察到管理者极其努力地工作，毫不松懈，但他们每周的平均工作时长是四十五小时。在滕布拉德最近的一项调查中，管理者同样毫不松懈，但每周工作七十二小时。我自己的研究显示，这个工作时长是高管的工作常态。实际上，最高层管理者经常是尽可能地将时间花在工作上，他们往往也意识不到工作时长越来越不正常。另外一些新近的研究显示，即便是中层管理者，每周花在日常管理上的时间也有五十到六十小时。

管理工作无法松懈下来的本质是，它既难以明确，又没有边界。这在对新上任管理者的研究中体现得尤为明显，比如琳达·希尔、托尼·沃森和宝林·哈里斯的研究。这些新上任的管理者此前都习惯于明确（通常是从事专门的行业和职业，或有特定的任务和责任）和有界限（你完成一项任务后再接着进入下一项任务）的工作，但上任后他们立刻就发现没人告诉他们该做什么，随后又会发现没人告诉他们不该做什么。管理工作的一项最显著的特征是，它永远没有完成时。要做的事情，永远都比你能做完的事情多。

这在当今更为灵活的组织中尤为常见。拆掉官僚办公室的普遍做法，同样也拆掉了管理者的责任边界。那些还没有转换到灵活结构的公司也倾向于减少它们的管理层级，给它们的中层管理者施加更大压力的同时也限制了他们的职业晋升前景。所有这些工作不可避免地影响了员工的家庭生活和普遍幸福感，这也导致当今许多经理人发现他们的工作压力巨大，让人筋疲力尽。但其他许多人——经常是那些运气爆棚而拥有好上司的人——发现新的变化能让人振奋、充满意义。话又说回来，管理真的很像当父母，对于那些同时也是父母的很多管理者而言，管理就像是你在有了自己家的同时还要做另一份家务、管另一个家。我们会在第十章回到这个问题上，探讨管理工作需求中一些道德层面的问题，但接下来，我们要回到管理思想和实践的演变上，探讨管理学理论如何一路发展下来，出现了哪些建立在理论之上的管理技术，以及理论如何对管理实践施加影响。

第三章

管理与权威

管理、权威与胁迫

最古老、最简单的管理方式，是告诉人们做什么并确保他们完成工作，如有必要还需通过使用暴力或威胁使用暴力来迫使人们完成工作。胁迫式管理在许多发展中国家和多数新兴经济体中依然十分常见。即便是受到各种法律限制，胁迫式管理在随处可见的小企业中也是常态。老板下达指令，员工按被告知的指令行事，如果员工不听从老板命令就要承受各种苦果。

最早期的管理学植根于两种类型的组织中，这两种组织在形式上都是科层制。一种组织是大家庭、王室或庄园，其中要管理的人包括仆人或奴隶、农业工人以及少数专业技工（厨师、兽医等）。另一种组织是军队，或者是与之相比规模较小的商船。

这两种组织传统上都依赖一种权威与胁迫的结合，“管理者”被授权（由团体或同辈群体授权），“管理者”不仅能发布指令还能够实施体罚，代表群体实施惩处。进入20世纪，哪怕是在最“文明”的社会中，不听从指令的士兵和船员仍会遭到鞭笞，在极端情形下还有可能被处决。在第一次世界大战中，不服从命令或者擅离职守，在交战双方阵营中都是死罪，这种规定依然保留在当今一些军队的军纪中。在船上，一旦行驶到公海，基本没有逃生的机会，此时的暴力威慑就极具成效。

在王室或庄园中，传统上是通过奴隶制或契约劳工制行使权威，对体罚的恐惧近在眼前。即便劳工名义上是自由的，但他们依然受到严格的约束。举例而言，薪酬主要是以实物的形式给付，通过提供食物、住宿的方式付酬，这意味着劳工几乎没有可能辞掉工作换另一份工作，从原来的雇主那里离开时如果没有好的推荐很难找到工作，就像经典的“第22条军规”的情况。与军事环境类似，体罚是一种常态，自由劳工与奴隶如果不服从命令就会遭受毒打，有时哪怕服从命令也会遭到毒打。

在发达国家，奴隶制在当今已被取缔，但它依然存在于贩卖妓女和家奴这种隐秘的地下世界中。然而，契约劳工这种“奴隶制”形式在发展中国家依然十分普遍。据凯文·贝尔斯估算，在2000年，全球仍有超过2700万人在奴隶制状态下工作，遍布在印度、巴基斯坦、孟加拉国、泰国和巴西等国。

在泰国和许多其他国家，十几岁的少女被她们的父母以一部电视机的价格卖给中间人。合同中规定，中间人的支出从女孩们的收入中扣除。这些姑娘被送往青楼，被强暴、被虐待，她们的收入永远偿还不清债务。因为青楼老板买通了警察，逃跑是不可能的，暴力已成为地方风气，这些姑娘一直工作到被完全榨干为止。

在巴西，年轻人被高薪工作的许诺所吸引。被驱赶至密林、大木炭场之后，他们才被告知自己身负债务，要给这些带他们到目的地的人偿债。身无分文，“债台”高筑，他们的身份证被没收，逃跑也毫无可能。这种体制也是一种暴力胁迫。

在巴基斯坦的砖窑，一家老小都受雇于此，挖泥、制砖，一开始欠下的债务有时候会代代相传。在印度，封建领主掌管着百万农业工人的生活与工作，借助这种安排，他们欠地主东家的债永远还不完，代代延续，雇主付的工资仅供他们糊口。

胁迫式管理不仅仅局限在债役工和军队。如果有数以千万计的人以奴隶方式工作，那么必定有数亿人承受着体制性的压迫与体罚恐吓。虽然人权和劳工保护法不断普及，但在这个世界上，许多工厂的运行依然需要铁棍。受困于经济需求且没有更好的选择，许多工厂劳工背井离乡，投身于快速扩张的城市，经常住在公司所属的宿舍里，许多工人在经理的手下忍受日常虐待和威胁。在许多小型组织中，管理者甚至是不假思索地采取胁迫手段。他们发布指令，如果指令的执行不能令他们满意，他们就会吼叫、生气，再次下达指令时就加上威胁。就好像坏工匠总是怪自己的工具，当事态变糟后他们会责骂自己的雇员，这些雇员本质上被视为工具。老板们从来不会想到要质疑自己。

合法权威

但权威的运行并不一定是胁迫性的，即便是胁迫性的，在形式上的表现也是多样化的。在20世纪早期，现代社会学的奠基人马克斯·韦伯，认定并区分了三种形式的“合法权威”，这三种权威是一个社会群体中基于群体理性和合法性所展现的权威形式。

在韦伯的分类体系中，第一种类型是传统型权威，它建立在对长久存在的传统的神圣信念之上，特别是建立在行使权威的那些人的社会身份所具备的合法性上。最为明显的，诸如国王对其臣属的权威，世袭地主对其庄园的权威，或者是父亲对家庭的权威。

第二种类型是魅力型权威，它建立在对特定个体的人品的钦佩及由此带来的对该个体的忠诚，以及对该个体宣告的规则、规范的服从之上。这里的例子包括了诸如鼓舞人心的传教士、教派领袖、叛军首领、战场上有超凡魅力的将军或魅力非凡的企业家等所展示的权威。虽然就像韦伯指出的那样，魅力型权威有时候能传递到被挑选出来的继承人身上，但它是特殊性的、个性化的。

第三种类型是理性权威或法理型权威，它建立在接受规则的法律基础，并接受被正式任命的人有执行这些规则的权利之上。这是一种被国家官员和其他公职人员行使的权威，从逮捕罪犯的警察到要求保持安静的图书管理员，这些人都在行使这一权威。它是武装暴力权威的基础，是遵从理性设计的组织的管理者权威的基础，组织成员接受这种指挥结构。在管理语境中，这种权威也是科层制的基础。

韦伯强调，这些都是分析的“理想型”，在现实世界中往往会有不同类型的混合，以及自愿合意和强制执行权威的混合。一个简单的例证可以在那些出身上流阶层的军事长官身上看出来。这样的人作为特定军阶或职位的持有者行使理性权威；在由社会下层人士组成的部队官兵的眼中，他有传统型权威；基于他自己的个人品质，他又拥有魅力型权威。如果换一名军官的话，在缺乏魅力型权威或传统型权威时，他可能主要倚重与他的职位相关的理性权威，同时借助暴力威胁或使用暴力来支持自己的权威。如果无法从士兵那里得到爱戴和尊敬，士兵对他就只有理性的默从，他可能会诉诸恐惧。

关于合法权威如何与胁迫结合，作家塞巴斯蒂安·福克斯在他的小说《鸟鸣》中给出了一个富有洞察力的例子。小说设定在第一次世界大战之前及战时，展示了暴力的相似之处。其中有一个角色，日常在家对老婆拳脚相加，在工厂里用暴力镇压厂里的工人，在战壕里对应征入伍的士兵施加暴力，但他自己也被更高阶的军官跨级调派去送死，前路莫测，他们若有反抗便会在牧师的见证下被处决。小说中每个场景都刻画了暴力，暴力不是对合法权威的反抗或替代，而是借其社会化的合法性成为权威的一部分。丈夫对妻子的传统权威中包含了打老婆的权威。工厂主的权威则是传统权威与合法权威的结合，包含了暴力强制员工服从的权威。军官的合法权威结合了神职人员的传统权威，能光明正大将人们派去送死，这些人的死没有丝毫意义。在当今许多社会中，这类暴力已不再被视为正当的。暴力被认为是对合法权威的滥用，而非执行合法权威。然而，在其他很多社会中，对合法权威的滥用并未有所改善。

第一代工厂管理者，即那些在19世纪早期工业革命时期管理工厂的人，要么是工厂主的家族成员，要么是低于他们，因为忠诚和严明纪律的能力而从工人中拔擢起来的监工。这种人事安排在许多发展中国家依然是主流，管理权威往往是混合了三种权威，传统型权威、魅力型权威和正式结构结合所带来的局限往往由胁迫来填补。

行政化权威

不同类型的权威在实际运作时存在混合趋势，这在理性权威占主导时尤为明显，从历史经验上看，理性权威就是传统型权威和魅力型权威这两种简单权威的混合形态，理性权威回应了前二者的局限性。比如，军官军阶的理性权威不仅仅是理性共识的结果，还因为该权威源于国王或国家的传统型权威。

传统型权威、魅力型权威都相对简单，它们都面临规模和距离的限制，权威主体不能在同一时刻分身各处，在缺席时就必须借助他人来实施。这时就需要授权，但在简单等级制下的代理授权只能实现传达功能。权威的大范围行使还需要有监督机制，以确保任务被恰当地执行，且任务的执行具备一致性和稳定性。这就需要有最基本的行政管理技术和会计技术。

权威执行面临的诸多挑战古已有之。比如，设想一下，在古代管理古罗马军队，或是跨越帝国疆域去收税。罗马帝国疆域北起苏格兰、西接摩洛哥、东南至伊拉克。在16世纪和17世纪，英国和荷兰的东印度公司，这些国家资助的私营公司，需要跨越更远的距离来从事商业和管理贸易殖民地。为了有效运作，这些组织发展出日益复杂的会计和审计制度，将管理者和契约劳工分开管理，导致每个特定的部门都有其自身功能和规范章程。在19世纪，庞大的海外帝国和国内公共服务的管理需求，促进了会计学、统计数据收集和应用的进一步发展。同一时期，在铁路、电话和大规模生产这些新技术的支持下，制造业企业在地理上变得十分分散，这为企业管理带来了类似的挑战，同时也塑造了一批以专业见长的工程师经理人，这些经理人都偏好理性设计的解决方案。

科层制

马克斯·韦伯对科层制阐述得如此精妙，以至于许多人误以为是他发明了科层制，也误以为20世纪科层制组织就是建立在他的模板之上。事实并非如此。没有哪个管理者在实践中遇到问题就跑去请求韦伯指点，等到他的经典著作《经济与社会》在他去世后出版时，已经是1922年了，无论是在公共组织中还是在私营机构里，科层制已经成为大规模组织中确立已久的规范。即便如此，韦伯的分析依然值得重视，他对科层制管理的核心特征描绘得十分清楚且极具洞察力。按照韦伯的分析，科层制具备以下特征：

- 科层制的基本构成要件是办事处或办公室，它既是一份工作（以管理工作为典型），也是一个部门、一个物理场所。举例来说，我们如果用韦伯式框架讨论“总会计师办公室”，那么，我们不仅是在说拥有“总会计师”头衔的那个人所从事的工作、所担任的职位，我们还在说由“总会计师”负责或管理的那个执行相关功能的部门，同时我们还在指代他们工作的那个物理空间。

- 科层制的特色定义指的是部门管理者的权威来自职位（正式的工作头衔），而不是来源于他们的个人特质、个人魅力或地位。在科层制体系下，存在着一套理性设计出来的正式规则，决定了每个部门的功能、司法权能和权威。规则是根据效能和有效性的理性标准而非传统来确定的，部门规则完全独立于任何特定时间段内掌控部门的那个人。
- 科层制的最主要特征是将组织的理性工作与组织成员的个人生活严格区分开来。按照韦伯的分析，最重要的一个标准就是根据对个人能力的理性判断来填补职位，人的能力通过竞争性考试和技术资格来证明。个人品质、社会地位以及人脉网络，在韦伯式科层制下是没有位置的。同时，还将组织的所有者与组织分开，将组织工作与个人生活明确区分开。为确保部门免受个人干扰，部门的所有者必须是全职员工，有养老金，有升迁机会，可以保留终身职位，工作时严格地遵从部门规章制度，在工作之外又能完全自由地过自己想要的生活。
- 科层制的其他突出特征还包括明确的等级制度，部门之间的关系、人对人的权威被明确界定，针对整个组织还有它的每个部门都有成文的系列规则、规范和程序。

韦伯注意到，在纯粹科层制逐渐显露的同时，在许多大型科层制组织中依然包含着个人或传统的权威要素。举例来说，职位的任命很少是基于纯粹理性的。然而，从科层制的纯粹性或“单一”形式上看，韦伯认为，科层制“在精确度、稳定性、纪律的严格性和可靠性上超越其他任何一种（组织）形式。因而，对于组织管理者和其他相关人员而言，管理结果的高度可计算性是可能的。科层制在集约效率和运营范围上都更优越，科层制能够被正式应用来处理所有行政事务”。

另一位现代科层制管理的伟大倡导者是亨利·法约尔，他是一名采矿工程师，其职业生涯的大部分时间是在大型钢铁公司担任董事总经理。1916年，七十岁的他在即将退休时发表了一篇关于“工业管理与一般管理”的长篇论文，这篇论文后来以图书的形式出版，1949年又出版了英文版的《一般管理与工业管理》。他主要是探讨自己的经验，以及应用普遍工程原理来解决管理中遇到的问题，基于此，法约尔提出了管理的十四条原则：

1. 工作分工。

2. 权威与责任。优秀的管理者能够将源于他所处部门的正式权威，与基于他个人技能、经验、道德价值等的个人权威结合起来。

3. 面对权威时员工的纪律。纪律也是组织的一部分要求，但管理者也应配得起这份纪律。

4. 统一指挥，或者说要有明确的等级结构。

5. 统一领导，领导要贯穿整个组织。

6. 在公平、同意及监督的基础上，个人利益要服从整体利益。

7. 薪酬要公平，要与任务和环境相适应。

8. 集权或分权，要视情况而定。

9. 权威要梯级递进，但也不能妨碍层级之间的沟通。解决问题要及时有效，下属之间的直接互动应始终经过他们直属领导的授权。

10. 秩序：既包括“人人都有自己的位置”，也包括“把对的人放在对的位置上”。

11. 公平待人，将善意与正义结合。

12. 人员的任期要有稳定性。

13. 在纪律框架内，要发挥各方面的主动性。

14. 团队精神：和谐、团结并且有共同目标。

虽然法约尔与韦伯的理论来源完全不同，但法约尔对管理原则的阐述与韦伯对理性科层制特征的分析有相当大的重合。与韦伯相比，法约尔最大的不同之处在于，他是实践派，是经理人，灵活性更强，尤其是在薪酬方面灵活度更高，他给管理的人性方面留有更多空间。

管理的尺度

管理如何应对自身面临的挑战？管理史学家通常会区分出两种不同路径。第一种路径是理性的。组织在某种意义上被视为机器，管理的主要任务就是设计、建造并维持这台机器运转。在这种思路下，员工要么被视为机器中简单的齿轮，要么被视为经济模型中一个原子化的个体，单纯受经济性个体利益所驱动。另一种路径则是从有人情味的、有机的或规范的视角看待组织。组织被视为一个由人际关系链接在一起的有生命的机体，员工被认为具有复杂且相互联系的需求与动机。在这种思路下，管理的主要任务就是释放员工的个人潜力，组织的获益恰恰源于这样一个事实，即：员工不单单是机器上的齿轮，也不仅仅是自我利益效用最大化的一个原子。

按照以上区分，科层制被普遍视为理性管理的一种范式。韦伯自己将科层制组织描述为机器，并认为科层制的优势在于能消除个人或人际关系对组织决策产生的扭曲影响。在其他的研究中，遵循滕尼斯对社区和社会的区分，韦伯区分了关联的和公共的社会关系，这二者分别基于互助的自利和强个人纽带。在这一语境下，韦伯式的科层制明显是建立在关联性模型基础之上的。

在20世纪的大部分时间里，这套体系运行良好。然而，它倾向于将两个稍有不同的维度融为一体，这导致了部分混乱，特别是当我们审视当代管理的论争时感受会尤为明显。因为，科层制一直以来有着类机器属性，高度发达的科层制主导着20世纪的管理实践，科层制既依赖公共关系，也依赖关联关系。它的理论依据可能本应是建立在互助的自利基础之上的，但科层制组织的实践道德，就像是它们所嵌入的等级制社会一样，是基于压制自我利益以求得对作为整体的社群负有共同的责任感。从这一点来看，法约尔的模型强调个体利益从属性、公平和团队精神，展现了科层制在实践运行中的清晰图景。更为重要的是，当科层制在

20世纪后半期遭受严厉批评时，批评声浪中的一个主基调就是，科层制移除了个体责任感，抑制了个体事业心。21世纪强调事业心、企业家管理，这代表了对僵化科层制的拒斥，同时也代表对自利的重申。

在接下来的章节中，我将从三个趋势（而非传统的两个趋势）来梳理管理理论与实践的相关讨论：以科学管理、管理科学和目标管理为代表的理性化趋势；以强调人际关系发展、企业文化管理和领导力管理为代表的社会化趋势；以及以企业家管理和绩效激励为代表的个性化趋势。

韦伯谈到他对权威类型的分析时说，“那种认为具体历史现实在整体上能够被概念架构所穷尽的想法已经发展得如此之远，以至完全背离了研究者最初的预设”。但本书在此所采用的概念架构依然以务实为要。目的是以一种有序且我希望是有用的方式简单强调管理的特定方面，而不是提供一种所有方面的分类学。本书所论及的所有三个方面，几乎在任何一个当代组织中都能找到，正如我在第二章中对管理实践的回顾所表明的那样，这三个方面在所有管理者的工作中都能找到。

第四章

合理化管理

除了在上一章中总结的管理原则外，亨利·法约尔还提出了一种管理定义，该定义包含五个逻辑上且顺序上相关联的要素：

1. 预测与计划：制定目标，对如何实现这些目标进行规划；

2. 组织设计并整合人员与资源；

3. 指挥，或者指出行动的方向；

4. 协调不同的行动；

5. 控制，设定必要的监督、检查和纠错方案。

该定义经受住了时间的考验，它的影响绵延至今。但这一定义体现的是一种独特的工程学视角下的管理。负责生产特定制品或产品的工程师，设计、操作并且维护机器，设置协调和控制程序以确保机器能够根据原始指令平稳运行。当然，法约尔是受过训练的工程师，毕业于久负盛名的巴黎高等矿业学院，大多数19世纪晚期至20世纪早中期的工业界经理人都有着相似的背景。然而，法约尔敏锐地注意到了管理中人的维度，以及它可能带来的价值，但当时许多工程师经理人更关心的是如何消除它。这在当时的美国比较典型。美国那时候工作条件十分恶劣，对外来劳工又很依赖，人们认为酗酒习性和社会主义思潮这些非美国习气相互混杂共同导致了19世纪晚期持续升级的劳资冲突。其结果就是酿成了一场社会运动，最初被称为系统管理运动，但在1911年弗雷德里克·温斯洛·泰勒——像法约尔一样的钢铁行业工程师经理人——出版了一本有重大影响的著作后，这场运动便被称为科学管理运动。

科学管理

泰勒和他的后继者们相信，运用科学原理去设计和规划工作与组织，能解决大部分工业管理的问题。他们的部分目标是消除低效，另一部分目标则是借助基于理性共识的协定替代工人与管理者因不信任而导致的敌对关系，这特别依赖于理性科层制模式，韦伯在几年后勾勒出了该范本。科层制的出发点是建立在经济自利这一假设之上。工厂主想要利润最大化，工人想要工资最大化。在最有效的系统中，工厂主和工人都有自己的理性自利诉求。

泰勒认为，效率最大化的第一步是工作效率研究，或是设定一套时间-动作练习，用以计算如何使工作完成得最有效。这涉及劳动分析，将其按照不同的可能性拆解为专门化的任务，优选工具和机器，完善操作它们的肢体运动，假设工人能够较好地适应相应的专业任务。然后，将优化后的体系进行编码，使其成为标准操作，以绝对正则性予以实施，如此一来，整个工作场所就会像机器一样运转。工人被按照技巧和强项挑选出来执行每项特殊任务，并接受训练以遵循标准化程序。他们将根据科学设定的合理绩效水平（假设他们都能很好地适应任务）获得公正的报酬，同时引入激励薪酬奖优罚劣。雇主和雇员都会受益。

泰勒的方法可以应用到最简单的任务。他用铲子和砌砖的例子来说明人们比想象的要更愿意接纳改进。同时，他还以棒球这种需要煞费苦心分析的运动为例，来说明运用科学推理能提高表现。这一方法还能够应用到更为复杂的机械化运营，甚或是管理本身。在泰勒体系下，管理的首要作用是设计、执行和监督运营，这非常依赖工程模型，但管理本身依然是机器的一部分。科学管理的关键特征是，管理者在工作过程中的参与度比通常认为的要更深、更直接，因为对过程的分析、对工人的选择都是持续性的，不是一次性的，目标是不断改进。泰勒还建议应将管理本身看作体力劳动，按照专业功能对管理进行科学拆分，这与韦伯对理想科层制的描述十分相似。

泰勒的著作以及同时期哈林顿·艾默生、亨利·甘特（甘特图的发明人，甘特图在今天依然是项目管理的标准工具）等人的著作在当时有着巨大的影响力，并持续至今。科学管理原则在应用时也不是每次都能符合其预设精神。例如，许多雇主使用“工时-动作研究”来增加工作负荷，却不提供任何相应奖励。工人们在业绩不达标时可能会被扣工资，但超额完成任务时只会获得很少的额外报酬，甚或没有额外报酬。在泰勒的理念日益流行的同时，福特率先在制造业中应用机械化生产线，通过强制执行工作效率和工作日程，使人力使用更加有效，实现了巨大的效率提高。

工人不得不配合生产线的速度来工作。科学管理的应用还与雇主和工会的斗争紧密相连。在工程师经理人的指引下，雇主利用更有效的流程会增加收入这一前景诱使工人脱离工会，而工会则坚决抵制所有增加工作指标的企图。

在泰勒去世四十多年后的1959年，由彼得·塞勒斯饰演工会代表的英国电影《我很好，杰克》，使公众注意到“工时-动作研究”及围绕其展开的政治争夺。彼时，科学管理作为一种理论研究方法早已过时，但该理论背后的基础理念及其高超的管理技术却深深植入管理实践之中。实际上，科学管理的影响依然在持续增长：在美国大型制造企业中老旧过时的东西，却在美国之外的小公司中扎下了根。从那之后，理论风尚来回变幻，但以专业化管理职能来设计、监督工程化工作流程已经成为管理实践的一个恒定特征。由管理产生的紧张态势也面临挑战，工人不再将效率提高视为理性共识的产物，而更多地将其视为强化剥削的手段。

管理科学与系统工程

科学管理的一项早期成就，就是1908年新设立的哈佛商学院将其作为专业管理学教育的基础课程。这一举动背后的潜流是20世纪后半叶变得持续重要的两种观念。一种观念认为，管理者理应是他们领域中接受过大学训练的专家；另一种观念则认为，这种训练理应建立在受人尊敬的理论基础之上。哈佛大学借鉴法学的案例研究教学法，学生们在课堂上讨论真实商业场景中应该做什么、怎么做决策，而机械工程学为这种学习提供了学术基础。

虽然许多大型美国高校在19世纪晚期至20世纪初期开设了商学院或贸易学院，但它们培训的学生数量相对较小。在第二次世界大战之后的几十年间，商学院的招生人数大爆发，在那一阶段，高校自然而然地将它们的正统性建立在当时的科学与工程学之上，特别是那些在战争期间及冷战时代发展起来的政府实验室。这一时期的新方法被称为管理科学。

管理科学以系统工程为基础搭建核心学科规范。系统工程吸收了数据处理技术的研究成果（20世纪50年代开发出了第一台商用计算机，到了20世纪70年代商用计算机已经开始普及），还融合了数学的运筹学方法，如线性和非线性规划、网络分析、排队论、仿真技术、决策分析等。理论交汇的结果是，这些技术开启了一种将科学管理带上新台阶的可能性，借助更为复杂的科学预测方法，精细分析不再单纯依赖观察，这极大地增强了监测与控制的系统性。在20世纪60年代和70年代，管理科学与金融、统计一起变成了管理学教育中公认的基础学科。

但风潮总是昙花一现。举例而言，线性规划的数学分析很少被普通经理人拿来应用于实践。此外，随着商学院学位需求的增长（同时教育标准普遍下滑），人们很快就发现，管理科学对于大部分学生而言难度太大。在企业和公共部门组织中，管理科学经常被视为专家型员工的职责，旨在为运营设计提供分析性支持，但管理科学并未被纳入一线管理的职能之中。20世纪80年代，管理科学已经变成了管理学位中少数专业人士的专长，这种状况一直延续至今。同样的还有系统工程，系统工程变成了功能性专业知识，而非普遍性的管理工具。

然而，管理科学的发展对管理实践产生了显著影响，其影响表现为管理科学通过重新强调更“科学的”方法使管理实践吸纳了一系列技术，这些技术未必一定是基于科学的，但通过对合理性和有效性的普遍诉求而被证明是正当的。在本章剩余的篇幅中，我们将探讨其中一些最有影响力的技术。

目标管理

在诸多新技术中，最早也最有影响力的一项技术是目标管理，它由彼得·德鲁克在20世纪50年代中期提出，1965年乔治·欧迪旺在《如何管理》的小册子中提出了成形的理论。德鲁克是20世纪后半叶以来最具影响力的大众管理学作者，被公认为科学管理学的创始人。他的研究方法与法约尔并无不同，也是基于与观察和常识相关的普遍理性原则，并不是建立在某种特殊理论之上。与法约尔一样，德鲁克总结出管理的五大构成要素。在德鲁克看来，这五大要素分别是：

1. 目标设定；
2. 组织化；
3. 激励与沟通；
4. 测量与分析；
5. 自我发展与自我控制。

目标管理是将目标设定、工作分析、指标设定、测量和控制的科学管理模式，有效地应用到管理工作和对工人的管理中。然而，弗雷德里克·泰勒的经济自利假设被将管理者（和工人）视为自主的、负责的理性人这一普遍观点所替代。当德鲁克提出他的目标管理原则时，受到了当时社会心理学研究成果的深刻影响，我们将在下一章节论述社会心理学的影响，社会心理学强调人的无限潜能以及人的自我驱动能力。德鲁克的观点后来也发生了微小的变化，他认为人各有志，动机也有所不同，管理者的一项主要工作就是找到合适的方法激励他的下属。一旦人们接收到正确的激励，他们就会想要改进自己的表现，也会想要改进自己下属的表现。相比于泰勒，德鲁克的模型更加清晰地体现出，绩效评测是自我改进和自我控制的一种手段。

目标管理的工作原理是为组织中的每一名管理者（甚至是每一名员工）设定清晰的目标。该流程开始于最高层，其要义是所有的目标都保持一致，但每一层级的管理者与他们的上司和下属共同制定每个管理单元的特定目标与绩效目标。这些目标可能要求较高，但理应契合现实。他们应当清楚说明哪些领域的贡献是预料外的，哪些领域的贡献又是期待中的。在泰勒的理论模型中，即便不是在典型应用的情况下，目标设定也应是一个双方同意的过程；但在德鲁克的模型中，制定目标的首要责任落在了那些负责实现目标的管理者身上。

目标管理的第二个方面是详细的绩效评测体系——不一定是严格量化的，但应是理性化的、清晰的——涵盖有助于实现一致目标的所有因素。至关重要的是，这些精细量表应该被交给部门管理者，而不是他的上司。在德鲁克看来，量表应当是“自我控制的手段，而不是自上而下的控制工具”。管理者负责达成他们部门的总体目标，但他们应当对如何达成目标拥有自主权。

惠普公司对目标管理最著名也最严苛的应用，是将其作为“惠普之道”的核心特征，它的目标管理强调员工的自我激励和创造性，为员工赋予相当大的自主能力，同时强制推行明确且高要求的目标。然而，与管理科学一样，理论要求往往被证明对实践要求太苛刻。大多数应用没有理论预设得那么缜密，只有模糊的目标，受限制的或者子虚乌有的反馈机制，在理论应用时更强调控制而非独立自主和自我控制。长远来看，该方法最持久的后遗症可能是增强了绩效评测和控制这类泰勒主义要素在管理层的应用。

商业战略与战略规划

任何有关理性或科学管理体系的关键部分，都是将组织视为一个整体而设定目标。传统上所称的商业政策，在战后时期之前很少受到系统性关注。与公共领域的政策制定类似，组织的政策制定被视为一个判断力的问题，而判断力则主要建立在经验和洞察力之上。然而，第二次世界大战将关注重点聚焦在了使用科学方法支持战略规划的可能性上。当时的政策议题是要不要参战，并且对于军事组织的领导者而言，是否开战可能是强加的观念，也可能被视为理所当然。对于他们而言，他们关心的战略议题是如何获胜。

转换到商业场景中，在政策领域中存在着许多可能会被讨论的问题——比如，利润最大化和社会责任之间的平衡——但高级管理者面临的主要问题并非是否要获利，而是如何获利。在20世纪60年代，出现了一种被称为商业战略的新型管理原则，从20世纪70年代到90年代，商业战略成为单一主导性管理话语。从定义来看，战略极为重要。战略同样是技术性的（在技术上不一定要太难），有阳刚气的，更多涉及控制而不是被控制。每个人都想要掌握一点相关知识。

这种新的原则吸收了理性管理的基本框架。预先设定或假定好政策目标，之后的任务就是搜集信息，分析信息，做出理性决策，执行贯彻该项决策。商业战略主要聚焦于分析与决策，执行被误认为不具备真正的战略性。在思想上，它借鉴了管理科学的研究成果，但在实践中，它使用的是更为简洁、更为粗糙的理性化技术。这样一来，信息搜集被宏观环境分析（PEST）或外部处境分析（STEP）这类分析形式合理化了。遵从普遍原则，成功的商业分析理应是对商业环境的理性回应，它将外部环境简单区分为四个维度：政治维度、经济维度、社会维度和技术维度。

主流的分析工具是SWOT分析，它同样提供了一个简单的分类法，将相关内部和外部因素分为优势、劣势、机遇和威胁，以简单的2×2矩阵来表示。主要的决策工具还有另外两个2×2模型。这可以追溯到20世纪50年代伊戈尔·安索夫的增长矩阵（这一时期几乎所有的假设都假定政策目标是增长），该矩阵通常被称为安索夫矩阵，它建议从新的或既有市场、新的或既有产品等不同的组合中做选择，关键的决策准则是使商业技巧、商业资源与市场环境相匹配。波士顿咨询集团（BCG）矩阵，或称为波士顿工具箱，提供了一种工具，这种工具可根据市场增长率和占有的相对市场份额对多元化业务附属的产品部门进行分类，并提供基于公司业绩的数据分析方法，据此做出投资或撤资的决策建议。对这些多种模型的描述见图2。

虽然这些分析植根于理论见解和经验洞察的混合，但这些技术在被讲授、被应用时——现在依然被讲授、被应用——更多的是作为一种概念框架而非缜密的分析工具。然而，这种分析为新一代管理者塑造了一种共同语言。大部分商学院毕业生做不出优质的决策分析，虽然他们也学过净现值、投资回报率这种财务语言，但很少有人能够将这种必要的定量分析与决策模型结合起来。就像是管理科学，正式的决策分析迅速被委派给战略规划部门中那些受过良好训练的专家型员工。但是，任何一个接受过管理教育的人都能够谈论决策语言，他们可以提供有关战略决策的合理化解释。

在20世纪80年代至90年代，这些简单的分析工具得到完善，在一定程度上被基于产业组织经济学的新原则所替代。

传统的经济学价格理论是基于完美信息导致完美市场的假设，该理论预设所有行业中的所有企业都将获得标准利润。（严格来说，传统理论实际上假设市场是不存在企业也不需要资金的市场，但产业组织经济学家将其摒弃不用，开始采用一种更为实际的假设，即：企业的确存在。）在任何一种产业中，如果利润上

（a）SWOT分析

	正向	反向
内部	优势	劣势
外部	机遇	威胁

（b）安索夫矩阵

	现有产品	新产品
既有市场	市场渗透率	产品前景
新市场	市场前景	多元化经营

（c）波士顿工具箱

	低市场份额	高市场份额
高市场增速	问题业务	明星业务
低市场增速	瘦狗业务	现金牛业务

图2　早期的战略管理模型

升超过标准线，就会有新企业涌入，在加剧竞争的同时将利润拉回标准线。如果利润下降，企业就会离开这个产业。同样的，如果同一产业中存在两家经营利润不同的企业，盈利能力强的企业就会将盈利弱的企业挤出市场。然而，显而易见的是，每个产业中都有一些工厂和企业在实践中拥有比同行更高的利润率。用经济学语言来说，与许多商业市场、金融市场不同的是，真正的产业市场是不充分竞争的，在不同产业领域之间存在着流动壁垒。

一家种橘子的企业很难在不耗费成本和时间的前提下转去生产电脑。

基于对流动壁垒的研究，哈佛商学院的经济学家迈克尔·波特在20世纪80年代引入了简单的五力模型用以分析产业领域市场的不充分竞争，还引入了一般性战略模型，该模型将战略决策视为一种选择，一端是最低成本和产品差异化战略，另一端是扩大或收缩市场（见图3）。与此同时，其他的产业经济学家聚焦于分析战略与公司资源之间的联系，并且波特很快就扩展了他自己的经典分析，将关于资源分析的价值链模型囊括到分析中。通过充分执行和围绕组织目标紧密协作，波特为一般性战略的执行提供了一个概念框架。不久之后，加里·哈梅尔和C. K. 普拉哈拉德提出了他们的核心竞争力概念，这一概念为基于资源的战略决策方式提供了另一种有影响力的应用，他们建议成功的企业应以独特的技能和技术框架为基础，这种独特性要渗透到企业行为的各个方面，是一系列不同业务的基础（见图4）。

波特的研究为战略管理提供了新的科学合理性，但很少有管理者能理解这一点（许多战略管理手册完全忽视了它的经济源头）。与之前的模型一样，波特的基本模型已经变成了一种常用的管理话语。与这种分析理性化潮流对抗的是一位有影响力的研究者——亨利·明茨伯格，他坚持认为管理更像是一门手艺而非一门科学：学习的最好方式是用理论来对照你的实践经验，而不是遵从规范模型；战略往往是突然浮现的而非事先指定的。但他一直以来的对抗注定要以失败告终。

（a）产业中的五力模型

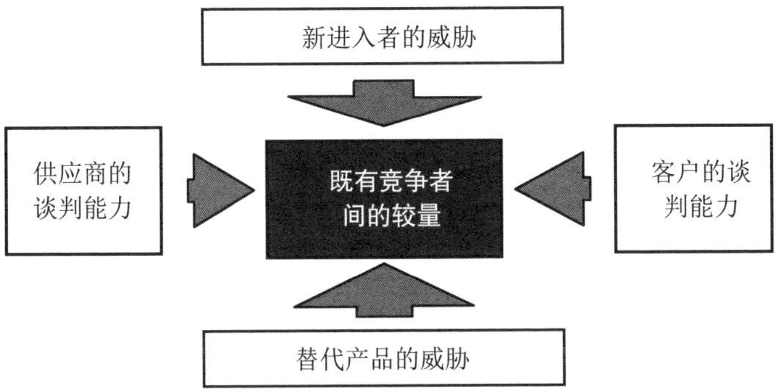

（b）一般性战略

	最低成本优势	差异化优势
宽范围	成本优先	差异化
窄范围	成本聚焦	差异化聚焦

（c）价值链

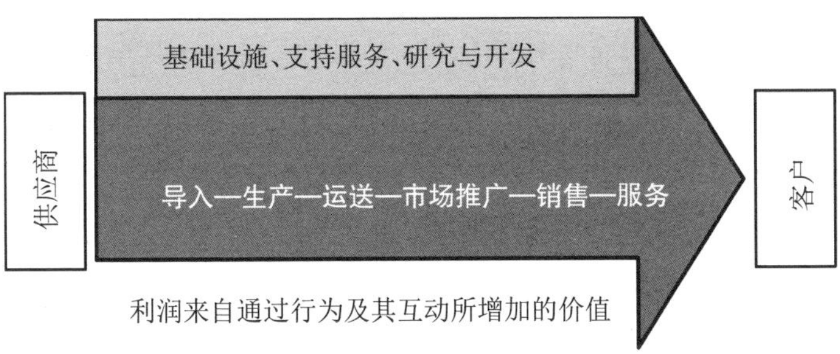

图3　波特的战略模型

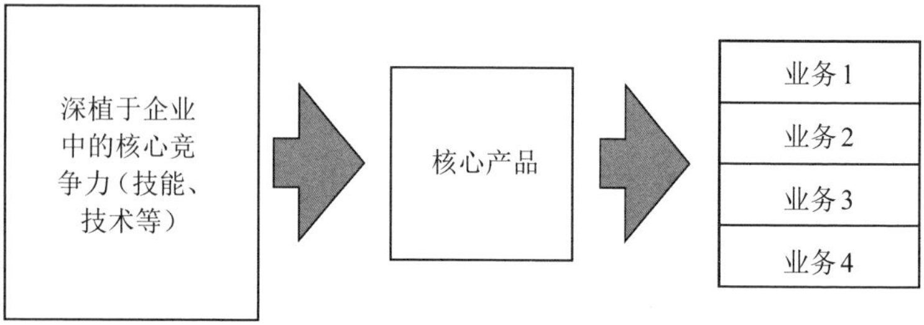

图4　核心竞争力

决　策

战后时期受到学术界大量关注的理性管理的一个方面就是决策本身。虽然这一问题尚且没有像其他商业战略分析工具那样被管理实践所吸收，但它已被这一时期的一些社会科学领军人物关注到了。与此同时，管理科学家开发出了正式的决策分析技术，尝试将个人判断的作用压缩到最小，社会科学家关注更多的是个人判断的意蕴，以及人类决策程序中理性的局限。

研究的起点是赫伯特·西蒙的观察（见第一章），他认为管理者无法考虑到所有可能的信息，难以预测未来，甚至不能给可能的替代方案以机会，并且无法穷尽所有可能的分析，但要找到"满够"（这个词来自"满意"和"够用"）的解决方案。在面对极端信息不确定和心智能力有限时，理性的反应是寻找足够好的决策，而不是完美的决策。西蒙的方法是高度理性的。他赢得了诺贝尔经济学奖，用高度数学化的形式来论证满意的合理性。他认为，处理管理问题的一种方式是将尽可能多的决策程序化，避免重复分析，将管理者解放出来，使其专注于那些需要重新处理的问题，他希望通过信息技术和管理科学来达到这一点。他也希望借助这些技术为那些无法被程序化的决策提供支持。然而，他坚持认为决策永远无法完全理性。管理者充其量只是“有限理性”，并且人的判断总是他们选择中的一种因素。

这一洞察延伸出了几条研究脉络。1959年，政治科学家查尔斯·林德布洛姆吸收了这一理论，通过一系列渐进的对比，或者说“渐进决策的科学”，区分出广博理性决策的理想模型与该决策模型更实际的替代物。西蒙的同事詹姆斯·马奇注意到，在组织环境中，决策不仅会受到西蒙所说的认知局限的影响，其判断中还会加入非理性的个人偏好，尤其会加入政治考虑。1972年，在与迈克尔·科恩和约翰·奥尔森合作的著作中，马奇将组织描绘为“一系列集合，包括找寻问题的各种选择，找寻可能被广为传播的有关决策情况的问题及感受，找寻可能回应问题的解决方案，以及找寻工作的决策者”。他们指出，做决策的需要已经成为“垃圾桶”，各种个体的、政治的、组织的要素都被扔了进去。

与管理的合理化方式一样，垃圾桶模型能够通过计算机模拟的方式来呈现，但是它的主要影响在于强调理性化模型的局限，同时还在于打开了对客体的社会、政治及社会心理学各维度的探索。进入20世纪80年代，心理学家欧文·詹尼斯将研究引向其反面。1972年，他发表了经典论文《群体思维的受害者》，研究了群体动力，尤其是对避免冲突、达成共识的追求，如何引导组织忽视关键的注意事项，悬置批判性理性评估，从而造成明显的非理性决策。1989年出版的《关键决策》不仅提供了关于决策的综合性理论，还列出了一个关于决策中非理性因素如何被控制和消除的长长的处方单。就像是这一时期出现的战略研究，詹尼斯的研究将管理成功的理性方案与恰当的科学主义修辞结合起来（方案实际上被贴上“假设”的标签，尽管这些方案根本不是假设，但“在这种情况下管理者应该照此行事”已经变成了一种标准模板），但我们不能期待读者去仔细探寻被建议的原则与其背后的科学（或许有，抑或没有）之间的关系。

这一时期，我们对决策理解上的主要科学进展，将我们带回到赫伯特·西蒙开发出来的认知维度，其源于认知心理学家丹尼尔·卡内曼和阿莫斯·特维尔斯基。卡内曼凭借《前景理论》荣获诺贝尔经济学奖（特维尔斯基那时已去世），他的理论是在一个相对狭窄的背景下起作用，其中假设不同的结果在数学上的概率是已知的。基于决策的试验，该理论研究了人们基于内化的认知偏见和启发（思考的简略方式）系统性地做出非理性决策的方式，这与西蒙所确定的理性人在选择处理某些问题时的满意模型是一致的。结果是，举个例子，人们系统性地判断得失时会存在差异，在面对某种环境时会有不同的反应，有人认为是威胁，而有人认为是机遇，并且通常以前后矛盾但可预测的方式来应对风险。人们还会高估私人信息的价值，会存在固有的守旧偏见，等等。

借助数学论证并基于严苛假设，卡内曼和特维尔斯基的研究对当今经济学的影响远大于管理学，但他们的研究也持续不断地影响着管理学的思维模式，并且看起来在未来会有很大影响力，尤其是卡内曼最近出版的一本智识自传，为读者提供了一种更友好的解读方式。

情境理论和组织设计

彼得·德鲁克的一项早期观察结果显示：虽然与科学管理相关的简单自上而下的组织和决策结构可能对钢铁制造行业有用，但这一套对20世纪早期出现的更加多元化的美国公司未必有用。历史学家阿尔弗雷德·钱德勒探讨了这一现象，他在1962年出版的著作《战略与结构》中论证了组织结构遵从组织所选择的战略，管理者角色的关键部分就是为组织战略设计出合适的结构。

与此同时，汤姆·伯恩斯和G. M. 斯托克研究了小公司中的技术发明进程，他们识别出两种“理想型”组织。一种被他们定义为“机械型”，这类组织相当于传统的韦伯科层制，它在稳定状态下表现较好但抵制变化。另一种则被称为“有机型”，等级性更弱，更柔性，共生性更强，其凝聚力更多来自共享的承诺而非忠诚和服从，在面对变革和变化时表现出更好的适应性。

几年之后的1967年，保罗·劳伦斯和杰伊·洛尔施基于一项美国公司截面数据的研究提出：成功的企业需要将企业不同功能部门的现实差异，与这些部门实际上的一致性结合起来。他们强调，企业经营中面对的环境不确定性越强，其所需要的差异化程度就越高，企业对整合机制的相应需求就越大。

所有这些组织设计的路径都可归为各种形式的“情境理论”（又译为权变理论），可将“情境理论”视为对简单理性模型局限性的理性回应。如果这些模型并不总能在实践中起作用，我们就会假设这种情况是因为理论模型的基础假设在现实中并不总是能够实现。情境理论家的目标是，通过观察和分析确定成功组织中的哪些因素在何种条件下会发生变化。之后，实践派管理者就能利用情境理论指导他们的决策。举例而言，如果你面对一个复杂且快速变化的环境，就不要再接受一个僵化的、统一的、无差别的等级制度。

情境理论并不局限于解答组织设计疑问。比如，弗雷德·费德勒就发展出一套关于领导力的情境理论，针对环境的不同设置提出不同的领导力风格（任务驱动或关系驱动）。维克托·弗鲁姆提出了关于决策的情境理论，区分了不同形式的协商和参与，并发展出一套模型用来规定在何种组织环境下理应使用何种路径。该理论流派在组织设计中产生了巨大影响，特别是当亨利·明茨伯格将不同研究流派整合在一起后。下图展示了他理论的理性特色。明茨伯格开发出一个模型（图5），根据五种类型（而后扩展为六种）或者更准确地说按发展趋势对组织进行分类。每种类型具有各自的特征，体现出组织的不同部门之间独特的权力平衡机制，每种类型也都有协调机制以反映主导方的利益，存在着集权或分权的特征模式。每种类型都与特定的环境条件和特殊的战略方法相关。

明茨伯格模型背后的逻辑是，环境、战略和组织变量的组合虽然有许多方式，但只有极少数组合有连贯一致的稳定性，而企业则倾向于深陷已有的模式中。他的模型有助于管理者理解并

组织的各部门

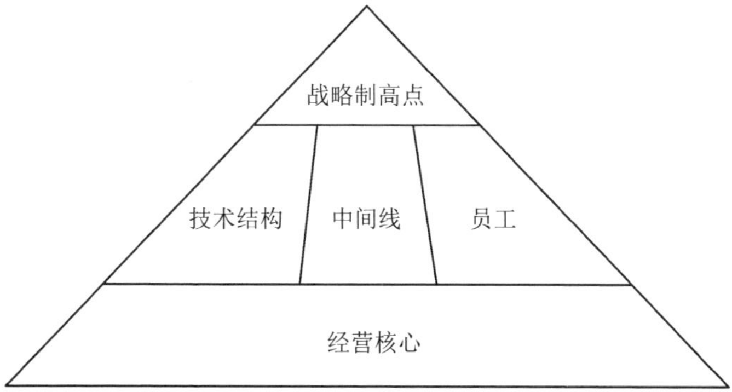

结构布局

构　型	协调机制	组织中的主导牵引力
简单结构	直接监督	战略制高点
机械型科层制	工作程序标准化	技术专家层（工作设计与操作）
专家型科层制	技术标准化	操作骨干层（专家）
事业部制	输出标准化	中间管理层
团队式结构	共同调整	员工层（基础设施与体系）
使命式结构	规范标准化	意识形态（作为整体的组织）

图5　明茨伯格的组织结构模型

分析其所身处的组织，并且聚焦于可能需要注意的地方，概因任何一个方面的优化都会不可避免地引起其他方面的妥协。从这一视角看，情境理论更多地关注识别各类管理方式中的弱点，继而挖掘不同管理方式的长处。

商业流程再造和人力资源管理

本章描绘的许多研究路径，力求为管理提供一种改进之后的理性基础，但这些方法缺乏科学管理先锋们那种思想上的理性主义。然而，科学管理在20世纪90年代早期又开始回潮。迈克尔·阿梅、托马斯·达文波特及其同事们的研究指出，大部分组织的进化都十分缓慢，因为它们已经被无法提供价值的行为和程序所压垮。许多组织尝试引进新的信息技术，但它们这样做只是将老旧冗余的程序自动化。它们应该做的事情是商业流程再造，即沿着科学管理的路线，重新审视它们的整个商业流程，并对其进行再造，但要根据当前的技术能力，特别是计算机化的信息系统，重新调整组织目标并消除累积起来的低效率。

在许多情况下，这样的批评被认为有充分的理由。私营企业和公共部门都通过雇用更多管理者和分析师来应对日益复杂的环境。这导致了更加严重的协调问题，为解决协调问题，组织不得不雇用更多的管理者和分析师。与传统科层制相结合，组织尝试将管理视为一种长期事业而非仅仅是短期工作，许多组织同样不愿意去削减那些不再是它们核心目标的行为。在日益激烈的全球竞争中，商业流程再造为美国和欧洲的企业提供了一种及时的矫正，以及急需的效率提升。另一方面，也出现了更多的将婴儿与洗澡水一起泼出去的情况，再造后被留下的管理者要面对流程再造后遗留的不可能完成的工作负荷，他们需要努力填补流程再造带来的空白。最近一项关于英国、美国和日本的组织再造的研究显示，组织是合理化了，但也危险地去人性化了，中层管理者在日常工作中要面对不可持续的长时间工作、受限的职业前景以及高压。

虽然推动商业流程再造运动的部分原因是对理性和效率的狂热信仰，但还有部分原因则是来自信息系统专家团队的大量努力，他们原本在战略决策中是边缘化的群体，现在却试图提升自身的地位，谋求进入商业决策的核心位置。我们举的上一个关于合理化趋势的例子背后就存在着这样的变革，人力资源管理的发展就发生在同一时期。虽然科学管理先锋们非常强调对员工的选拔、训练和业绩考评，但他们在这方面的解决方案却被普遍忽视了。众所周知，人事部门的职能在20世纪的大部分时间里都被常规管理所主导，一方面是发工资，另一方面负责劳资关系——尤其是与工会谈判。

然而，随着里根-撒切尔时代工会权威的削弱，以及薪酬管理自动化的提升，人事部门看起来在战略制定和管理流程上发挥着更为积极的作用。他们开始推进用于员工选拔的心理测评技术、用于评估的绩效测评技术；并负责员工队伍的培训与开发，发掘领导潜力，管理组织内外的人员及辅助人员。事实上，在最后一项职责中，他们变成了商业流程再造运动的重要参与者，为使人员适应任务并管理大规模裁员方案提供理性基础。他们同时也为保护员工提供理性方法，用正式体系消除霸凌、骚扰，保护员工免于不公或因个人动机而遭解雇。

“人力资源管理”一词蕴含多种有趣含义。“人力”强调了这样一个事实，即雇员是人而非只是机器上的零件，要考虑他们的需求，保护他们的权益。“资源”则暗示人与物料、资金等其他资源类似，本质上需要被开发利用。然而，人力资源管理最重要的作用是为人际关系提供一种理性框架。虽然管理者依然是在个人维度上管理或者被管理（首席执行官的侄子依然好找工作，至少比其他人在拿到实习时更有优势），但这些个人层面的因素都被限制在正式的人力资源程序框架内。

第五章

社会化管理

你如何处理合理化管理的任务，很大程度上取决于你对人类动机的看法。弗雷德里克·泰勒和科学管理的倡导者与他们那个时代的美国管理者都认可同样的假设，即认为工人天生懒散且自私，他们觉得用金钱可以驱使工人，只要给工人足够多的钱财，他们就会接受规劝去做任何事情。对于彼得·德鲁克而言，金钱只是复杂局面中一个很小的问题。受他那个时代心理学研究成果的影响，他认为不同的人具有完全不同的初始动机。然而，德鲁克认为，只要有正确的激励，所有人都会在自我完善的驱动下行事。与此同时，亨利·法约尔则看到了团队精神作为一种社会驱动力的潜力。

这些差异都有一个文化因素。特别是，自我完善的价值观深植于美国文化中，这种文化可以追溯到18世纪本杰明·富兰克林的畅销书中。另一方面，人会被社会联系所激励的观念虽然源于法约尔这个法国人，但美国人对这一观念却颇多怀疑。特别是在商业背景下，社会联系与工会绑定，工会（它们经常受到欧洲观念的影响）的共谋则是与避免工作联系在一起的。实际上，虽然科学管理从理性工程学中获得了它的合法性，但它的流行在很大程度上要归功于其破坏工会的潜力。

然而，并不是所有美国人都接受这一观点。上一章讨论了美国管理学的合理化趋势，但除此之外，还有一种不断发展的研究，即：如何通过某一种或另一种的社会化力量来利用自我完善这种潜能。20世纪中叶美国心理学家们的工作，使得这一社会化趋势逐渐被系统性地应用到管理实践中。在这一时期出现的最有影响力的著作是道格拉斯·麦格雷戈的《管理的人性一面》。这本书出版于1960年，书中引入了“X理论”和“Y理论”的术语，这给我们本章的讨论提供了一个很好的起点。

X理论和Y理论

麦格雷戈建议任何管理者都需要采纳一套关于雇员的态度与动机的假设，同时配套设立关于雇员应如何被管理的系列假设。在他看来，传统的管理实践基于一系列被他称为“X理论”的假设：

1. 普通人内心厌恶工作，若有可能一定会逃避工作。

2. 因为这种厌恶工作的人格特质，大多数人必须要被胁迫、被控制、被指导、受惩罚的威胁，唯其如此，才能使他们为实现组织目标而付出足够多的努力。对工作的厌恶感如此强烈，乃至于奖励的承诺通常都无法使人们克服这种厌恶。

3. 普通人更偏好被指导，希望能逃避责任，抱负相对较小，最想要的是安全感。

他认为这套理论并非完全没有根据。但是，二十年间持续不断积累的心理学研究成果显示，该理论在许多方面产生了误导。他建议用"Y理论"作为替代选项，虽然这些理论仍未得到完全验证，但与最新研究结果更为一致：

1. 工作中的体力或脑力劳动消耗与玩耍、休息一样自然。工作既可以是满足感的来源，也可以是惩罚的来源，这取决于环境的控制因素。

2. 外部控制和惩罚威胁并不是实现为组织目标而努力的唯一方式。人会运用自我指导与自我控制，为他承诺过的目标服务。

3. 恪守承诺是一种与他们的成就相关的奖励功能。这类奖励最重要的意义在于，诸如自我满足感和自我实现的需求，可以是为组织目标而努力的最直接产物。

4. 在合适的条件下，普通人不但能学会接受责任，还会主动承担责任。

5. 在解决组织问题时所要运用到的相对较高的想象力、聪明才智和创造力的能力，在人群中是广泛分布而非狭隘分布的。

6. 在现代工业化生活环境下，普通人的智力潜能只被利用了一部分。

麦格雷戈的建议有几个值得注意的特点。首先，我们在德鲁克那里看到了同样的对自我完善的信任，这种自我完善与承担责任、运用创造力紧密相连。其次，Y理论对人类自身创造力的强调，这对后来管理学的发展至关重要。另外还存在一个核心观念，也就是麦格雷戈描述的"支配性原则"，它整合了个人与组织的目标。管理不仅仅是泰勒在科学管理中强调的那样调整个人目标以适应组织目标，管理还涉及组织要调整目标适应个人目标。雇员的承诺在麦格雷戈看来对于组织的成功十分重要，这种承诺生成于社会关系和私人关系中，且不能仅仅通过经济激励来获得。

胁迫的替代项：改进和家长作风

如果我们回望传统的、前工业化的管理方法，我们能看到同时存在着X理论和Y理论的要素。当时的主导模式可能是胁迫性的，但依然一直有开明的雇主以一种更为积极的视角看待自己员工的态度和能力，并争取以善意和同情心获得雇员的忠诚。伴随着19世纪下半叶大规模的工业化，对庞大规模和科层制结构的必然追求使得组织逐步失去个性，也让组织变得更难管理。在胁迫、控制及让员工异化的环境下，X理论的假设经常会在实际中变成自我实现。

但即便如此，却仍有例外。虽然多数雇主将他们的工人视为道德败坏的绝望典型，但仍有一些雇主对道德革新充满希望。通过改进工作条件，提供教育、卫生医疗、图书馆和社交俱乐部，他们认为自己可以在实现作为雇主的道德责任（典型的如基督教新教徒）的同时，将他们的雇员及雇员的家庭从不卫生的住所、酗酒成性及无知中救拔出来，创造出更好的、更值得信任的、更有生产率的劳动力。到了19世纪90年代，像英国的吉百利和利华兄弟公司、美国的铂尔曼酒店和N. O. 纳尔逊公司等一些企业，开始建造示范村来安置它们的雇员，那一时期更多的公司引入了更适度的福利或“改进”计划。

管理中的那些家长式方法并不是一直都受到好评，特别是与工人对立的雇主们并不希望把他们自己的钱花在类似项目上，也会怀疑家长式方法是否会起作用，他们更倾向于将工人们的坏习惯归咎到工人自己身上。一般而言，遵循科学管理路线更有吸引力，尤其是去除掉科学管理中那些更积极、更有利的一面，将其改造成复杂精密的胁迫系统时。更多适度的员工福利计划被证明是无价的，它们有助于反驳那种大体正确的现代企业没人性、缺乏灵魂的公众认知。员工福利计划在第一次世界大战后发展十分迅速，并成为20世纪大企业中的惯例。但至少在20世纪上半叶，在少数企业中（无论其规模大小）出现了一种更具包容、更为社会化的管理方法，这就是我们下文要论及的部分。

人群关系运动

管理的社会化方法被更为系统地应用，必须要等到第二次世界大战之后，但它是建立在两次世界大战间歇期的科学发展的基础之上。这一时期人们对弗洛伊德精神分析学说和其他心理分析方法日益感兴趣，群体心理学也变得时兴起来。这一发展进程中的关键人物是哈佛大学商学院的澳大利亚籍教授埃尔顿·梅奥。

梅奥在20世纪20年代去哈佛大学任教，他当时主要研究的是与生产线管理相关的心理问题，尤为关注疲劳问题，以及如何借助休憩停顿在确保提升产量的同时缓解疲劳。然而，他对临床心理学和精神分析的兴趣越来越浓，于是乎开始从精神分析的角度来解释工人行为。同样的，他对社会学和人类学的发展也很感兴趣。

当时在哈佛大学有一项正在进行的研究，带有科学管理研究框架的浓厚特色，调研的是芝加哥西部电气公司霍桑工厂的照明水平对工人生产率的影响。这项研究得出了令人疑惑的结论，即：尽管工人的产出与照明水平无关，但照明水平改变，无论变亮或变暗，工人的产出都提升。梅奥紧随其后对组装电话继电器的一组工人进行了长时段的研究，对工作环境和激励的各种变化进行了试验。这一研究也得出了同样令人迷惑的结论。在此之后，梅奥开展了更为广泛的采访，并揭示出情绪的重要性；同时通过观察自然条件（非测试条件）下的工人，发现工人会根据他们自己的社会规范调节产出，工人并不重视运营中的激励方案。梅奥最终的结论是：产出不是由工作环境、激励体系决定的，而是由工作组的非正式社交模式决定的。当工人感觉自己重要，并且当管理者对工人报以个人兴趣，让他们觉得自己重要，并创造一个相互支持与合作的环境时，产出就会提升。看起来，管理并不是机械性的优化过程，而是事关领导力和群体动力。

梅奥的两位同事弗里茨·罗特利斯伯格和威廉·迪克森，在1933年将他的结论汇总写成了《工业文明中人的问题》和《管理与工人》。商人切斯特·巴纳德在1938年出版的《经理的功能》则进一步发扬了梅奥的结论。基于实践经验而非管理科学，巴纳德的著作同样强调了合作与互相尊重的重要性，这对控制型管理的既定规范提出了挑战。第二次世界大战之后的十年见证了学术研究和后来被称为"人群关系运动"的产业创新。

在研究方面，伦西斯·利克特证实了参与式团队管理的优势。赫伯特·马斯洛提出了需求层次论，即从基本生理需求一直上升到自我实现层次，并且认为一旦某一层次的需求被满足，这些需求就不再扮演积极的激励因素。弗雷德里克·赫茨伯格在更为坚实的经验主义基础上表明：有助于工作满意度的"激励因素"不同于导致工作不满意的"保健因素"的缺失，并在此基础上讨论了工作效率可能源于任务丰富化，而不是源于像科学管理建议的工作简单化。伦敦塔维斯托克研究所的埃里克·特里斯特和他的同事们，将人际关系方面与系统化思考相结合，用他们的工作组理论将科学管理方法改造为"社会-技术系统"，在其中，社会心理和技术需求是相互影响的。库尔特·勒温的组织动力学和卡尔·罗杰斯的发展心理学，同样都对管理教育和管理实践产生了影响。

其中一些研究项目与管理实践的发展密切相关，这一动向很快就催生出"管理咨询"这一新兴行业，接受过新技术培训的咨询师提供组织发展、工作设计及劳资关系的服务。描述新方法的书籍，包括麦格雷戈的《企业的人性一面》广受欢迎，它们很快成为管理培训和教育的主要内容。

然而，从一开始，这类管理方法就遭遇批评。新"科学"严重依赖定性数据和诠释方法，只应用了非常简单的描述统计学，对于大多数接受过经济学、数学或工程学的商学院教师来说，这种方法太弱和模糊，不够严谨。Y理论的假设遭遇了深度怀疑，怀疑论者既有那些习惯于经济学和科学管理有关个人主义和理性化假设的人；也有顽固的管理者，这类管理者对员工的悲观想法被证明是一种自我实现与自我强化。

更重要的是，虽然管理的人际关系方法在课堂上十分受欢迎，但在应用到实践中时却遭遇了难以置信的困难。这种方法不仅要求管理者有高水平的人际交往技巧，还需要极大的耐心和大量的时间投入，但极少有管理者能维持或者说负担得起这种投入。人际关系哲学对今天的管理者依然发挥影响，但这种哲学主要是在打破而非遵守中受推崇。

日本的管理和组织文化

当咨询师和管理者努力将人际关系原则应用于实践时，美国和欧洲的跨国公司在20世纪70年代遭遇了来自日本突如其来的激烈竞争，日资企业彰显了员工忠诚问题的另一种解决方案。尽管大型日本企业看起来受益于高水准的员工忠诚度，但很明显这并不是通过鼓舞人心的领导力或强势管理者来实现的。相反，日本企业是强力的等级制组织，彰显出传统科层制的诸多特征。然而，它们提供了终身雇佣制（虽然仅限于男性，女性依然被排除在外，与欧洲五十年前类似，结婚后要辞职）和复杂的社会福利计划，它们同样还借助非常强的组织文化使自己的雇员团结起来以实现组织目标。在20世纪80年代早期涌现出一连串著名的、实践导向的著作，大部分由管理咨询师写作出版，他们称赞将企业或组织文化作为管理工具的优点。

在这类书籍中，有些书直截了当地关注日本管理的优点。其中，最有影响力的书有两本。一本是于1981年出版后就立刻成为最佳畅销书的《日本管理的艺术》，该书的作者是麦肯锡公司的顾问理查德·帕斯卡尔和安东尼·阿多斯。另一本是管理学教授威廉·大内的《Z理论：美国商界如何应对日本挑战》。“Z理论”是大内为美国公司所能吸收的日本管理的关键要素或做出调整而开出的药方，该理论建立在麦格雷戈的“Y理论”基础之上，并对后者进行了改进。

日本管理最显著的特征是，它将集体价值的优先级置于个人价值之上。日企的决策机制是高度协商一致的，在得到所有受影响或相关人员做出的承诺前，任何正式决策都不会被做出。这种决策机制搭配集体责任制度。不存在个人激励，并且，虽然基本结构是科层制的，但团队协作司空见惯，能直接穿越科层制限制，因为管理者是基于技术和个性而非工作职位组建团队。管理者之间、工人与管理者之间都有较高水平的互信，创新被欣然接受而未被排斥。组织的灵活性和工作保障的结合，允许工人集体尝试新想法，而不用担心短期绩效带来的影响。

通过让人们在共同目标之下熟悉彼此、受到激励，以上那些目标都变得可能。这种模式部分源于终身雇佣制；部分来自广泛的有公司特色的培训计划；部分来自相互关心、相互信任的环境，来源于交织在一起的商业和社会生活。休闲是工作的延伸，公司则扮演着一个大家族式的角色——经常性地，会对管理者的真实家庭生活造成伤害，家人很少能见到管理者。日本管理的核心是一系列强有力的企业价值观，这些价值观具体体现为符号、惯例和实践，支撑一套对关于公司是什么、公司将向何处发展、公司如何达成目标的共同理解，这套价值观是一种强有力的组织文化。

对日本管理的这些探索很快就有了影响，1982年出版了两本书，这两本书都赞颂美国企业里强大的公司文化：第一本是当时最畅销的《企业文化》，作者是特伦斯·迪尔和艾伦·肯尼迪；第二本是《追求卓越》，作者同样是来自麦肯锡公司的顾问汤姆·彼得斯和罗伯特·沃特曼。次年，又出版了一本轰动一时的书——《变革大师》，这本书的作者是哈佛大学商学院的罗莎贝斯·莫斯·坎特。

上述著作中，最有影响力的要数《追求卓越》。彼得斯和沃特曼研究了美国表现最好的企业（对增长率、财务回报率，以及最关键的责任感或创新性等方面的表现进行评估），他们提出了卓越企业的八个特征，这些特征将这类企业与它们那些不够成功的竞争对手区别开来。他们以麦肯锡公司的“7-S框架”为模型开展商业和组织分析，该框架包含了组织层面、战略层面及管理层面的各类要素。举例而言，该模型的关键主张是，卓越的企业离客户更近，战略重点更聚焦（它们“聚焦自己的关注点”）。然而，管理的特色至关重要，经过一系列重新排序，成功企业的管理特色可以总结为以下几点：

- 坚持以人为本。每个人都被看作团队的一分子，而不仅仅被视为可消耗的、可替换的资源。

- 行动主导下的事必躬亲。管理者要参与到工作中，与员工一起推进工作、一起找到解决方案。管理者不只是分析和发号施令。
- 独立自主与企业家精神。鼓励员工创新、尝试，落实他们的建议，容忍他们的失败，将制定好的决策传递下去。
- 灵活性和团队协作。组织结构被视为一种资源而非束缚。问题是通过专门团队来解决的，团队经常建立在自愿的基础上。
- 价值驱动。贯穿整个公司的是一套清晰明确的价值体系，传递公司代表什么、公司是什么，以及公司正在做出哪些尝试去实现目标。

其中一些管理特色反映了在一个仍受Y理论叙事严重影响的世界中被认可的良好实践。其他管理特色则反映了对日本管理实践进行清晰解释的观察结果。对于彼得斯和沃特曼而言，最为重要的关键要素就是对文化和价值观的强调，他们总结的八个特色中有一条捕捉到了文化和价值观背后的基本原理：管理要张弛有度。其基本理念是：如果你用一个非常严格的组织文化将人们捆绑在一起以追求明确的方向并设定目标，那么你就可以免掉许多传统的控制机制，将人们解放出来，释放他们的创新性和创造力，并确信这有助于企业利益。

尽管这个想法非常有吸引力，但事实证明，它与其他许多类似的想法一样，很难付诸实践。彼得斯和沃特曼也注意到了他们研究的卓越公司还存在着其他特色，这些公司都有杰出的领袖人物，许多领袖人物一手塑造了公司。对组织文化及其变迁的学术研究大约开始于同一时期，研究指出，组织文化经常与创始人密切相关，同时深植于企业的历史之中。就像人类学研究所揭示的那样，文化和历史紧紧缠绕在一起，改变文化并非易事。仅仅改变结构和系统是不够的，还需要改变它们所嵌入进去的旧文化——体现在标志、叙事、惯例及其他东西之中——否则组织依然会倾向于沉沦到旧模式中。即使能力卓著的领袖确确实实精心策划了一项重大变革，但事实证明在他任内也很难将变革推行下去。

尽管如此，当时的许多流行观念在这一时期都得到了发扬光大。今天的科层制比它的早期形态要灵活得多。管理者更像团队一样工作，他们像对待队友那样对待自己的下属，团队协作更为普遍。一些企业将团队视为基本的组织工具；另一些企业则将团队视为解决问题和创新的工具。高管们经常会意识到强有力的共享价值观有多重要，即便他们无法创造出一个价值观驱动的文化。“张弛有度”的原则经常被应用到项目团队层面，项目本身的挑战性能激发出强烈的共同承诺。

更重要的是，许多老公司可能在努力改变自身的文化，而许多全球最活跃的企业依然足够年轻，并从它们的创始人建立的文化中受益，用彼得斯和沃特曼在研究中总结的那种方式管理着企业：比如苹果、谷歌、亚马逊及维珍等公司，它们的所有工作就是基于“张弛有度”的原则。

最后，彼得斯和沃特曼、坎特都强调过的一个方面，正以一种非常不同的方式发挥影响力。企业家管理已成为主流中非常重要的一部分，类似谷歌这样的企业能够用它们的社会化管理方法为公司谋利，但许多组织仍然依赖于一种老式控制与个性化驱动的混合管理模式。在下一章，我们转而探讨管理中的这种个性化趋势。

第六章

个性化管理

虽然20世纪早期的科学管理是基于我们现在称之为寻求自我经济效用最大化的经济人模型，但这一模型当时并未影响到管理者群体。工人被认为是天性懒惰、自利的人，只有遵循科学管理模型给予其经济激励，或者遵循后来被麦格雷戈归为X理论的那些更为流行的模型框架去施加胁迫，工人才会表现得令人满意。管理者作为备受尊敬的中产阶级的成员，被假定为道德上更正直、更有责任感的社会共同体中的一员。但这并不妨碍管理者追求个人经济利益，尤其是在美国这样的环境中。对美国人而言，成功在很大程度上是用金钱来衡量的。即便是在美国，也会有其他一些事物被认为是重要的，这些事物在其他地方则占主导地位。由于经历了两次世界大战及20世纪30年代早期深刻的经济危机，在两次世界大战间及战后发展出来的人群关系运动开始强调超越个人利益的社会凝聚力的价值。

在20世纪的大部分时间里，管理者的主导风格是这样一类人，他们不单单从工作的经济回报中得到满足，还从工作本身及工作带来的社会地位所提供的与商业世界、公共管理及社会（孩子就读的私立学校、高尔夫俱乐部、慈善组织及公共服务机构）的联系中获得满足感。与上一章讨论过的日本管理者的风格相比，美国和欧洲管理者的风格都更偏向于个人主义。举例而言，日本的职位晋升竞争更激烈，但也有更强的公共精神。虽然工人的工资可能是按件付酬，但管理者普遍都是月薪制，他们的薪酬没有任何的激励成分。一名管理者在一家企业中打拼自己的事业是司空见惯的事情，企业则对管理者的家庭负责。管理者基本上都是男性，他们的夫人很少工作过（但是妻子也被期待为企业效力，在社交场合支持自己的丈夫）。

在组织内部，西方管理者比他们的日本同行有更清晰的工作定位，他们的工作更强调个人责任而非集体责任，但这种更为死板的科层制也为管理者提供了安慰和保护。有雄心的人能够去竞争科层制最顶端的工作，没那么有野心的人则可以在一个高水平安全感的环境中过上舒适的生活。

20世纪70年代，石油价格暴涨，来自日本方面的竞争，全球市场的开放，新的信息技术使得新公司有能力削弱老牌企业的知识优势，所有这些都加剧了竞争，使得舒适的老旧科层制组织开始感受到压力。在20世纪40年代至50年代，开展了一项关于美国制造企业的经典社会学研究，梅尔维尔·道尔顿在《管理者》一书中已经注意到，正统科层制在应对竞争环境下的非常规事件时具有局限，如面对机器损坏或紧急客户订单时。但他也发现，管理者能够借助类似游艇俱乐部的非正式安排来克服这些局限。在三十年后出版的著作《道德迷宫》中，另一项经典研究针对的是在新竞争中走下坡路的另外两家制造企业的科层制，罗伯特·杰考尔发现存在着工作与社会完全分离，同时工作与社会的道德秩序也随之分离的现象。管理工作充满了个人私利与个人生存的斗争。

到了20世纪80年代早期，科层制已经成为低效率的代名词。人人都认同的是：组织，无论是公共组织还是私营企业，都需要变得更有效率、更具责任、更有弹性并更具创新性。必须要找到一条能够释放人的天然精力和创造力的路径。对这种需求的一种解决方案是通过组织文化激活社会承诺，鼓励并指导人们的工作，这在上一章已讨论过。另一种解决方案则是通过个人激励提高生产率与创造力。

管理与企业

从另一种角度看，科层制（现已成为所有相对僵化的等级制结构的代名词）的问题并不是未能借共同忠诚将人们绑在一起，它的问题是将人们捆绑得太紧，以至于闷死了个体的责任与创造力。关于这一观点，没有什么比《追求卓越》研究得更透彻的了，尽管它并不需要研究著作来证明。从20世纪80年代早期开始，自美国罗纳德·里根和英国玛格丽特·撒切尔时代以来，这种观点就迅速传遍全球，企业价值观就传遍整个社会。甚至是在俄罗斯和中国这样有着最严苛科层制文化的国家中，个人主义的企业家精神也蓬勃发展，当然这也引发了腐败这一自利的经典标志。在发达国家，企业家受到称颂，贪婪成为一种“善”，公共部门也像私营部门组织那样按照企业模式进行重建。

这一潮流有着深刻的历史根源，它出现在20世纪80年代并非偶然。全球化和新技术对这一潮流起到了重要作用，但世俗化及对权威的普遍不信任也起到了很大作用。无论如何，这一潮流的主要特征比较容易看清。

首先，在各行各业中，自利的正当性不断增强，同时伴随着义务的削弱。权威的传统来源被暗中腐蚀，道德义务的传统定义让位于自立、公平和权利（包含有产者和无产者的权利）等一系列其他道德信条。其次，随着传统道德价值观被轻视，金钱成为衡量一切的尺度，可衡量的短期效应属性优先于更难衡量的长期属性。甚至当日本公司因聚焦于长期而受到西方赞美时，它们反而变得愈加短视。

再次，一种新的关于经济利己主义和自由市场资本主义的全新政治正统观念开始兴起。简而言之，该观念认为，通过鼓励那些完全受经济利己主义驱使的主体参与不受限的自由市场竞争，有助于实现社会大众的最大利益（公益也同其他事物一样，是可用金钱衡量的）。这一观念部分归功于18世纪的哲学家亚当·斯密，它强调价格机制能确保资源的最有效配置，这不仅可以应用于产业和金融市场的自由化进程，还适用于管理劳动力市场。

所有这些因素在更为个人层面的体现，便是伴随着对“真实”内在自我的重视，由此带来社会关系的重塑，社会关系被视为志同道合的个体结成的同盟，而非不同想法的人因社会纽带而聚集的表演。在个人关系上，重要的是人对自我诚实，即便在实践中这意味着人变得更加自私。在工作场景中，受到鼓励的社会身份是企业家身份，涵盖了一系列企业价值观：自我激励、自主、个人责任、自我调节、冒险、精力充沛、成果卓著、高效、好强、主动性、创新性、创造力以及风险承受力。

颇为奇怪的是，一些企业文化最坚定的支持者是传统的卫道士，他们将企业文化与回到"维多利亚时代价值观"联系起来。在将这一哲学应用于公共部门管理重建时，他们处于一种奇怪的幻觉之中，认为人们可以具备企业家的所有特质，并仍然会执行被告知的指令，受组织目标的驱使。当然，真正的企业家是受他自己目标的驱使，而且只对他们自己负责。结果，在20世纪的大部分时间里恪守提供公共服务承诺的公共部门，一旦向个性化的企业转变，随之而来的很快就是官僚化控制的大规模增加。公共服务道德意识遭到了致命打击，企业家精神中的自利特质浮出水面，重新获得控制权的唯一方法是制定越来越多的细节性规则和规章。

这一趋势最显著的表现是与企业文化一起出现的审计文化，公共部门组织遭受日益严苛的自我审查和外部检查的监管制度的约束。特别是在卫生和教育部门（无论是私营机构还是公立机构），一个管理者的大部分时间都耗费在给检查员提供翔实资料及应对检查本身上。

这些审计制度部分是出于控制管理者的新式自由的尝试，部分是一种应对失败的责任承担机制，并且在后者的伪装中贯穿于现代社会。当责任变得个体化而非共同承担，人们便设法将责任转嫁出去，由此带来的一个结果是，私营部门管理者也需要面对沉重的外部强加来的规则，在医疗和安全领域尤为如此。如果一名雇员傻傻地从站着的椅子上掉下来，这种情况不再被视为一场愚蠢的意外。组织在法律上是有责任的，因管理松弛而酿成这类悲剧的管理者应承担责任。更诡异的是，重大的财务违规看起来并没有太让人不安，因为有大型的会计师事务所负责财务审计，而这些事务所自己正拥抱企业文化、渴望佣金，不断地证明自己能够被客户有效收买。

与指导公共部门改革的政治家相比，私营部门的老板们通常幻想更少，而他们自己作为激烈竞争环境下的个人（这是成为商界等级体系里高管的必备素质），许多老板更乐意在新的企业规则下竞争。管理者被赋予更多自由和自主权，但这也结合了更高的绩效期待，还意味着更少的任职保障。在企业环境中，管理者被认为主要受他们自己个人工作成就的驱动，按照薪酬和晋升而非他们公司的成就或他们主管部门的成就来衡量业绩。实际上，志向远大的个人经常通过转换角色——从表现不佳或过于低调的团队，调动到更为成功的团队以寻求突破——或是换公司来获得提升，在任何一个地方都尽量少地耗费时间。通过个人激励计划来实现企业目标，高层管理者自身也从中获取最大收益。表现不佳的管理者，在过去要么需要参加再培训，要么需要找到一个有用的利基市场，现在都自由了：毕竟，如今是一个自由市场，双方都只受简单的供求规则约束。

这一方法在最容易衡量绩效的金融领域得到了极致应用。

20世纪80年代至21世纪，金融部门快速膨胀，并变得非常富有，而在这一现象的背后，可以说是由整个实体经济或整个社会来承担代价的。在其他地方，企业价值观与我们观察到的其他一些特征相结合，打造了21世纪早期的一种独特的组织和管理方式，这种方式有时候被称为“后科层制”。

管理与后科层制

当代组织经常展现出我们上文已审视过的所有趋势的混合。多数大型组织，无论是公共的还是私营的，都是通过经常性的改组或流程重塑以理性主义的方式寻求效率提升。与此同时，它们通过强有力的组织文化（或者是它们所希望的强有力的组织文化）来推进对共同目标的共享承诺，并要求它们的管理者根据人群关系运动的积极理念对待它们的员工。同时，它们还要求员工要具备企业家精神，广泛应用个人激励措施，根据严格的市场条件雇佣或裁员，根据情况决定是否让员工“自由”管理自己的事业。科层制变得比过去更具弹性，但大部分组织依然保有明显的等级制结构。除了首席执行官之外，每名管理者都有一名上司，同时管理者自己也是别人的上司。这种等级制结构与私人的、非正式的网络重叠，提供了沟通的主渠道。组织的核心运营元素是半自治团队，借助灵活组合以应对当今的挑战。

所有这些都使得管理变得更加有趣、要求更高。灵活性，效率驱动导致的管理团队削减，问责制的科层负担，都加剧了管理者的工作负荷，增强了管理者的任务简直无止境这一感觉。与管理者角色有关的职责变得五花八门。管理者经常要身兼多重职责：对他们的直属上司负责；对组织整体负责；对与他们一起工作的同事或组员负责；对向他们汇报并依赖他们指导和支持的雇员负责；对他们的家庭和那些依赖他们友谊和关照的其他人负责；当然，还要为他们自己的个人利益负责。关于后科层制中令人惊讶的一点是，这些责任与那些更老旧、更简单的组织形态中的责任大部分是重合的，但现在这些责任却经常变得相互矛盾。自身利益、他人利益以及企业或组织的利益统统处于紧张状态。我们可以通过一两个例子来查探这一影响。按理说，一名管理者的核心工作是做好上传下达，但现在存在着一种紧张，即将管理者视为可消耗资源，企业的这种矛盾需求体现在既需要管理者自我激励，又要维持一种不断更换管理者的环境。同样的，管理者职业中还存在着一个核心挑战，即平衡工作与家庭，但这一点在许多大型组织中都不可能实现平衡，因为满足经济安全的需求与出席并参与家庭生活之间存在矛盾。管理者的另一半经常宣称，管理者与他们的企业结婚了；但在过去，这些管理者就相对的工作保障而言还有一些社会联系，而现在是没有的。

无论如何，情况并非总是如此。一些企业确实为它们的管理者提供了丰富的社交和安全体验，但另一些公司则强调一种更为单纯的个人主义方式，最为明显的便是金融部门，但也分布于各经济部门，吸引着拥有共同价值观的管理者们，他们的合作伙伴肯定预先认识到了这一点。但是，很多组织则充满矛盾，而这无非只是加剧了管理压力。

当代管理的理论与实践

管理理论是累积性的。它主要由社会科学家建立并发展，与其他所有科学家一样，其理论都是基于前人成果之上。管理的风尚是周期性的，或者至少是随环境变化而变化的。举例而言，战争倾向于激发出社会联系的优点，突出过度个人主义的危险性。经济发展为企业提供机会，突出个人主义的优势。不确定性催生出对理性主义和理性控制机制的渴望。政治发展本身经常是回应社会问题或经济问题，引入思维方式，并将其运用到管理环境中。

管理实践同时受到理论和流行风尚的影响，响应科学认知的新水平而迅猛发展，同时也受理论流行趋势的影响而周期性轮回。而且，不同企业、不同组织中的管理实践必然千差万别。所以，即便上文描述过的后科层制管理可能会成为当前管理的主导模式，但它并不是唯一模式。许多组织是以一种更理性化、更社会化，甚至是更个人主义的方式来开展管理，同时也有许多组织依然深度依赖传统或魅力型权威，也依然有许多组织是胁迫型管理。

管理实践还取决于组织运营所处的更广泛的文化环境。以投资银行和管理咨询为例，这类组织倾向于个人主义管理模式。重型机械行业则倾向于理性主义管理模式。创意产业以及——尽管经历了几十年企业化改革——公共部门仍呈现出更强的社会化管理趋势。

正如我们将在下一章看到的那样，理性主义文化同样造成了管理实践的重大变化。但在我们探讨理性主义文化如何产生这种影响之前，我们应先清楚地指明前面三章中体现出的日益明显的问题：美国的理念在管理理论中的压倒性优势。前文所述的大部分管理理论都起源于美国。甚至日本管理理论在本质上也是美国人建立的。20世纪的大部分时间里，只有在美国，人们才学习管理理论，或者是作为学术研究者研究管理学，或者是作为大学生学习管理学，并不像其他地方那样只上手操作。甚至在20世纪七八十年代，管理学研究和教学也大部分局限在北美、英国、澳大利亚和新西兰，在其他地方效法美国模式开办的商学院，也经常使用英语作为教学语言，习惯用美国的研究文献、美国的教科书和美国的案例。甚至到了今天，全球各地的学生都去美国和英国（或者去美英设立的海外分校）完成他们的研究生管理培训。很少有人反向而行。

因为管理研究、管理理论及全球管理教育大都基于美国模式，在管理实践中存在美国特色也就一点不奇怪了。然而，依然存在着一些变数，我们将在下一章审视这些变数。

第七章

跨文化管理

即使在美国，也很少有针对管理实践或管理理论应用的系统性研究。在美国之外，相关研究就更少了。然而，依然有一些跨越不同文化的管理态度的大规模研究。格特·霍夫斯泰德是这类研究的开拓者，他在20世纪60年代开始对国际商业机器公司（IBM）全球范围内的高管展开态度调查，他的研究结果首次发表在20世纪80年代。根据管理者因成长的文化背景而呈现出的显著态度差异，霍夫斯泰德识别出了四个维度，而后又扩展成五个维度（见表1）。自20世纪80年代以来，阿方斯·特朗皮纳斯和查尔斯·汉普登–特纳开展了另一个类似的研究项目，最终调查了多个国家许多不同企业的3.4万名管理者，并分析了他们在面对一系列困境时的反应，这些设定的困境旨在彰显互补性价值观之间的紧张关系。自20世纪90年代开始，罗伯特·豪斯主持的GLOBE项目利用分散在全球各地的调查者扩展了霍夫斯泰德研

表 1　用霍夫斯泰德三维度测量的十个国家

为了能更好显示对比结果，霍夫斯泰德的量表已被重新设置，并且在一个案例上颠倒了量表，将美国设置为100。此处没有囊括的两个维度：一是男性特质/女性特质维度，该维度遭受大量批评；另一个是长时期/短时期维度，该维度的调查对象是学生而非管理者。

个人主义（高） VS 集体主义（低）	不确定性容忍度（高） VS 不确定性容忍度（低）	平等主义或低权力距离（高） VS 等级体系或高权力距离（低）
	新加坡 575	
	中国　153	
	英国　131	
	印度　115	英国、德国　114
美国　100	美国　100	美国　100
英国　98		
法国　78	巴西　83	
德国　74	德国　71	日本　74
		韩国　67
		法国　59
印度　53	法国、韩国　54	巴西　58
日本　51	日本　51	印度　52
		中国　50
巴西　42		
新加坡、中国　22		
韩国　20		

究的文化范围，特别关注到了领导力的文化维度。

霍夫斯泰德的分析遭到了其他研究者的批判，但他早期的研究成果被证明是相当可靠的，并且后来的GLOBE项目很大程度上佐证了他的研究。汉普登-特纳和特朗皮纳斯追求洞察力而非学术严谨性，将他们的经验分析与从历史学和社会学文献中搜集来的观察结果相结合，并挖掘事先就有的文化维度，而不是尝试从数据中去提炼这些维度。然而，他们的结论与其他一些研究的结论相一致，并且更多聚焦于管理问题，在此我们将他们的研究与霍夫斯泰德的一些研究结论结合起来。我们会在一开始先探讨美国文化的一些特质，包括那些有助于我们理解为什么美国的研究式教学能成为管理学的主流。然后，我们会简要浏览一下，当然也是浮光掠影看一下，其他文化背景下那些不同的态度和方式。

管理与美国文化

汉普登-特纳和特朗皮纳斯开发了两个维度：一是普遍主义与特殊主义的概念维度，二是分析与集成（或称整合）（见表2）。在这两个维度上，他们的调查都显示美国文化占据着极端位置。为了应对一系列困境，普遍而言，美国管理者的态度是最普遍主义的，他们相信同样的规则理应被公平地执行，不得对任何人有例外，也不考虑个人背景或社会环境。他们也同样是最善于分析的，他们能将问题分解成各类要素，而不是将问题视为一个整体，他们聚焦于赤裸裸的事实，而不考虑事实的背景。其他英语文化

表2　基于汉普登-特纳和特朗皮纳斯部分维度的六个国家的典型排列

调查提出了与每个维度相关的一些困境，下表提供了可从中借鉴的一个印象上的对比总结，而非单一精确的测量。

普遍主义（高） VS 特殊主义（低）	分析（高） VS 整合（低）	个人主义（高） VS 社群主义（低）	内驱导向（高） VS 外驱导向（低）	努力（高） VS 天赋（低）状态
美国	美国	美国	美国	美国
德国				
英国	英国	德国	德国	英国
		英国		
	德国	法国	法国	德国
				法国
日本	新加坡	日本	英国	
新加坡	法国			
法国	日本	新加坡	新加坡	新加坡
			日本	日本

圈的管理者也有类似的趋向，但远没到美国人这种程度。与此相对，日本、新加坡和法国的管理者则采取更为特殊主义且更为整合的视角，而德国管理者则在偏好普遍主义的同时也具有整合观念。

美国人将普遍主义与分析相结合，这符合美国人对科学管理理论的渴望与信仰。简单来说，普遍主义与分析的结合接近于我所称的主导美国管理理论与实践的理性主义分析路径。科学管理、目标管理、管理科学、战略规划以及流程再造，所有这些理论都坚持要对问题进行细节性的结构分析，并提出普遍性的解决方案。情境理论则借助分析将显而易见的特殊主义变化置于一个普遍适用的单一理论之下。

然而，美国的路径走得更远，以至更为特殊主义和整合的管理视角，例如那些关注人群关系运动的理论，如麦格雷戈的Y理论，或者在20世纪80年代变得流行的日本管理原则，都被他们的美国拥护者视为源于经验分析的普遍性理论而放弃掉了。我所描述的管理中的社会化倾向，反而在美国的研究和教学中日益朝向原来它所反对的普遍性和分析性转变。

此处回顾的所有研究中一个普遍的维度是个人主义维度与集体主义/社群主义维度的竞争（尚未有合适的词汇来描述这一概念，因为所有的词语都有一些不必要的内涵）。在此，美国文化再一次占据极端位置。美国管理者比其他国家的管理者要表现得更为个人主义，前者更强调个人能力而非人际强度，个人主义超越集体动机与集体奖励，个人主义超越集体责任感，并且个人主义目标优先于社会期待。很明显，这与我所说的管理中的个人主义倾向相吻合，但个人主义倾向同样也体现在美式的管理教育和培训中。其他文化倾向于将管理者视为组织的一部分，管理者要在组织内通过学徒制的传帮带实现成长。但在美国模式下，个体管理者的发展源于商学院教育，这种观念认为，作为个体，管理者能够将他们学到的（普遍性）知识应用于任何一种组织结构中。

这些研究所暗示的美国管理文化的其他特征是相对较低的“权力距离”，或者是对平等机会的更高期待，以及将社会地位与成就而非职位联系起来的倾向。美国文化中的等级制一般是基于理性权威而非传统权威，并且与能力和成就相关，看重的是当下的能力。其他文化——以日本文化和法国文化为例——在选择人员成为等级制组织的一分子时也是竞争激烈或精英主义的，然而一旦通过选拔且地位稳固，等级制就开始占据上风。权力差异被接受，身份与职位绑定。美国的个人主义则对抗这一点。

美国管理文化在对待时间的态度上也处于谱系的极端点上。在霍夫斯泰德的量表中，相比其他大多数文化圈的被访者而言，美国人更强调短期取向。在汉普登-特纳和特朗皮纳斯的量表中，美国管理者更强调时间连续性而非共时性。过去基本上是无关紧要的，而未来又是遥远的，人应活在当下。美国人同样对不确定性有着相对较高的容忍度。个人主义将他们与强社会联系分离开，无论是在工作场合还是身处社群中，而将他们与强社会联系分离的个人主义同样在时间维度上发挥作用，将人们从历史的约束中、从对未来的担忧中解放出来。普遍主义、分析以及他们对待时间的方式结合而成为一种独特的管理方式，在这种管理方式中，分析和阐释是明晰的，继而是被区隔开的。美国管理者可能会最终陷入“勉强应付”或从经验中学习的状态，但他们通常在一开始时并没有这种打算。

最后，在以上这些研究中只是蜻蜓点水提及的东西，在其他的研究中得到了更为清楚的探讨，美国文化比其他文化更看重用金钱来衡量事物。在许多方面，金钱代表能力与成就。在一个以自力更生和强职业道德为特征的文化中，带有更重视当下而非过去的取向，对社会联系保持怀疑，对继承而来的财富持矛盾态度，但美国人经常以赚了多少钱来评价对方。其他文化圈则不情愿将复杂的、定性化的价值观简约到如此地步。比如，其他文化圈会区分靠不同价值的产品或行为赚来的金钱。但在美国文化中，金钱是衡量个人成就一个完美的普遍和分析的标准。

中国文化中的管理

此处所梳理的这些研究的大部分在趋于成熟的时间点，刚好是美国和欧洲管理学术界将主要兴趣放在探讨能从日本学到些什么东西的时段。但在今天，多数自发的对比研究则专注于比较美国和中国的管理。

中国管理文化看起来与上文勾勒的美国模式共享同一个特征。中美管理者对不确定性都有着较高的容忍度。然而，双方的高容忍度与本国文化独特的时间观念有着密切联系。美国人更倾向于关注非常短的时间段，所以对未来的不确定性毫不在意；中国人偏好的时间周期更长，所以当下或近期的不确定性因过于短暂而可以被忽视。

另外，在其他多个方面，中国人和美国人的态度看起来就像是两个极端。举例而言，美国文化是高度个人主义的，中国文化则是高度集体主义的，中国人与家庭的联系极为紧密，与社区的联系却没那么密切。在中国，社会期待压倒个人目标，个人成就依托于社会成就。中文里“关系”这一概念指代私人关系网络，人们在网络里付出和得偿个人恩惠，并照顾各方的利益。以家庭关系为模型，这些关系通过家族、学校或社会联系形成大型的类家族化利益互惠和义务网络。美国人则相信针对所有人的机会平等，他们只有在基于能力和成就的基础上才会接纳权威；中国社会和中国组织则更为权威主义，大规模的权力差异和等级都是基于传统型权威，经常伴随着少许胁迫。与美国人的分析和普遍化的偏好相对，中国管理者更倾向于采取一种整合的、特殊主义的视角。特殊环境和个人关系比普遍性规则或原则更重要，整体比部分更重要。

在一个家庭忠诚和关系被视为比合约或组织的义务更重要的社会中，中国商业倾向于围绕家庭谱系来组织也就不足为奇了。甚至于，当前在证券交易所上市的许多大型企业依然保持着家族控制，以典型的简单等级制来运行，自上而下有着极强的控制力。许多古老的中国家族企业，以中国香港、中国台湾和新加坡这样的资本主义飞地为基地，已经成长为大型综合性企业集团，并长期接触西方的价值与观念。虽然这些公司采取西方的市场、财务及其他管理技术，但它们依然按照独特的中国式组织来管理，即作为事实上的大型多部门家族，更多地依靠个人关系而非合同关系连接在一起。

日本、韩国和印度

一般来讲，主要的东方文化圈国家之间的共性要比这些国家与美国文化圈之间的共性多得多，但东方国家也各有其特色。比如，日本管理文化虽然与中国管理文化有诸多共同之处，但二者在两个关键维度上依然有所不同。首先，相比中国人或美国人，日本人对不确定性的容忍度更低。其次，虽然日本人也是普遍的集体主义导向，但比其他东方文化圈表现得更为个人主义和物质主义，更看重金钱。

汉普登-特纳和特朗皮纳斯很好地捕捉到了日本人在个人主义和集体主义之间的平衡点，他们指出，美国管理者是为团队挑选个体，日本管理者则是从他们已有的个体中挑选来组建团队——然后为个人行为承担集体责任。同样的，美国人不考虑特殊情况而将普遍性规则强压到每个人头上，日本人则是从个人关系的细节推导出规则。日语中“客观”一词，翻译过来的真正含义是“客体视角”。这种平衡性还体现在其他方面。与中国人类似，日本人接受高权力差异，将权威与地位联系起来，但得先获得地位，并且权力也伴随着与之相匹配的责任。日本人的等级性可能很强，但他们是基于信任和共同义务而非权威自上而下的强迫来建构这种等级。日本人的眼光很长远，但并不像中国人那么长远，忠诚和义务在一种更间接的、中期的和组织的物质层面起作用，而不是在更长期的和家族的更情绪化层面起作用。

在日式组织中，家庭式集体责任制在某种程度上是被理想化了的，它建构在理想的和谐——“和”——这一概念之上，而在中国文化背景中它是真正的家庭，带着家庭所有的紧张和冲突。在日式组织中，信任基于经验而非合同或亲属关系，管理工作是通过行动和反思的循环过程来完成，而非遵循分析和执行的线性过程来完成。共识和协作并不能替代竞争，但可以弥补竞争的不足。一般而言，美国管理者看待事物时倾向于用黑白分明、非此即彼这种术语，而日本管理者则能够理解任何相反的两方都包含着彼此的种子，会寻求双方和解的方案。

韩国则以另一种方式混合了这些要素。韩国认同中国式强有力的家庭文化，韩国的公司主要都是家族企业。从外表看，韩国工业企业集团——财阀——看起来与日本工业企业集团——株式会社——类似，但对财阀子公司的管理在传统上都被指派给家族成员，权力的行使更多是自上而下的，个人主义的施展空间相对更小。普遍来讲，韩国的管理实践更接近中国模式而不是更接近日本模式。然而，在霍夫斯泰德对不确定性容忍和年资薪级驱动的量表中，韩国管理者在表现上更靠近他们的日本同行，韩式管理与日式管理有更多相似之处。

中美两国的管理者始终是这个世界上最能适应不确定性的，

而日韩两国的管理者则一如既往地是全球最难以适应不确定性的群体。他们严格遵守严苛的社会规范，抗拒变化，并寻求确定性与安全感——通过努力工作、通过共识，甚至是通过做大量艰苦工作达成共识的方式实现这一点。按美式标准来看，他们的时间观是长期性的，且更为周期性。过去、现在和未来被视为一个有机的整体。但日韩管理者的时间观在长期性上依然比不过中国管理者。在韩国，就像是在日本那样，相对的长期导向能够与公司要服务社会长期需求的观念联系起来，而非与股东短期需求的观念联系起来。

印度则提供了另一种混合模式。与中国管理者类似，印度管理者表现得对权力差异有较高的接受度，同时对不确定性有较高的容忍度。虽然他们的时间导向是相对长期的，但明显不如我们考察过的其他东方文化圈国家那么长；同样的，印度与日本类似，普遍的集体主义在一定程度上被个人主义所中和。大部分印度的管理结构总是极端等级制的，决策是自上而下的。许多印度企业同样也是家族运营，另外，在一个社会分层化的社会中，你是谁比你能做什么更重要。但印度人也喜好争辩具体细节。日本人追求共识，中国人不爱争辩，印度管理文化虽然允许争辩但最终还是老板裁决。

德国、法国、欧洲和南美

一般来讲，欧洲和南美文化位于美国模式和东方模式之间的某个位置，英国、北欧和荷兰的管理者在态度上更接近于美国人，而地中海、南美文化圈的管理者与东方文化圈的管理者更相似。举例而言，巴西与韩国在历史、文化上差异极大，但从本书的管理量表维度来看，它们看起来非常相似。两国管理者都有相对专制的态度、强家族取向、相对长期的视角，对不确定性容忍度较低。对管理者的既有调查显示，相对韩国管理文化而言，巴西的管理文化在个人主义色彩上稍重一些，但依旧是集体主义的。西班牙和意大利依然更偏向个人主义，导向上更偏短期，但它们比美国和英国要更偏好权威主义与集体主义。西班牙和意大利的企业多为家族式运营，有严苛的控制力。它们也有着更多的特殊主义色彩，怀疑普遍的规则或理论，随时准备特事特办；它们的分析性更少，更倾向于全面考察局势，更相信自己的直觉。

德国和法国是欧洲两个最大的经济体，它们的管理文化也居于两极之间，但两国文化也都是有趣的例外。德国人在普遍主义和对权力差异的排斥上与美国人有点相似。他们相信普遍的规则、普遍的理论，相信能力和成就。然而，他们更多地持有一种综合的或整体的视角，而不是分析的视角，他们能够用个人主义平衡集体主义。德国公司与日本公司类似，传统上被认为是为了社会的长期利益而非短期利益工作。它们是合意管理模式，在推动个人超高绩效薪酬以激励高级管理者方面，德企比欧洲其他国家企业进展要慢。德国管理者善于合作与团队参与。德国人还倾向于共时性的时间视角，并接受相对长期的导向。（奇怪的是，霍夫斯泰德在量表中把德国人归为短期主义者，但这只是他量表中五个指标中的一个，是基于对学生而非管理者的调查，看起来似乎是德国的学生通过出国留学来精准规避德国文化的影响。汉普登-特纳和特朗皮纳斯则将德国人归入极端长期主义中，这无疑符合他们对投资的态度——无论是企业层面还是社会层面——他们对储蓄而非负债的偏好更强。）

独特的是，法国人的管理既表现出个人主义的一面，又体现出对权力差异的高容忍度。他们同样持有一种独特的时间观念。汉普登-特纳和特朗皮纳斯询问他们的调查对象，让他们画三个圆以表示过去、现在和未来，多数文化圈中的管理者都有一种倾向，他们都将现在或未来的圆圈画成最大的那一个，而过去的圆圈画得最小。但法国人画圆圈的大小却完全相反（见图6）。历史于法国而言非常重要。从过去继承的财富远比当下的收入重要。法国的理智主义同样是独特的：虽然法国人是伟大的理论家，但他们的理论化倾向既是整体性的，也非常局限于理论。与美国人沉迷于经验事实不同，他们对现实世界抱有一种

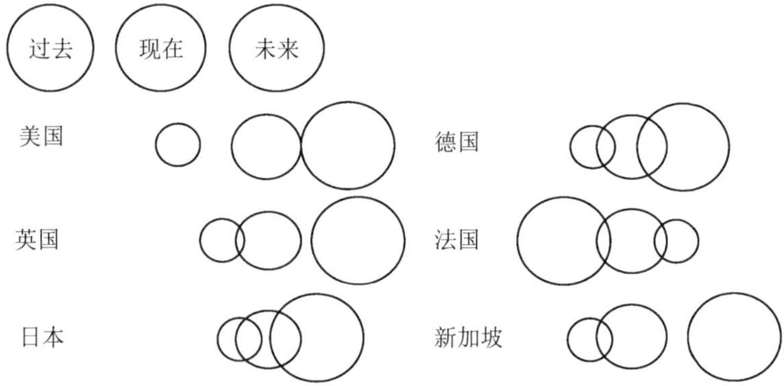

图6　连续性时间观与共时性时间观（汉普登-特纳和特朗皮纳斯）

极端的特殊主义视角。权威是高度个性化的，强者能屏蔽规则，万物以个体的或组织的形式相互关联，所有这些都是一场权力游戏。法式组织的典型运行既不像中国那样通过简单的权威，也不像日本或德国那样通过合作与共识，而是通过政治协商。

受篇幅所限，上面的草图不可避免地只是简笔画而已。一如我们在前文以共存倾向来展开对管理理论和实践的综述，此处的研究只覆盖了文化倾向，而非文化现实。特别是汉普登-特纳和特朗皮纳斯的问题被置于两难困境中，两端都有明显的价值。在任何一种文化中，不同个体以不同的方式回应文化，但在研究时却将文化描述为一种普遍性的东西，实际上，这也只是简单地说明了调查对象展现出一种统计学上的倾向，支持对环境采取普遍化概念而非特殊化概念。然而，尽管存在许多特殊性，这种框架依然为不同文化圈中管理者的态度范畴提供了一些观点，并指出了这些态度有各种组合形式。考虑到美国人在管理理论和教育上的主导地位，以及美国跨国公司的权势和辐射度，现如今，世界各地的管理都参照美国模式。但即便是美国管理理念被其他文化圈所吸收，这些理念也经常会按照东道国文化的价值和需求有所裁减。特别是，个人关系以及权威的传统模式是全球范围的管理实践一个更加重要的部分，比美国管理教条所建议的重要得多。

第八章

管理的批判视角

对于那些参与管理的人，无论是管理者本人，还是咨询师或学者，管理工作多是一种兼具技术性与个人风格的事务。对于大部分管理者而言，管理是一项基本工作。管理工作的宗旨和目标通常由其他人决定，管理者则尽其所能做好工作。他们运用自己的个人或人际关系技巧、专业知识以及组织可接受的那些特殊管理技巧开展工作，针对不同文化、不同组织及不同个体的管理方式完全不同。管理者有时候可能被办公室政治所束缚，他们偶尔也需要做出道德判断，但一般而言这些都是管理工作的次要方面。成为一名管理者这件事情本身，并不带有政治或道德意味。这一点对于管理咨询师和学者而言都一样，管理只是他们所做工作的一部分，在他们看来这项工作是极具技术性的工种。

很少有人是靠着使命感成为管理者、管理咨询师或管理学学者。他们做这件事不是因为渴望表达自己，也不是渴望为社会或人类做贡献，更不是渴望在对他们而言的重要议题上表明立场。一名成功的管理者、咨询师或教授很可能会为自己的成就感到自豪，但成为一名管理者，或者在管理的相关领域工作，这件事本身很难成为荣誉感之源。当然，这也不是什么让人羞耻的事情。它只是一份工作，一份良好的、受人尊敬的工作，并且对于许多人来说是一份有趣的/赚钱的工作，但说到底，它也只是一份工作。

不过，对于一些批评者来说，若从外部观察管理，上述实事求是的论述看起来颇具误导性，甚至是被刻意误导。从批判视角来看，管理似乎是非常政治化的，也并非价值中立的。对于许多蓝领工人和那些政治上的左翼分子而言，管理者经常被视为金融资本的代表、剥削的代理人。对许多金融投资者这些真正的资本代言人和操纵者而言，商业管理者长期以来一直被认为窃贼，他们利用股东的资本经营生意，是为了自己的私利，而不是为了股东的“恰当”利益（虽然股东的利益也同样自私）。最近，教育、医疗服务及艺术领域的专家们将管理者视为其意识形态的对手，认为这些管理者强行在没有他们立足之地的文化和公共服务组织中推行“管理者的”价值观（诸如“效率”“利润驱动”等）。同样的，对于学术界的“批判管理学”的学者们而言，管理实践与权力、特权的行使密切相关。

在资本和劳动之间

当“管理”这一术语被当作集合名词而用于描述组织中的管理者时，它的隐含意义中通常带有一种冲突性。对于那些自己并不是管理者的雇员来说，管理层是典型的“他们”；他们不是“我们”中的一员，他们或是隐晦或是明确地被认为对“我们”有敌意。管理者自己可能并不会察觉到这种区分有多明显，但他们会不断被提醒存在这种情况，特别是在工人罢工时，他们会更清楚地识别出“我们”（请注意这里所使用的主格词汇——这里的“我们”指的掌控者而非被掌控者）是负责管理组织的人，与需要被管理的“他们”不同。

从理论术语上看，这种冲突通常被表征为劳动与资本的冲突。这一理论来自卡尔·马克思的著作。马克思在《资本论》（1867）一书中区分了工业领域生产率提升的来源，一是源于劳动分工带来的生产率提升（正如亚当·斯密在早些时候注意到的那样），二是来自具有同样技术的工人的联合，这种联合在当时英国的大型纺织厂里十分常见。马克思观察到，人作为一种社会动物，能够从合作中获益，而与工厂体系配套的规模经济（在这种环境下许多同类机器会被放置在同一栋建筑里，共用同一动力源）有利于持续增长的企业。这些企业的资方付给工人的薪酬是维持工人工作所必需的费用——大体上相当于工人自己所能赚到的钱，不包含企业的生产率收益——资方把来自生产率收益的盈余部分据为己有。用纯粹的经济学术语来描述就是：这是一个有效的增长引擎，因为产生的盈余可以用于劳动力和机器的再投资以赚取更多盈余。但按政治学术语来看，这种增长是阶级冲突的产物，是通过富裕的上层阶级对工人的剥削与压迫来实现的。

在马克思主义者的论述中，管理者的角色通常是模棱两可的。哪怕是马克思时代的工厂也需要能协调工厂主和工人的中介人，但正如我们在第三章中注意到的那样，这些早期的管理者都来自雇主的家庭或雇员群体。后者负责监督和纪律，既是雇员，也是资本的代理人。之后，当专业管理者作为一个新兴阶层在世纪之交登上历史舞台时，他们最天然的盟友既不是富裕雇主这类资产阶级，也不是劳工这样的工人阶级，管理者的天然盟友是受过教育的专家、自我雇佣的商人这类不断壮大的中产阶级。

在大部分马克思主义分析者看来，工人视角下的管理者阶层基本被视为资本的代理人，哪怕他们在身份上是雇员。科学管理及其后的理性化管理理念很容易被归入压迫体系，在这一体系下，管理者从工人手中夺取生产过程的控制权，并借由过程控制最大化地提取工人的价值为资本家所用。虽然这类体系的拥护者可能并非具有压迫意图，但体系在实践中就是这样运转的——这是目前在许多工业场景和零售场景中一直在发生的事情。举个例子，考虑一下，麦当劳的工作人员是如何严密地按照他们的工作手册来工作，他们的工作被精简到只是按他们接收的指示去做，他们的薪酬也被相应地削减。

然而，与此同时，在20世纪，管理者同样因不按资本的利益行事而遭到批判。在20世纪30年代，阿道夫·伯利和加德纳·米恩斯识别出美国企业中存在的“所有权与经营权分离”，美国企业通过公开发行股票和出售股份的方式推动所有权多元化，同时管理控制权也从家族所有者经理人向受雇职业经理人群体过渡。

由此引发了两类问题。一类问题是社会层面的。在19世纪，家族企业对他们本地市镇社区的投入非常大，因为它们与这些社区联系紧密。利润流向家族，但家族成员居住在社区中，依赖社区提供工人，他们自然地就会投资学校、慈善机构等。然而，20世纪的企业是由雇员管理的本地工厂。利润不能由管理者支配，与本地社区的联系也被破坏掉了。从某种意义上说，第二类问题是同一硬币的另一面。既然工厂的管理者不再是所有者，因此就出现了利益冲突，即：管理者为所有者谋取最大利益的职责与他们服务自身利益的诱惑之间的利益冲突。比如，管理者可以通过壮大公司以创造更多更好的管理职位，也可以通过放纵雇员创造一个让自己更舒适的环境，甚至还可以采取措施防止被接管。

第一个问题在当时得到了热烈的讨论，但很快就被遗忘。第二个问题因为现实中无法解决而从一开始就被搁置，但随着20世纪70年代经济学中代理理论的兴起，这一问题又重新浮出水面，自此之后便成为公司治理的主导性议题。在一份关于公司治理研究的综述中，经济学家安德烈·施莱弗和罗伯特·维什尼将核心问题总结为“投资人怎么才能让管理者[此处对管理者的假设是完全的利己主义者]把本属于投资人的钱归还他们”。

从财务上看，多数资深管理者把这对矛盾处理得特别好。激励薪酬包被设计出来，将管理者的利益与其他股东的利益捆绑起来，使得经理人比他们的前辈富裕得多。并且，无论管理者最初有怎样的悲悯心，多数资深管理者毫无疑问地团结在金融资本利益周围。然而，中低层管理者的表现不尽如人意，他们从蛛丝马迹中发现自己经受的剥削与过去的蓝领工人并无不同。他们的每一分业绩都被榨干了，创造的价值被他人据为己有，并且随着定期裁员和就业市场竞争，无论是经济回报还是传统的生活质量都被管理工作侵蚀了。

任何一名业务经理都对企业老板或股东利润最大化负有责任，同时还肩负着关照企业雇员的责任。管理者几乎是不可避免地夹在资本和劳工之间，以及与这些相关联的阶级利益之间。战后管理学的鼎盛时期恰恰是中产阶级价值观的鼎盛期，也是中产阶级主导政治议题的鼎盛期，当然并不是巧合，与责任相伴而来的是较高的社会地位。管理者是他们当地社区的中流砥柱，因他们的职业操守和责任心受到尊重，并且通常能够在任何政治冲突中占据优势地位。在少数国家，最著名的是德国，这一现象依然占据主流。然而，在过去的二十年间，出现了一个新贵阶层，无论是在发达经济体还是发展中经济体，他们都设法掌握了社会中的大部分财富，并借此在政治上获得主导地位。管理层，从掌控占主导地位的中心，正陷入变成受挤压的中间层的风险，由于缺乏进取心而被资本轻视剥削，亦因缺乏团结性而受到劳工阶层的蔑视和压榨。

管理与职业伦理

管理层这种模棱两可的立场也反映在对管理伦理的讨论中，管理实践和管理学术研究都有相关的讨论。由于管理者的工作涉及对人的管理，我们或许能想到管理伦理理应彰显那些对于人而言最重要的东西：人的情感、伦理道德及其他。然而，主导管理的理性化趋势则倾向于排斥这些因素。实际上，在哲学家阿拉斯代尔·麦金泰尔看来，这种趋势使我们能精准识别出管理者的典型特性，他在20世纪80年代写道：

> 管理者自己以及多数管理学学者将管理者设想成道德中立的，管理者的技能使得他们能够设计出最有效的方式以达成他们所提议的任何目标。在主流观点看来，一名管理者是否有能力是一个问题，而他在有效地追求目标实现时是否符合相应的道德是另一个问题。

从这点上看，商学院和管理咨询行业中实际的主导性看法是，管理是一种纯粹的技术性事务，这一看法也存在于管理实践的诸多领域之中。将管理视为技术就能让它与通常考虑的人类价值无关，管理变成了完全在经济理性和效率的价值框架内运作的事务。但这触到了教师和医生的逆鳞，这类人群坚信中学、大学和医院理应为人服务，而不是为利润服务，他们将自己上面的管理者视为叛徒和变节者。然而，就管理与资本之间的关系而言，尚不清楚的是，管理变成技术工种这件事到底在多大程度上是管理者主动选择的，又在多大程度上是资本强加的。

社会学家斯坦利·迪兹在其著作《企业殖民主义时代下的民众》（仅从书名看不出来它的内容）中提供了一项对管理状态最为透彻的分析。根据迪兹的观点，现代企业（以及我们可能需要补充的，更为普遍的大型组织）的思维和行事风格体现出一种他所谓的管理主义特征，这种特征特色鲜明。管理主义最引人注目的特征是对手段的强调，认为手段应超越目的，甚至到了强调手段本身就是目的的地步。经济效率成为重中之重，目标或价值方面的所有问题虽然未被忽略，但被管理主义主动抑制了。举例而言，道德问题不能在工作中公开讨论，只能在被转化为经济学术语后才能得到解决——如此一来，道德问题被简约为价格问题。情感问题有着同样的被抑制的遭遇。既然任何一项个人问题都可能会触发对价值观、个人隐私等的扰动，那就要尽可能地将决策机制化以规避情感问题。

显而易见，这种情形有着深刻的现实根源。比如，普遍而言，管理者乃至雇员经常与自己的爱人在家里讨论那些他们在工作中担忧的道德问题，但他们都会觉得很难将这些话题在工作单位直接摊开来讲。从这个意义上讲，管理主义明确地服务于管理者的某些集体利益或阶层利益。在理性分析、经济效率的世界中，他们是行家里手，管理学教师、管理咨询师都要靠他们养活。排除掉目的、道德价值及情感体验这些问题，就能有效地将一些人边缘化了。这些人包括工人及工人的家庭、社区，以及可能会受公司影响的其他股东，甚至包括那些其在公司中的利益与管理层的工具性利益有冲突的股东。即便公司所有者自己的首要利益是盈利，管理者对专业技能的声称也能使他们自由地做出任何商业决策。

然而，与此同时，这种让管理者受益的管理主义也能反噬管理者。管理者个人判断或价值判断的范畴受到限制，当然一些人可能很喜欢这一点——一项纯粹的技术工种是摆脱家庭生活需求的一种受欢迎的方式——但更多人讨厌它。就像迪兹注意到的那样，管理主义也携带着让其消亡的种子。当管理工作变得越来越常规化、技术化，对管理者的需求也就越来越不明显，特别是当今社会上充满了各种精密的信息系统和决策工具能替代管理者。技术管理的崛起通常被赋予名为“专业化”的术语，但专家的一个关键特质就体现在对其判断力的运用上，包括对其道德判断、对以科学和技术训练为基础的判断力的运用。早期的商学院意识到了这一点，将管理技术视为工具，应用时明智且审慎，但最近几十年“技术”一统天下，可以说，管理不再像是一种职业，更像是一种交易。

批判管理学研究

绝大多数管理学学术研究在根源上就是功能性的。其目标是提升管理技术，并且在应用社会科学中建立一个知识基础来帮助人们更有效地管理——这通常意味着更有效率。迪兹的著作发表于1992年，是非常有创新性的一部著作，与传统学术著作非常不同。这部著作尝试从描述的角度而非规范的角度来理解管理和组织。它尤其尝试去描绘那些支持主导管理实践和话语的社会和政治力量：批判性质疑并解构主流管理理念和实践中所暗含的那些理所当然的假设。迪兹本人吸收了该领域另外两位先驱马茨·艾尔维森和休·威尔莫特的成果，他们的著作《了解管理学：批判性理论导论》是该领域的核心文本。在这些成果的基础上，在“批判管理学研究”名义之下现已有了规模庞大的研究。

这里的“批判”一词最早指代马克思主义的批判传统和受马克思主义影响的独特的社会学“批判理论”，即被称为法兰克福学派的理论流派。当今的批判管理学研究包含了范围极广的理论观点，借鉴了社会学理论和精神分析，但对管理学产生主要影响的，尤其是对迪兹及其后产生重大影响的马克思主义批判理论，是法兰克福学派的于尔根·哈贝马斯和法国的社会学家米歇尔·福柯。遵循马克思主义批判路径和批判理论，批判管理学研究延续了对剥削系统的关注，剥削系统如何伪装成合法的系统、如何在被剥削者的准许之下运作。从表面上看，社会秩序的那些自然的、必然的甚至不言而喻的特征，其实是社会和政治建构的产物，从而将特殊阶级的利益自然化和普遍化了。

一个特别的关注点是哈贝马斯（源于韦伯）对手段导向的工具理性和目标导向的实践理性的区分。有观点认为，在现代企业中，在更为普遍的现代社会中，手段导向的理性宣称掌握了所有的理性空间，排斥了道德、评判和合理对话的意见交换。在管理学中，即便是在第五章中所讨论到的对话、共识和社会化趋势中的人的因素，也变成了一种单纯的理性控制手段，这种控制手段逐步渗透到对员工感受、员工行为的控制之中。

更为普遍的是，批判管理学学者还指出，理性和效率这类看似客观的标准在某种程度上同样是由社会性和政治性因素决定的。比如，什么是合理性，是可以被质疑的。韦伯式的理性权威与它所取代的传统权威一样，都给予特定利益以特权。管理的理性路径使得受教育阶层相比依赖经验的劳动力阶层获得了更多特权，至少从历史上看，理性路径赋予了男性相对女性更多的特权。效率和经济理性概念，使得那些只关注经济和短期利益的人比那些重视长期和难以计算利益的人享有更多特权。

批判管理学研究的第二大流派源于福柯，特别是源于他的权力-知识关系的概念。在福柯看来，社会环境是众多相互竞争、相互影响的话语的产物，思想和表达系统（有物理上的也有语言上的）塑造了我们对自己及周遭世界的看法。社会是永恒流变力量的产物，相关观念是破碎的、不稳定的，权力关系也是如此。批判理论家将既定秩序视为主导政治利益的产物。福柯主义者则认为权力是话语结构自身中所固有的，我们选择的词语和表达方式，我们认可的知识，我们设想关系的方式，我们为了生活的秩序和意义所接受的常规，所有这些都蕴含着权力。

这些常规可能是被强加的，并且，当规训措施取代强制性关系时一种特殊形式的权力就浮现出来——比如，工人被生产线所控制，管理者受财务原则、审计文化或特定管理技术的控制。但在福柯的世界中，总有反抗的余地，所有关系都有特定的适用场景，这使得只探讨掌握权力、行使权力变得没有意义。从这个角度来看，管理的理性化意识形态既不是由一个团体强加给另一个团体，也没有什么客观正确性和恰当性，而是从特定的社会-历史环境中涌现出来的，它既为管理行为提供滋养，也限制了管理行为本身。

批判管理学学者倾向于更多地聚焦揭示压迫而非纠正压迫。实际上，在管理学的学术研究中存在着对劳动分工的好奇，那些关注提升管理技巧的主流学者不情愿后退一步将管理视为需要理解的对象，但批判管理学学者也不愿意采取任何措施，既不愿意脱离他们特定的理论基础去寻找对管理更为宽泛的理解，也不愿意与管理者接洽并将自己的发现应用于生产实践。哈贝马斯自己首要的关注点是解放性的：寻找一种比主导当代生活的理性更宽泛的理性概念，通过公开对话让那些被遮蔽了利益的群体发声。福柯同样关注赋予少数派以权力，为他们开放政治空间。然而，当涉及应用到管理时，这类目标在很大程度上依然是一个面向未来的项目。

第九章

管理的意义建构

我写作本书的一个目的，是让缺乏管理知识或管理经验的人理解管理。我们理解事物的方式是将其融入叙事或故事之中。在上文中，我讲了管理理论的产生、管理实践的演变，在这一过程中管理者和管理学家占据舞台的中央。我还讲了另外两个事情：其一，管理者被视为强盗而非英雄；其二，管理者仅是小角色，他们扮演的角色受社会、文化、经济等这些他们无法控制的力量支配。许多教师和学者坚持仅仅围绕这些叙事中的某一部分来讲述。以大致同样的方式，政治家们也坚持用特定的叙事视角看待国家的状态及其所面临的问题。但世界并非如此简单。每个叙事都强调某些方面的重要性，但这是以掩盖或否认其他同等重要的问题为代价的。无论我们偏好用哪种方式来理解事物，总能有另一种方式可以让我们理解它们。

除了成为其他人的故事中的角色以外，管理者自己同样也是讲故事的人。正如我们在第二章看到的那样，管理者的一项重要工作就是了解他们所处的环境，既是为了他们自己，也是为了他们所要管理的群体。有时候，管理者只是简单传达或适度改编公司大老板们告诉他们的故事：公司是怎么发展起来的？要往哪里发展？为什么要选这条路？怎么实现发展目标？但有时候，特别是作为领导者，管理者也需要自己去建构意义。

意义建构的重要性

组织学家以一种独特且十分复杂的方式使用“意义建构”这一术语。卡尔·韦克在他的权威考察中，花了六十页去定义“意义建构”，之后又花了另外一百多页完善该定义。“意义建构”的概念虽然粗括，但它大体上指的是一种持续的进程，借助这种进程我们个体或集体可以重新书写过去所发生的事情并借此来理解当下，基于一种我们作为某种特定类型的人可以接受（既被我们自己也被他人接受）的视角，将过去和现在一起容纳进貌似可信的故事中。

此前，我们注意到了赫伯特·西蒙的观察，即：我们永远也别想完全解析周遭世界，也别想着世上有这种分析，我们只能满足于或者是勉强接受一种“够用”的分析。关于意义建构的理念源于这样一种观察：世界比我们认为的要复杂得多。我们置身其中的社会或精神世界如此复杂、如此丰富，以至于有十分强的弹性，这种弹性能够容纳一系列非常广泛的解释。一旦我们超越了最简单的事实或事件，就无法抽象出客观的观点，也很难获知真相。然而，我们必须要有一些对事态的分析视角和一些参考性框架以指引行动，否则我们就完全无法行动。并且，我们需要一种看事情的视角，以使得我们能够与自己共处——授予自身一种稳定且可被接受的身份。总体而言，我们还需要一种对事件的解读版本，使我们理解彼此的话语和行为，让社会性互动变得可能。这些故事都需要特定的事实一致性，但由于我们永远也无法获知有关事实的完整知识，因此合理性就比准确性更重要。

意义建构的一项重要特征就是它的回溯性。我们只能在一个简单的层面关注已经发生的某事，而在我们做完它之前，我们甚至都无法完全理解我们自己正在做什么。即使我们在做某事前已经有了一个理由，但当我们回想它时，我们总会质疑原来那个理由或者找出其他理由。行动也会让我们相信特定的故事，因为我们会回顾性地解释它们，并使它们对于我们或其他人而言更加易于理解。社会学家哈罗德·加芬克尔观察到，陪审团成员并非在做出判决前就对于哪些事实是重要的达成一致意见，而往往是先做出判决，然后才在哪些事实是重要的达成一致。

陪审团面临特殊的情况，因为他们通常要被迫在两个或多或少都言之有理的故事中做出选择，这两个故事都以某种方式符合事实。他们没得选，只能二择一，再将事实套进去。日常生活中处处可见这种情况。我们每个人都发展出一套对世界、对我们在世界中所处位置的叙事，我们在这套叙事中找到合理的舒适点。但更多的时候，我们将新事件、新经验以及新的社会互动纳入那套叙事中，或许会对既有的叙事进行微调，但我们很少会去认真地质疑它。有时候会发生一些与我们的感觉非常不协调的事件，这些事件引发我们重新考虑、重新修正既有叙事。但通常情况下，我们并不是回到事实，对现实进行重新分析。更常见的是，我们会选择一种更好、更让人感到舒适的替代性叙事，使叙事匹配已知的事实。

意义建构的另一个特征是它依赖于文化假设和信仰。我们在上一章写到一些批判管理学学者将管理学、管理实践和管理知识视为意识形态建构的产物。聚焦事物的一些方面，同时不可避免地隐藏起事物的其他方面，这本身就是理解事物的一种方式。但认识到任何意义的形成都超越了单纯的现实且依赖于意识形态、文化、情绪及其他，并不单单是为了批判。事实只有在与理论联系在一起的时候才具有意义，并且，当我们尝试给日常生活赋予意义时，我们所使用的相关理论——我们仅能使用的那些理论——都深植于我们的信仰、价值观和感受。

最后，意义建构并不单单是一个反思过程，还是一个主动赋予的过程。我们根据自己对世界的理解行事，我们不单单全然遵从这种理解，更会强行将这种理解推而广之。我们的言辞、行动都自带对回应的期待，这是行动与反馈、期待与确认的运作模式，维系着我们生活在其中的那个由社会建构出来的世界的稳定性。

组织中的意义建构

意义建构存在于社会生活的方方面面，但它在组织中尤为明显。在每一天的社会活动中，我们并不会被不断要求提供意义阐释。我们那由血缘、友谊关系主导的生活演进得相对缓慢，在其中意义是被广泛共享并且极少受到挑战的。只有在社会层面、政治层面或者情感层面发生某些剧变时，意义建构问题才会被摆上台面。组织则是一种更加动态的共同体。人来人往，那些新来的一般是完全的陌生人，需要立刻适应环境。这就意味着为组织提供凝聚力的集体性叙事要比家族或其他共同体叙事更直接明了，更易于构建。并且，由于组织比其他社会群体的人为特色更浓，因此组织叙事的人工痕迹也就更明显。

组织环境的作用往往更加直接，比如，会通过竞争压力或财务成效来体现，并且组织环境变化得也更快。这为意义建构带来压力，因为：一方面，叙事要能变化以适应新的环境，这给叙事带来更大压力；另一方面，组织叙事更为简洁的特性使得它们变得更加难以修正。在日常生活中，我们倾向于逐渐从一个故事滑向另一个故事，先是悄悄删掉已经不合适的元素，然后再逐步引入合适的新元素。然而，对元素的删减与添加又取决于有能力短暂地篡改或规避事件，考虑到组织需要更为清晰明了的叙事，删减与添加组织叙事就变得更加困难。

在个体层面，与作为社会共同体的一员相比，作为企业雇员的个体要负更多责任也更为脆弱。在升职或不升职、业绩考评以及裁员威胁等等的压力下，自我同一性是非常脆弱的。然而，在私人生活中，你能够保持自我，在感知到事情进展时可以保持沉默，但一名管理者是没有这种自由的。她必须时时刻刻准备好向其他人报告自己的情况——这种报告使得更大的叙事变得有意义。

除了加强对汇报的要求外，组织还强化了对特定行为的要求。在社会生活中，当事情发生改变时，我们往往要花时间去理解这种改变。我们会停下来一段时间，骑墙观望，不发言、不行动，直到我们自己构造出一个能让自己感到舒服的叙事。然而，在工作组织中的人们一旦停止行动就拿不到薪水。他们，特别是管理者，都是依照行为表现领取薪俸。付给管理者薪酬，就是让他们跟上快速变化的环境。特别是在一个竞争性环境中，妥当地理解过去的问题不能给人留下印象。环境需要的是对当下问题的理解，不管这种理解有多么不完美。因此，在组织的环境下，意义建构更有可能来自行动。你先做事，并在做事之后构建一个叙事来证明行为的合理性，并让你周围的人理解它。

作为意义建构者的管理者

意义建构视角为我们理解管理的相关问题提供了有趣的洞见。在此，我们简要分析一下三种意义建构的方式：决策、领导力及变革管理。

对管理工作的惯常理解认为：管理者解决问题、做决策或者做出选择。然而，在解决一个问题之前，你得先将这个问题表达出来，按说这才是最关键的管理挑战。只有通过了解情况，管理者才能提出有价值的问题，然而，一旦问题以特定方式被揭示出来，解决方案就会自动从天而降。当你到了要做决策的那个点的时候，决策就已经有效地被做出了。如果让我们举个简单的例子，好比说，一名管理者要选择投资这个产品还是那个产品，当她这样表述的时候，这看起来就好像是一个简单的算术题。但关键在于她选择的权衡方式：什么样的标准是重要的，怎么衡量，诸如此类。而这种权衡反过来又依赖于她所属公司看待世界的方式

（战略上的、价值观上的），以及当她将公司叙事应用于她所面对的情境时构建出的特殊意义。

再举个例子，环境的变化可能经常被描述为威胁或机遇。这取决于怎么呈现变化，怎么理解变化，即便人们看到的数据是相同的，但人们也可能做出完全相反的反应。被要求按威胁来应对的管理者跟被要求按机遇来应对的管理者，会做出不同的决策。

决策并不总是这样做出来的。有时候，管理者需要做出决策，果断地采取行动，但没有任何叙事能够指引他们。在这种情况下，行为有效地构建了叙事——就好像是在面临两条人生道路时却没有在两者之间做出决定的清晰依据，我们之所以会选择这条或那条路完全“取决于”我们是谁。然而，在管理情境中，决策不仅仅是个人的，这类决策行为依然要有背后的叙事。韦克曾讲过一个故事，这个故事最早出自心理学家艾伯特·圣捷尔吉，讲的是一组孤军在阿尔卑斯山脉遭遇意外且持续的暴风雪的故事。他们迷路了三天，正打算放弃，但其中一人在口袋中发现了一张地图，借着这张地图他们知道了自己的方位、找到了回家的路。事后，队长要求查看地图时，他发现那是张比利牛斯山的地图，不是阿尔卑斯山的地图。那的确是张地图，却似是而非，但恰是地图让人们采取行动，而不是在绝望中坐以待毙。

为了说明没有地图会发生什么事情，韦克讲述了在20世纪50年代由斯坦利·米尔格拉姆开展的一些著名试验。被试按要求参加一场“学习”试验，在该试验中，如果被试没能给研究人员做出正确回应，就会遭遇更为猛烈的电击，这一切由志愿者执行。

实际上，这个试验是假的，遭受电击的并不是志愿者而是演员，但执行电击的人并不知情。米尔格拉姆发现，如果研究人员在发布指令时特别冷静，尽管有明显证据显示被试正在遭遇什么，但志愿者仍倾向于将电击增加到足以致死的地步。这个例子往往被用作权威在场时无条件服从的例子，但这个例子同样也可以用来说明当人们搞不清状况时会做出何种行为的例证。当缺乏意义建构叙事时，人们会丧失行为能力，只能服从指令行事。

组织需要人们采取行动，并且，如果人们采取行动，他们就需要意义建构框架。你可以给某人提供各种各样的信息，但只有当你给他们提供一个叙事或一个框架时，他们才能理解这些信息，不迷失在信息里。管理者的一项主要工作就是确保人们有这样的框架，有时候，如果人们没有可供使用的框架，管理者就应当打造一个框架。此时，管理就变成了领导力。就像我们经常被告知的那样，不管什么决定都比没有决定要好，不管什么样的框架蓝图都要好过没有蓝图、没有框架，而领导力的一项主要内容就是提供意义。

就像是我们在第二章提到的那样，作为领导力的管理在变局期尤为重要，在变局期，组织的意义建构变得十分具有挑战性。我们在上文说到组织叙事尤其难以调整。一旦建构了特定的“意义”并推而广之，就会始终存在一种惯性，无论在什么情况下，都得根据既定叙事来解释所有新的证据、新的事件。组织渴求明确叙事、重复叙事的本性加剧了这种惯性。我们在第四章介绍的“群体思维”也加剧了这种趋势。在商业组织中，理解事物的方式通常是在过去的竞争中取得过成功的那种方式，竞争环境既可以是变革的动力，同样也会成为变革的制约因素。新的事件可能是向外部发出需要变化的信号，但这种信号要么被忽视，要么被解释，如有必要还会被重新解释，以确信认识事物的既有模式——或者仅是对既有模式进行微调。只有巨大的冲击或严重的不协调才能迫使人们改变看法。

组织需要改变以适应他们所处的不断变动的环境，这对于管理者而言才是真正的挑战。在企业中，首席执行官经常是塑造对事物普遍看法的主导者，并且会在个人层面认同当下的战略。高层管理者都接受了对事物的共享观念。巨大的投入就是为了持续地重复一个连贯的叙事——对雇员，以及在大公司中，对股东、对媒体而言——这种投入是如此巨大，以至于挑战这种叙事变得不可能。同样的，对于中层管理者而言，他们需要按照既定的企业叙事来理解事物，但这一要求限制了他们用新的理解方式回应外部影响的能力。教育新员工理解组织思想的需求，限制了他们以富有成效的方式运用全新的、局外人的视角理解事物的能力。

当财报业绩变得不可持续或媒体评论变得不可忍受的时候，大企业最终会改变它们的叙事。那时，它们的典型举动是更换首席执行官，物色新人选，新的候选人会有几个月宽限期去梳理企业的意义建构，提供新的叙事框架。如果新框架由上至下得到强有力的推广，新叙事可能会取代旧叙事。这一过程十分艰辛，它严重依赖那些能破坏看待事物既定方式的外部因素。当组织甚少暴露于外部批评或市场力量时，变化就格外艰难。这时候，管理者不仅要创造新的叙事，还需要找到有效的方法去挑战旧的叙事，或者至少是修正、重新诠释旧的叙事，并加快速度人为再造日常生活中自然发生的各种进程。

第十章

管理与道德

在第八章，我们看到了管理是不道德的这一图景，我们还讨论了现代组织作为一种设置将所有的道德问题排除在外。第六章中所描述的当代管理中强烈的个性化趋势也指向了同样的方向。对于管理学的批判学派而言，道德考量的缺失是错误的，但对于那些当代管理模式的倡导者而言，道德考量的缺失既是生活中的经验性事实，更是一种经济德行。按这种世界观或这种理解事物的方式来看，人生而自利，而对社会最有效的创造财富的方式是不干扰这种自利。如果管理者因道德问题而忧心忡忡，那只会让他们的企业降低效率。

但另一方面，在第二章里，我们将管理实践描述为一种固有的社会活动，这使得它看起来需要一种必不可少的道德维度。我们在第五章对管理的社会化趋势的讨论，以及在本书开篇所写的隐喻都强化了这一图景，管理者的工作被比喻成家务重压下疲惫不堪的父母的“应对”或“掌管”。并且，像我们在第九章里讨论的那样，管理者如果的确是叙事的塑造者、传颂者，那么管理职务本身似乎也蕴含着一些道德责任。回到开篇那个家庭的比喻，我们给孩子们讲的故事是他们道德教育的基础，我们将自己对世界的理解传递给孩子。如果管理者叙述的故事中完全没有伦理或道德层面考量，会显得非常奇怪。

虽然这种紧张关系在不同的文化和组织设置中有着不同的表现形式，但这种紧张关系是管理中长期以来所特有的。传统的科层制企业在许多方面都是传统道德共同体，以其所处社会的道德为底色。等级结构伴随着责任的道德规范，在这种道德体系中，每个成员都通过切实发挥好自己特定的作用来服务于整体利益。批评者认为这在道德上是残缺的。科层制为所有事务和管理者设定规则，管理者是作为办公室主管而非单个个体来行事，除了服从规则以外不能做其他任何事情，哪怕组织的目标非常不道德，管理者也会服从。社会学家齐格蒙特·鲍曼指出，科层制组织使得大屠杀变得可能，他以此为例来说明科层制技术的去人性化影响。

虽然总是存在着肆无忌惮的领导者用科层制来达到不道德目的的风险，但这种情况终究是一种病态。它依赖于权力的运用，通过魅力或者胁迫，用一种将科层制典范模式完全扭曲的方式来运用权力。在运行良好的科层制中，领导者或首席执行官与其他人一样是共同体的服务者。员工对组织的责任伴随着管理者与员工的相互责任，管理者需要照顾好雇员，尊重他们的私生活。期待管理者行事公正并遵守规则，实际上都是有道德基础的。与其说科层制剥离了道德，不如说科层制强加的是道德的特殊形式，其中的道德义务不允许有任何例外。

其他形式的科层制会以适合其所属文化的方式达成相似的

效果。以中国公司的科层制为例，它更加私人化，既依赖传统型权威，也依赖理性权威。这类企业强加的道德是一种私人的、家庭的忠诚，这反映了中国社会的主导道德。日本企业强加的是合意道德，看起来权威性更弱。承认每个人的观点，接受由雇佣关系带来的长期义务，日本企业看起来更像是理想的道德共同体。但这种道德仍然是为了压制批评者：合意一旦达成就有约束力。同时，日本企业会保护狭义的管理者利益，但它并不关心管理者的家庭。

即使等级制依赖更少的后科层制组织，也被强加了一种道德。但在这种情况下，冲突更加尖锐，因为所强加的道德是一种自利的道德。当然，你可以强制要求服从于规则或老板，但你无法以同等方式来强加自利。在后科层制中，管理者依然可以自由地充当传统道德的代理人，照顾好其他人的利益。但如果她的业绩无法满足既定标准，她也会“自由地”失去工作。此外，在这种无情的压力之下履职，人很难有空间去进行道德反思。如果我们看一下近年来商业道德方面那些最致命的失败——比如，拖垮安然公司和安达信会计师事务所，或是世通公司、雷曼兄弟公司的那些行为——很明显，许多人都知道或是感知到出了什么问题，但这些人都沉浸在自己或他们公司的财务业绩上，很少停下来思考到底出了什么问题。

以上那些丑闻以及许多近年来曝出的道德败坏行为都发生在金融部门，在金融行业，在金钱上自利的价值观得到了积极推广。金融部门的企业经常看起来沉浸于自己的世界中运作，其中的万事万物都被视为高风险的电脑游戏，完全与日常世界的人和事物断开联系。在这样的世界中，常规道德考量往往被视为无关紧要的。此外，与电脑游戏一样，金融交易是引人入胜的、高消耗性的，使人们既没有时间也没有精力去反思超出工作直接要求以外的任何事情。其他行业中的企业，或者其他类型的组织，与日常生活互动更为直接，自利的偏好和工作压力都没有金融业那么极端。

可以说，目前更为普遍的大趋势是，管理技术层面的大部分工作都可以借助计算机系统来完成，而留给人类管理者的主要是道德层面领导力的任务。从这个角度看，管理者的核心功能是从人的个体自利中激活普遍利益，提供能够激发人们全部潜力的叙事，不仅运用他们的管理技巧，而且运用他们的判断力，来处理那些源于特定个人情形的异常情形。

让我们回到管理实践，回到管理者每天都会面对的那些情况。举例而言，一名事业有成的雇员发现她自己需要修改工作安排以腾出时间来照顾幼子，但这并不是她的错。她计划每周投入五十多个小时给自己的团队，但她需要每天有几个小时不受干扰的时间，远离邮件、短信和电话。她的同事一开始还会同情她，但几周后便会不耐烦和愤怒。同事们发现，她需要在家的时间恰好是他们最适合开会的时间，管理者就不得不好好安排一下事情。或者，再举一例：一名经理正试图为一项重要任务组建团队，需要就人选做出选择。一个是经验丰富、表现让人满意的雇员；另一个则更为年轻一些，既可能才华横溢，也可能表现平平，但做好了接受测试的准备并需要学习经验。

这种选择困境不存在任何技术上的标准答案。管理者需要基于特定情况来判断局势，需要考虑涉及什么样的人、工作团队的动力等。并且，决策的实施方式——如何叙事、如何构建意义——与如何做出选择一样重要。更重要的是，叙事的一大关键部分就是道德感。管理者的管理要有效，她的决策就要看起来公正，值得尊敬，照顾到受影响的人，对组织尽职尽责，等等。

当我们回到管理的日常实践时，我们就进入了一种完全不同于管理家庭危机的情况。家庭的情况在各方面都有所不同。感觉和情绪更为重要，宣泄情感也更能被接受，甚至是被期待的。但管理日常生活的社会规范（其他人对我们行为的期待）与管理工作状态的规范完全不同。在家庭环境中，我们更加清楚的是，虽然以短期利益行事更有吸引力——当今甚至被社会所接受——但长期看，这样做不会让我们开心。我们换工作很容易，但更换家庭乃至社区都不是那么容易，在家庭和社区中，其他人如何行事会对我们的行为和期待产生影响。但管理者也是人，虽然他们谈论起有关自己的事情时可能在某些方面有所不同，但他们无论是在公司里还是在家里都是同样的人。他们无论在哪都有感情，他们在哪种场合下都有能力回应他人的感受，并做出合理的实际判断。管理工作的时间压力可能会比较苛刻，但家庭生活也不是全然没有压力，尤其是对那些身在职场的妈妈、家有残障者需要照顾的人以及承担社区重大责任的人而言。

在家和在公司一样，道德行为都取决于参与道德事务的决心。如果人们只是关心自己，无论是主动伤害他人以达到自己目的，或者是忽视他人只考虑自己舒服，无论他们是否承受压力，他们都不会是好的管理者，也不会是好的父母。

此外，虽然特定管理环境中出现的道德情境通常是该环境中特有的，但这些问题不存在特别的技术难度。随着新技术的持续发展，在科学和医药领域中会出现一些道德问题（基因工程大概就是个例子，或者是延长将死之人寿命的那种技术），这些问题是前所未有的，会带来深刻的哲学挑战。但管理者面对的情况很少是这样的。他们可能需要一些与管理环境相关的技术性知识——如会计方法、市场分析或工程学等——但当遭遇的问题涉及明显的道德问题时，大部分管理者有能力轻松分辨对错，跟日常生活中分辨对错一样轻松。难点不在于承认问题后立刻就解决它，难点在于一开始就直面问题。

这也是为什么管理工作的压力会如此之大。完全不讲道德的管理者是很少的（虽然人数稀少，但不得不说，完全不讲道德的管理者破坏力巨大）。大多数管理者，与大多数人一样，都是善意的。但大多数管理者，也与大多数人一样，都是软弱的，当遭遇困境时，他们倾向于寻找一条简单的出路。管理工作的压力让人很难有时间和精力去思考道德问题，管理者往往不是抽出时间和精力，而是简单地将这些困难的问题放在一边。压力越大，就越需要强悍的管理者去克服这些问题，但克服困难更多是意志力的问题，而不是时间和精力的问题。虽然在某些情况下，道德行为需要圣人般的力量，但在大部分情况下仅需要常规的道德直觉和道德纪律，在一天之中花一点时间反思（几分钟足以）；在听人们说话时听人们话语背后的意思；对人们的需求保持敏感和关怀。所有这一切可能很难做到，也很难维持，但没有难到不可能的地步，归根结底，道德反省使得管理——就像是培育家庭一样——变得更加值得、更有意义。

译名对照表

A

Alvesson, Mats 马茨・艾尔维森
Ansoff, Igor 伊戈尔・安索夫
Athos, Anthony 安东尼・阿多斯

B

Bales, Kevin 凯文・贝尔斯
Barnard, Chester 切斯特・巴纳德
Bauman, Zygmunt 齐格蒙特・鲍曼
BCG, 见 Boston Consulting Group
Bennis, Warren 沃伦・本尼斯
Berle, Adolph 阿道夫・伯利
Burns, Tom 汤姆・伯恩斯

C

Chandler, Alfred 阿尔弗雷德・钱德勒
Cohen, Michael 迈克尔・科恩

D

Dalton, Melville 梅尔维尔・道尔顿
Davenport, Thomas 托马斯・达文波特
Deal, Terrence 特伦斯・迪尔
Deetz, Stanley 斯坦利・迪兹
Dickson, William 威廉・迪克森
Drucker, Peter 彼得・德鲁克

E

Emerson, Harrington 哈林顿・艾默生

F

Faulks, Sebastian 塞巴斯蒂安・福克斯
Fayol, Henri 亨利・法约尔
Fiedler, Fred 弗雷德・费德勒
Foucault, Michel 米歇尔・福柯
Franklin, Benjamin 本杰明・富兰克林

G

Gantt, Henry 亨利・甘特
Garfinkel, Harold 哈罗德・加芬克尔

H

Habermas, Jürgen 于尔根・哈贝马斯
Hamel, Gary 加里・哈梅尔
Hammer, Michael 迈克尔・阿梅
Hampden-Turner, Charles 查尔斯・汉普登–特纳
Harris, Pauline 宝林・哈里斯
Herzberg, Frederick 弗雷德里克・赫茨伯格
Hill, Linda 琳达・希尔
Hofstede, Geert 格特・霍夫斯泰德
House, Robert 罗伯特・豪斯

J

Jackall, Robert 罗伯特·杰考尔

Janis, Irving 欧文·詹尼斯

K

Kahneman, Daniel 丹尼尔·卡内曼

Kanter, Rosabeth Moss 罗莎贝斯·莫斯·坎特

Kennedy, Allan 艾伦·肯尼迪

Kotter, John 约翰·科特

L

Lawrence, Paul 保罗·劳伦斯

Lewin, Kurt 库尔特·勒温

Likert, Rensis 伦西斯·利克特

Lindblom, Charles 查尔斯·林德布洛姆

Lorsch, Jay 杰伊·洛尔施

M

March, James 詹姆斯·马奇

Marx, Karl 卡尔·马克思

Maslow, Herbert 赫伯特·马斯洛

Mayo, Elton 埃尔顿·梅奥

McGregor, Douglas 道格拉斯·麦格雷戈

McIntyre, Alasdair 阿拉斯代尔·麦金泰尔

Means, Gardiner 加德纳·米恩斯

Milgram, Stanley 斯坦利·米尔格拉姆

Mintzberg, Henry 亨利·明茨伯格

O

Odiorne, George 乔治·欧迪旺

Olsen, Johan 约翰·奥尔森

Ouchi, William 威廉·大内

P

Pascale, Richard 理查德·帕斯卡尔

Peters, Tom 汤姆·彼得斯

Porter, Michael 迈克尔·波特

Prahalad, C. K. 普拉哈拉德

R

Roethlisberger, Fritz 弗里茨·罗特利斯伯格

Rogers, Carl 卡尔·罗杰斯

S

Shleifer, Andrei 安德烈·施莱弗

Simon, Herbert 赫伯特·西蒙

Smith, Adam 亚当·斯密

Stalker, G. M. 斯托克

Szent-Gyorti, Albert 艾伯特·圣捷尔吉

T

Taylor, Frederick Winslow 弗雷德里克·温斯洛·泰勒

Tengblad, Stefan 斯特凡·滕布拉德

Tönnies, Ferdinand 费迪南·滕尼斯

Trist, Eric 埃里克·特里斯特

Trompenaars, Alfons 阿方斯·特朗皮纳斯

Tversky, Amos 阿莫斯·特维尔斯基

V

Vishny, Robert 罗伯特·维什尼

Vroom, Victor 维克托・弗鲁姆

W

Waterman, Robert 罗伯特・沃特曼
Watson, Tony 托尼・沃森
Weber, Max 马克斯・韦伯
Weick, Karl 卡尔・韦克
Willmott, Hugh 休・威尔莫特

Z

Zaleznik, Abraham 亚伯拉罕・扎列兹尼克

参考文献和扩展阅读

Chapter 1: Management and managing

The observations that management is about coping as much as control, and that the challenges of managerial work are very similar to those of managing a family, are no doubt commonplace, but they are especially characteristic of Charles Handy. See for example:

Handy, Charles, 1978/2009, *Gods of Management: The Changing World of Organizations*. Souvenir Press.

The other key source for the view presented here is the work of Herbert Simon. See in particular his classic work, originally published in the 1940s:

Simon, Herbert A., 1997, *Administrative Behaviour: A Study of Decision Making Processes in Administrative Organizations*. 4th edition. Free Press.

I have discussed the assumptions underlying economic agency theory and their possible alternatives in:

Hendry, John, 2002, 'The principal's other problems: honest incompetence and management contracts', *Academy of Management Review*, 27(1): 98–113.

Chapter 2: The work of the manager

The best recent survey of managerial work, and the one on which this chapter draws most heavily, is:

Mintzberg, Henry, 2009, *Managing*. FT Prentice Hall.

A valuable collection of papers on and around the subject is:

Tengblad, Stefan, 2012, *The Work of Managers: Towards a Practice Theory of Management*. Oxford University Press.

The major studies that best capture the quality of managerial work are those of new managers, especially:

Hill, Linda A., 2003, *Becoming a Manager: How New Managers Master the Challenges of Leadership*. Harvard Business School Press.

Watson, Tony and Harris, Pauline, 1997, *The Emergent Manager*. Sage.

Other classic studies that are still well worth reading include:

Sayles, Len R., 1979, *Leadership: What Effective Managers Really Do... and How They Really Do It*. McGraw-Hill.

Stewart, Rosemary, 1982, *Choices for the Manager*. Prentice Hall.

Kotter, John P., 1982, *The General Managers*. Free Press. For highlights see Kotter, 1982, 'What effective managers really do', *Harvard Business Review*, 60(6): 156–62.

Watson, Tony, 1994/2001, *In Search of Management*. Routledge.

A recent study focusing on the experience of middle managers in the wake of organizational restructuring is:

Hassard, John, McCann, Leo and Morris, Jonathan, 2009, *Managing in the Modern Corporation: The Intensification of Managerial Work in the USA, UK and Japan*. Cambridge University Press.

Also referred to in the text is:

Tengblad, Stefan, 2006, 'Is there a "New Managerial Work"? A comparison with Henry Mintzberg's classic study 30 years later', *Journal of Management Studies*, 43(7): 1437–62.

For an introduction to leadership see:

Grint, Keith, 2010, *Leadership: A Very Short Introduction*. Oxford University Press.

The studies of leadership referred to in the text, still worth reading despite their age, are:

Bennis, Warren, 1990, *Why Leaders Can't Lead: The Unconscious Conspiracy Continues*. Jossey Bass. Quotation from p. 18.
Kotter, John P., 1990, *A Force for Change: How Leadership Differs from Management*. Free Press. For highlights see Kotter, 1990, 'What leaders really do', *Harvard Business Review*, 68(3): 103–11.
Zaleznik, Abraham, 1977, 'Managers and Leaders: are they different?', *Harvard Business Review*, 55(3): 67–78, reprinted 2004 in 82(1): 74–81.

Chapter 3: Management and authority

Weber's accounts of authority and bureaucracy can be found in:

Weber, Max, 1947, *The Theory of Social and Economic Organization*. Edited with an introduction by Talcott Parsons. Free Press.
Weber, Max, 1978, *Economy and Society*. University of California Press.

Both are based on the original (1922) German publication, *Wirtschaft und Gesellschaft*, the 1947 translation being restricted to Part 1 of this work. The quotations are taken from the 1947 edition, pages 337 ('superior to any other form...') and 329 ('The idea that...'). An extract of the key passage is reprinted on pp. 3–15 of:

Pugh, Derek, ed., 2008, *Organization Theory: Selected Classical Readings*. 5th edition. Penguin.

Although Fayol's work is very widely cited, it is rarely read now, but there is a substantial extract in the Pugh volume just cited, pp. 253–74. The book itself is available as:

Fayol, Henri, 1984, *General and Industrial Management*. IEEE.

For a short history of management in terms of competing rational and normative tendencies see:

Barley, Stephen R. and Kunda, Gideon, 1991, 'Design and devotion: surges of rational and normative ideologies of control in managerial discourse', *Administrative Science Quarterly*, 37(3): 363–99.

For the early history of management see:

Bendix, Reinhard, 2001 (original edition 1956), *Work and Authority in Industry: Managerial Ideologies in the Course of Industrialization*. Transaction.

Chandler, Alfred D., Jr., 1977, *The Visible Hand: The Managerial Revolution in American Business*. Harvard University Press.

Nelson, Daniel, 1996, *Managers and Workers: Origins of the New Factory System in the United States, 1880–1920*. 2nd edition. University of Wisconsin Press.

Wren, Daniel A. and Bedeian, Arthur G., 2009, *The Evolution of Management Thought*. 6th edition. Wiley.

Other works referred to in the text are:

Faulks, Sebastian, 1993, *Birdsong*. Hutchinson.

Tönnies, Ferdinand, 2001 (original German edition 1887), *Community and Civil Society*. Cambridge University Press.

Chapter 4: Rationalizing management

The work of Fayol and some general histories are referenced under Chapter 3. The other key works referred to in this chapter are, in order of reference:

Taylor, Frederick W., 1911, *The Principles of Scientific Management*. Harper.

Drucker, Peter F., 1954, *The Practice of Management*. Harper & Row.

Many of Drucker's contributions are included in his 2011 volume, *The Essential Drucker*. Routledge. The quotation is from p. 90 of this volume.

Odiorne, George S., 1965, *Management by Objectives: A System of Managerial Leadership*. Pitman.

Packard, David, 2006, *The HP Way: How Bill Hewlett and I Built our Company*. Harper Business.

Ansoff, H. Igor, 1958, 'Strategies for diversification', *Harvard Business Review*, 36 (September–October): 113–24.

Ansoff, H. Igor, 1965/1988, *Corporate Strategy*. Penguin.

Porter, Michael E., 1980, *Competitive Strategy: Techniques for Analyzing Industries and Competitors*. Free Press.

Porter, Michael E., 1985, *Competitive Advantage: Creating and Sustaining Superior Performance*. Free Press.

Prahalad, C. K. and Hamel, Gary, 1990, 'The core competence of the corporation', *Harvard Business Review*, 68(3): 79–91.

Lindblom, Charles E., 1969, 'The science of muddling through', *Public Administration*, 19(1): 79–88. This is reprinted in full in Pugh, *Organization Theory* (see above under Chapter 4), 278–95.

Cohen, Michael D., March, James G. and Olsen, Johan P., 1972, 'A garbage can model of organizational choice', *Administrative Science Quarterly*, 17(1): 1–25, quote from p. 1. See also March, James G., 1988, *Decisions and Organizations*. Blackwell.

Janis, Irving L., 1972, *Victims of Groupthink*. Houghton Mifflin.

Janis, Irving L. 1989, *Crucial Decisions: Leadership in Policymaking and Crisis Management*. Free Press.

Kahneman Daniel, Slovic, Paul and Tversky, Amos, 1982, *Judgement under Uncertainty: Heuristics and Biases*. Cambridge University Press.

Kahneman, Daniel and Tversky, Amos, 1979, 'Prospect theory: An analysis of decisions under risk', *Econometrica*, 47 (2): 263–91.

Kahneman, Daniel, 2011, *Thinking, Fast and Slow*. Allen Lane.

Chandler, Alfred D., Jr., 1962, *Strategy and Structure*. MIT Press.

Burns, Tom and Stalker, G. M., 1961, *The Management of Innovation*. Tavistock Institute.

Lawrence, Paul R. and Lorsch, Jay W., 1967, *Organization and Environment*. Harvard University Press.

Vroom, Victor H., 1974, 'A new look at managerial decision making', *Organizational Dynamics*, 5(1): 66–80. Excerpted in Pugh, *Organization Theory* (see above under Chapter 4), 309–28.

Fiedler, Fred E., 1967, *A Theory of Leadership Effectiveness*. McGraw-Hill.

Mintzberg, Henry, 1983, *Structure in Fives: Designing Effective Organizations*. Prentice-Hall. Much of this material is also covered in his 1989 volume, *Mintzberg on Management*. Free Press.

Hammer, Michael, 1990, 'Reengineeering work: don't automate, obliterate', *Harvard Business Review*, 68(4): 104–12. A fuller account is in Hammer, Michael and Champy, James A., 1993, *Reengineering the Corporation: A Manifesto for Business Revolution*. Harper Business.

Davenport, Thomas, 1993, *Process Innovation: Reengineering Work Through Information Technology*. Harvard Business School Press.

The various strategic management models can be found in any business strategy textbook, the most rigorous and the most accessible being, respectively:

Grant, Robert M., 2009, *Competitive Strategy Analysis*. 7th edition.

Johnson, Gerry, Whittington, Richard and Scholes, Kevan, 2010, *Exploring Strategy*. FT Prentice Hall.

The most readable and thought-provoking account of decision making in the context of various theories then current remains:

Alisson, Graham T., 1971, *Essence of Decision: Explaining the Cuban Missile Crisis*. Longman.

The origins of SWOT analysis (Figure 2(a)) are unclear. It began appearing in textbooks in the 1970s, but with various attributions. The other visualizations in Figures 2–5 are based on the following accounts:

Figure 2(b): Ansoff, 'Strategies for diversification'.
Figure 2(c): Boston Consulting Group, 1970, 'The product portfolio' at www.bcg.com/documents/file13255.pdf.
Figure 3(a), (b): Porter, *Competitive Strategy*, chapters 1 and 2.
Figure 3(c): Porter, *Competitive Advantage*.
Figure 4: Prahalad and Hamel, 'The core competence of the corporation'.
Figure 5: Mintzberg, *Mintzberg on Management*, chapter 6.

Chapter 5: Socializing management

For the history of betterment and paternalism see:

Brandes, Stuart D., 1970, *American Welfare Capitalism: 1880–1940*. Chicago University Press.
Tone, Andrea, 1997, *The Business of Benevolence*. Cornell University Press.

An entertaining and thought-provoking exploration of some of the thinking associated with the expansion of these programmes in the 20th century can be found in a history of public relations:

Marchand, Roland, 2001, *Creating the Corporate Soul*. University of California Press.

For general histories of the management ideas discussed here, see the article by Barley and Kunda and the book by Wren and Bedeian cited for Chapter 3. The key works referred to in this chapter are, in order of reference:

McGregor, Douglas M., 1960, *The Human Side of Enterprise*. McGraw-Hill.

Mayo, Elton, 1933, *The Human Problems of an Industrial Civilization*. Macmillan.

Roethlisberger, Fritz J. and Dickson, William J., 1939, *Management and the Worker*. Harvard University Press.

Barnard, Chester, 1938, *The Functions of the Executive*. Harvard University Press.

Likert, Rensis, 1961, *New Patterns of Management*. McGraw-Hill.

Maslow, Abraham, 1954, *Motivation and Personality*. Harper.

Herzberg, Frederick, 1966, *Work and the Nature of Man*. World Publishing.

Trist, Eric L. et al., 1990–97, *The Social Engagement of Social Science: A Tavistock Anthology*. University of Pennsylvania Press.

Lewin, Kurt, 1951, *Field Theory in Social Science*. Harper and Row.

Rogers, Carl, 1961, *On Becoming a Person: A Therapist's View of Psychotherapy*. Houghton Mifflin.

Pascale, Richard T. and Athos, Anthony G., 1981, *The Art of Japanese Management: Applications for American Executives*. Simon and Schuster.

Ouchi, William G., 1981, *Theory Z: How American Business can Meet the Japanese Challenge*. Addison-Wesley.

Deal, Terrence E. and Kennedy, Allan A., 1982, *Corporate Cultures*. Addison-Wesley.

Peters, Thomas J. and Waterman, Robert H., 1982, *In Search of Excellence*. Harper and Row.

Kanter, Rosabeth Moss, 1983, *The Change Masters: Innovation and Entrepreneurship in the American Corporation*. Simon and Schuster.

Academic works on organizational culture include:

Schein, Edgar, 1985, *Organizational Culture and Leadership*. Jossey-Bass.

Barney, Jay B., 1986, 'Organizational culture: can it be a source of sustainable competitive advantage?', *Academy of Management Review*, 11(3): 656–65.

Pondy, Louis R., Frost, Peter J., Morgan, Gareth and Dandridge, Thomas C., 1983, *Organizational Symbolism*. JAI Press.

On the difficulties facing attempts at culture change see:

Hendry, John and Hope, Veronica, 1994, 'Cultural change and competitive performance', *European Management Journal*, 12(4): 401–6.

Johnson, Gerry, 1992, 'Managing strategic change: strategy, culture and action', *Long Range Planning*, 25(1): 28–36.
Pettigrew, Andrew M. and Whipp, Richard, 1991, *Managing Change for Competitive Success*. Blackwell.

For a critical perspective on the developments discussed in this chapter, see:

Boltanski, Luc and Chiapello, Eve, 2007, *The New Spirit of Capitalism*. Verso.

Chapter 6: Individualizing management

I have explored the themes of this chapter in much more detail in:

Hendry, John, 2004, *Between Enterprise and Ethics: Business and Management in a Bimoral Society*. Oxford University Press.

The two classic sociological studies referred to are:

Dalton, Melville, 1959, *Men Who Manage: Fusions of Feeling and Theory in Administration*. Wiley.
Jackall, Robert, 1988, *Moral Mazes: The World of Corporate Managers*. Oxford University Press.

A third such study, which captures the relationship between the traditional American corporation, its managers, and their families, is:

Kanter, Rosabeth Moss, 1977/1993, *Men and Women of the Corporation*. Basic Books.

Amongst the most insightful and at the same time accessible accounts of the social and psychological changes accompanying the rise of enterprise culture are:

Bellah, Robert N., et al., 1985/1996, *Habits of the Heart: Individualism and Commitment in American Life*. University of California Press.
Sennett, Richard, 1998, *The Corrosion of Character: The Personal Consequences of Work in the New Capitalism*. Norton.

The nearest thing to a manifesto for enterprise itself in a management context is:

Gilder, George, 1984/1986, *The Spirit Of Enterprise*. Simon and Schuster/Penguin.

On the audit culture and the failure of financial audit, see, respectively:

Power, Michael, 1999, *The Audit Society: Rituals of Verification*. Oxford University Press.

Hendry, John, 2013, *Ethics and Finance: An Introduction*. Cambridge University Press.

Chapter 7: Management across cultures

The key sources for this chapter are:

Hampden-Turner, Charles and Trompenaars, Alfons, 1993, *The Seven Cultures of Capitalism*. Doubleday.

Hampden-Turner, Charles and Trompenaars, Alfons, 1998, *Riding the Waves of Culture: Understanding Diversity in Global Business*. McGraw-Hill.

Hofstede, Geert, 1980/2001, *Culture's Consequences: International Differences in Work Related Values*. Sage.

Hofstede, Geert, 1991/2010, *Cultures and Organizations: Software of the Mind*. McGraw-Hill.

Table 1 is based on data reported in *The Seven Cultures of Capitalism* and Figure 6 is adapted from the figures on p. 77 of this work. These are very impressionistic and appear slightly differently in *Riding the Waves of Culture*. Table 2 is based on data obtainable at geert-hofstede.com, which gives values and analysis on five dimensions across 93 countries.

A particularly insightful comparison of French and American cultures can be found in:

Lamont, Michelle, 1992, *Cultures, Morals and Manners*. University of Chicago Press.

Chapter 8: Critical perspectives on management

For a textbook introduction to the approach of critical management studies, see:

Knights, David and Willmott, Hugh, 1999, *Management Lives. Power and identity in Work Organizations*. Sage.

For more advanced introductions, see:

Alvesson, Mats and Willmott, Hugh, 2012, *Making Sense of Management: A Critical Introduction*. 2nd edition. Sage.

Alvesson, Mats, Bridgman, Todd and Willmott, Hugh, eds, 2011, *The Oxford Handbook of Critical Management Studies*. Oxford University Press.

For the plight of junior managers, see the book by Hassard and others referred to in Chapter 2. Shorter works of particular interest for their insights to the emergence of business strategy and the American adaptation of Japanese management techniques respectively are:

Knights, David and Morgan, Glenn, 1991, 'Corporate strategy, organizations and subjectivity: a critique', *Organization Studies*, 12: 251–73.

Willmott, Hugh, 1993, 'Strength is ignorance, slavery is freedom: managing culture in modern organisations', *Journal of Management Studies*, 30(4): 515–52.

Other works referenced in this chapter, in order of mention, are:

Marx, Karl, 1887 (1867), *Capital*. Available online and in many editions.

Berle, Adolph A., Jr and Means, Gardiner, 1932, *The Modern Corporation and Private Property*. Commerce Clearing House.

Shleifer, Andrei and Vishny, Robert, 1997, 'A survey of corporate governance', *Journal of Finance*, 52: 737–83, quote on p. 738.

McIntyre, Alasdair, 1985, *After Virtue: A Study in Moral Theory*. 2nd edition. Duckworth. Quote on p. 74.

Deetz, Stanley A., 1992, *Democracy in an Age of Corporate Colonization: Developments in Communication and the Politics of Everyday Life*. SUNY Press.

Chapter 9: Management as sense-making

The classic account of sense-making, and an excellent guide to other writings, is:

Weick, Karl, 1995, *Sensemaking in Organizations*. Sage.

Other important works referred to are:

Garfinkel, Harold, 1967, *Studies in Ethnomethodology*. Prentice Hall.
Milgram, Stanley, 1963, 'Behavioral study of obedience', *Journal of Abnormal and Social Psychology*, 67: 371–8.

The Milgram experiments have also been the subject of a number of television documentaries, some of which can be found on YouTube.

A good textbook introduction to the management of change is:

Balogun, Julia, Hailey, Veronica Hope, Johnson, Gerry and Scholes, Kevan, 2003, *Exploring Strategic Change*. FT Prentice Hall.

Two works of fiction that nicely illustrate some of the ideas in this chapter, the first implicitly, the second more explicitly, are:

Tolstoy, Leo, 1869/2010, *War and Peace*. Oxford University Press. Also in many other translations and editions.
Barnes, Julian, 2006, *Arthur and George*. Vintage.

Chapter 10: Management and morality

For a much fuller treatment of these issues, see Hendry, *Between Enterprise and Ethics*, cited under Chapter 6.

Also referred to in this chapter is:

Bauman, Zygmunt, 1989, *Modernity and the Holocaust*. Polity.

梁鸿 著

中国在梁庄

当代作家与她的故乡

台海出版社

图书在版编目（CIP）数据

中国在梁庄 / 梁鸿著 . -- 北京 : 台海出版社 , 2016.11（2025.2 重印）

ISBN 978-7-5168-0977-8

Ⅰ . ①出… Ⅱ . ①梁… Ⅲ . ①纪实文学 – 作品集 – 中国 – 当代 Ⅳ . ① I25

中国版本图书馆 CIP 数据核字 (2016) 第 248316 号

中国在梁庄

著　　者：梁　鸿

责任编辑：刘　峰

装帧设计：陆智昌

内文制作：龚碧函

出版发行：台海出版社

地　　址：北京市东城区景山东街 20 号　　邮政编码：100009

电　　话：010-64041652（发行，邮购）

传　　真：010-84045799（总编室）

网　　址：www.taimeng.org.cn/thcbs/default.htm

电子邮箱：thcbs@126.com

经　　销：全国各地新华书店

印　　刷：山东韵杰文化科技有限公司

本书如有破损、缺页、装订错误，请与本社联系调换

开　　本：880 毫米 ×1230 毫米　1/32

字　　数：215 千字　　印　　张：10.5

版　　次：2016 年 11 月第 1 版　　印　　次：2025 年 2 月第 12 次印刷

书　　号：ISBN 978-7-5168-0977-8

定　　价：58.00 元

目 录

前 言

在很长一段时间内，我对自己的工作充满了怀疑，我怀疑这种虚构的生活，与现实，与大地，与心灵没有任何关系。我甚至充满了羞耻之心，每天教书，高谈阔论，夜以继日地写着言不及义的文章，一切都似乎没有意义。在思维的最深处，总有个声音在持续地提醒自己：这不是真正的生活，不是那种能够体现人的本质意义的生活。这一生活与自己的心灵，与故乡，与那片土地，与最广阔的现实越来越远。

那片土地，即我的故乡，穰县梁庄，我在那里生活了二十年。在离开的这十几年中，我无时无刻不在牵挂着它。它是我生命中最深沉而又最痛苦的情感，我无法不注视它，无法不关心它，尤其是，当它，及千千万万个它，越来越被看作中国的病灶，越来越成为中国的悲伤时。

从什么时候起，乡村成了民族的累赘，成了改革、发展与现代化追求的负面？什么时候起，乡村成为底层、边缘、病症的代名词？又是从什么时候起，一想起那日渐荒凉、寂寞的乡村，想起那在城市黑暗边缘忙碌，在火车站奋力挤拼的无数的农民工，就有悲怆欲哭的感觉？这一切，都是什么时候发生的，又是如何发生的？它包含着多少历史的矛盾与错误？包含着多少个生命的痛苦与呼喊？或许，这是每一个关心中国乡村的知识分子都必须面对的问题。

也因此，一直有一种冲动，真正回到乡村，回到自己的村庄，以一种整体的眼光，调查、分析、审视当代乡村在中国历史变革和文化变革中的位置，并努力展示出具有内在性的广阔的乡村现实生活图景。我希望，通过我的眼睛，村庄的过去与现在，它的变与不变，它所经历的欢乐，所遭受的痛苦，所承受的悲伤，慢慢浮出历史的地表。由此，透视当代社会变迁中乡村的情感心理、文化状况和物理形态，中国当代的政治经济改革、现代性追求与中国乡村之间以什么样的关系存在？一个村庄如何衰败，更新，离散，重组？这些变化中间有哪些与未来、现代相联系，而哪些，是一经毁灭，就永远不会再有，但对我们民族来说又非常重要的东西？

2008 年和 2009 年，利用寒暑假，我回到梁庄，中原一个偏远、贫穷的小村庄，踏踏实实地住了将近五个月。每天，我和村庄里的老人、中年人、少年一起吃饭说话聊天，对村里的姓氏成分、宗族关系、家族成员、房屋状态、个人去向、婚姻生育做类似于社会学和人类学的调查，我用脚步和目光丈量村庄的土地、树木、水塘与河流，寻找往日的伙伴、长辈与已经逝去的亲人。当真正走进乡村，尤其是，当你不以偶然的归乡者的距离观察，而以一个亲人的情感进入村庄时，才发现，作为一个长期离开了乡村的人，你并不了解它。它存在的复杂性，它所面临的新旧问题，它在情感上所遭遇的打击，所蕴含的新的希望，你很难厘清，也很难理解。你必须用心倾听，把他们作为一个个，而不是笼统的群体，才能够体会到他们的痛苦与幸福所在。他们的情感、语言、智慧是如此丰富、深刻，许多时候，即使你这样一个以文字、思想为生的人也会震惊不已，因为这些情感、语言、智慧来自于大地及大地的生活。

海登·怀特在谈到历史学家所陈述的“事实”时认为，历史学家必须认识“事实”的“虚构性”，所谓的“事实”是由论者先验的意识形态、文化观念所决定的。那么，我的“先验的意识形态”是什么呢？苦难的乡村？已经沦陷的乡村？需要被拯救的乡村？在现代性的夹缝中丧失自我特性与生存空间的乡村？我想要抛弃我的这些先验观念（后来的调查表明，这是非常艰难的事情，你的谈话方向无一不在显示你的观念，并试图引导你的谈话对象朝着你的方向思考），以一个怀疑者，对或左或右的观念保持警惕，以一个重新进入故乡密码的情感者的态度进入乡村，寻找它存在的内在逻辑。当然，这仍然只是一种努力，因为你必须要进行语言的“编码”，要把许多毫无联系的、没有生机的材料变成故事，要经过隐喻才能呈现给大家。这一“隐喻”过程本身已经决定，你的叙事只能是文学的，或类似于文学，而非彻底的“真实”。

当有人问我，你到底要完成一个什么样的任务？你的观点是什么？我顿时茫然且有些害怕起来。我的观点是什么？我努力地在脑海中搜索，乡村在今天究竟是怎样的存在？它折射出怎样的社会问题与发展问题？我并不认同很多论者的观点，认为乡村已经完全陷落，但是，它又的确是千疮百孔的。我也并不认为农民的处境已经到了最艰难的地步，但是，整个社会最大的问题又确实集中在农民及乡村那里。与此同时，政府对于农民工，对于乡村的种种政策和努力都似乎无济于事，乡村在加速衰落下去，它正朝着城市的范式飞奔而去，仿佛一个个巨大的赝品。我反对那种带有明显倾向性的话语，那种仿佛不如此激烈，就不能体现一个知识分子良知式的愤激话语，但同样，我也深知，我这种试图以相对冷静、客观的立场来呈现乡村图景的方式，也是一种温良的立场，它显示出一个思考者的早衰与某种同化。因为学术，及学术式的思辨在我们这个时代，早已被置换为与主流意识形态相妥协的存在。无论如何，我警告自己，不要陷入某种潮流或派别之中，我宁愿是一个怀疑者，以自己有限的眼睛和知识去亲历某些东西。我害怕我的判断蕴含着某种偏见，而这种偏见总是以真理的面目出现。

因此，与其说这是一部乡村调查的话，毋宁说是一个归乡者对故乡的再次进入，不是一个启蒙者的眼光，而是重回生命之初，重新感受大地，感受那片土地上亲人们的精神与心灵。它是一种展示，而非判断或结论。困惑，犹疑，欣喜，伤感交织在一起，因为我看到，中国现代化转型以来，乡土中国在文化、情感、生活方式与心理结构方面的变化是一个巨大的矛盾存在，难以用简单的是非对错来衡量。

或许，我所做的只能是一个文学者的纪实，只是替“故乡”，替“我故乡的亲人”立一个小传。因为，很快，我所熟悉的这一切，都将消亡。同时，故乡只是对于成人或时代而言，对于正在成长的儿童来说，我所谓的“现在”，我所谓的“丧失”正是他们的故乡。

对于中国来说，梁庄不为人所知，因为它是中国无数相似的村庄之一，并无特殊之处。但是，从梁庄出发，却可以清晰地看到中国的形象。

第一章　我的故乡是梁庄

穰县位于河南省西南部南襄盆地中部偏西地区。地理坐标为北纬 32°22’—32°59’，东经 111° 37’—111°20’ 之间。南北长 96 公里，东西宽 67 公里，总面积 2294.4 平方公里。吴镇梁庄村位于穰县西北部，距城区 40 公里……“山少冈多平原广”为穰县的地貌特点。地势西北高东南低，地面平均坡降在 1/800—1/1200 之间。境内有大小河流 29 条。较大河流有湍水、刁河、赵河和严陵河，分别从北部或西部入境，汇集于东南部，注入白河，流入汉水。河流之间，自然分割成扇形冲积平原，在北部、中部和东部形成大面积肥沃土地。土层深厚，土质为保水保肥性能强的潮土、黄老土和黑老土。属亚热带季风气候，受季风转换影响，寒往暑来，四季更迭分明，温暖湿润。

——《穰县县志 · 概述》

回到穰县

昨夜几乎没有睡觉。火车的颠簸使得才三岁两个月的儿子睡得很不踏实，稍有不舒服就把胳膊抡起来，翻几个来回。怕他摔下去，我躺在他的脚头，用两腿圈着他，但却不时被睡梦中的他给推下去。我只好坐起来，打开床头小灯，看随身带的一本小书，《遥远的房屋》，这是美国自然文学作家亨利·贝斯顿于 1920 年在人迹罕至的科德角海滩居住一年后写的一本散文集。作者和科德海角壮丽的大海、各种各样的海鸟、变幻莫测的天气、无所不在的海难亲密相处，你可以感受到他目光所及之处的丰富、细致和深深的爱意。在这里，大自然和人类是合二为一的，“无论你本人对人类生存持何种态度，都要懂得唯有对大自然持亲近的态度才是立身之本。常常被比作舞台之壮观场景的人类生活不仅仅只是一种仪式。支撑人类生活的那些诸如尊严、美丽及诗意的古老价值观就是出自大自然的灵感。它们产生于自然世界的神秘与美丽。羞辱大地就是羞辱人类的精神。以崇敬的姿态将你的双手像举过火焰那样举过大地。对于所有热爱大自然的人，那些对她敞开心扉的人，大地都会付出她的力量，用她自身原始生活中的勃勃生机来支撑他们。”是的，只有和大自然融为一体时，生命的意义、人类生存的本质形象才显现出来。在那里，你是渺小的，也是伟大的，更是恒久的，因为人就是其中的一部分。

掀开窗帘，在朦胧的夜色和火车的疾驰中，原野急速退去，又不断涌现。掩映在树木中的房屋沉默着，隐约可听到夜晚的呼吸。我不禁对即将展开的故乡之旅充满向往。我的村庄、我的亲人、我的小河，还有小河中那刻有我青春记号的大树。我想象它也有如是壮丽的风景，能给人带来如此庄严的思考。

清晨，火车缓缓地驶向县城，看到那座桥的时候，我知道，穰县就要到了，这是我旅程的第一站。我曾经在这座桥上，看到了世界上最美的月亮。那个黄昏，天色将暗，月亮已经升上天空，是一种奇异的淡黄色，如宣纸，中间一抹轻淡的云，清雅，圆润，恰如青春的哀愁，有着难以诉说的细致。那年我十三岁，第一次进县城，第一次见到火车，县城给我留下的第一印象就是那轮月亮。但是，当我走进县城，在纵横交错的马路上寻找大姐单位时，我开始惊慌，害怕，我也不敢问路，那些悠闲的行人身上有一种陌生的东西使我不敢走上前去。在一座楼面前，我徘徊了好长时间，我想进去问路，我隐约觉得，这应该是姐姐单位附近，或者，就是姐姐的单位，但我不敢问。现在想来，城市，虽然只是一个小县城而已，所展现给一个乡村孩子的形象却是一种明确的阶层与距离。

穰县，曾经是“逐鹿中原”最重要的战场，历史上发生过许多次残酷的战争，遭受过许多严重的自然灾害，穰县人一次又一次地几近灭绝。但由于地理、气候与交通的优势，每当穰县人口出现空白时，便有移民迅速补充过来。据史料记载，秦昭襄王二十六年（公元前 281 年），即迁“不规之徒”于穰。唐开元十年（公元 722 年）迁河曲六城“残胡”五万余口于许、汝、唐、穰等州。其中，规模最大，在民间流传最广的便是明朝洪武二年（公元1369年），迁山西、江西、福建等省人口至穰。穰县人皆说自己祖籍是山西洪洞县人，即起源于这次移民。穰县以农业为主，素有“粮仓”之称，盛产小麦、棉花、烟草、小辣椒、花生等，是国家粮食、黄牛、外贸烟出口生产基地和棉花、芝麻生产重点县。但是，大型企业几乎为零，没有工业支柱产业，这也使得它在改革开放的浪潮中始终处于劣势。经济不发达、民风保守、观念落后是官方对穰县的基本概括。

火车终于停了下来。车窗外，我的亲人们浩浩荡荡站了一大群，父亲、大姐、二姐、三姐，还有妹妹一家，总共十几个人。车门打开，早已站在车门口的儿子却突然哭着不愿意下车，指着地面说：“脏——太脏了。”大家都大笑起来。昨夜穰县下了一场雨，车站的地面有点湿，有泥水，被雨淋湿了的瓜果皮、纸屑和垃圾裸露在地面上，苍蝇在上面忙碌着。儿子显然有点儿被吓住了。

中午，一家人到饭馆吃饭。当年的一家八口，父亲母亲，还有我们姊妹七个，如今已经衍生为二十几口的大家族。一桌根本坐不下，大大小小的孩子们在另一桌吵吵闹闹，这一桌也是高声大调，笑声不断。在外人看来，这应该是一个幸福的大家庭，最起码，从物质上而言，这个家庭终于度过了漫长的贫困岁月，可以体面地去餐馆吃一顿饭。面对这样热闹的情景，儿子有点吃惊、害怕，赖在我身上，不肯下来。在城市生活的当代孩子，几乎没有经历过这样热闹的大家族场景。

晚上，所有家庭成员照例聚集在妹妹家。父亲、姐姐和姐夫们没有如往常一样去“斗地主”，这是将近七八年来他们最热衷的娱乐，也几乎是北方小城人们共同的娱乐活动。大家聚在一起谈论村里的事情，姐姐们早年出嫁，后来又逐渐移居城里，老家也已经是“故乡”了。因此，说起村里的故事，其好奇与兴奋程度不亚于我。

大家兴奋还有一个原因，那就是，我终于可以在家里住一段时间了。从二十岁出外求学到现在，每次回家都只是短暂停留，这一次，终于可以长时间地和他们在一块儿生活。

迷失

出城的公路依河而建，其中一长段高出河平面十多米。坐在车里，可以看到河里的情景，挖沙机在轰鸣，一堆堆沙高耸，有大型运输卡车在来回奔忙，一派繁荣的建设图景。只是，十几年前奔流而下的河水、宽阔的河道不见了，那在河上空盘旋的水鸟更是不见踪迹。

改革开放的这三十几年，整个乡村网络最显著的变化是路。道路在不断拓宽，不断增多，四通八达，缩短了村庄之间、城镇之间的距离。在我的童年和少年时代，坐公共汽车进城至少要两个小时，还不包括等车的时间，一路颠簸，几乎能把人颠到车顶上去，头撞得生疼。人们很少坐车，一趟两块钱的车费在那时几乎相当于一家六口人一个月的生活费。在县里师范上学的时候，大多数同学都是借自行车回家，两个同学互相带着，骑六个小时左右就能够到家。每次屁股都被磨得生疼，但是，刚进入青春的少年是不会在意这些的。沿河而行，河鸟在天空中盘旋，有时路边还有长长的沟渠，沟渠上下铺满青翠的小草和各色的小野花，随着沟渠的形状高高低低，一直延伸到蓝天深处，清新柔美。村庄掩映在路边的树木里，安静朴素，仿佛永恒。

但是，我知道，这只是我的回忆而已。永恒的村庄一旦被还原到现实中，就变得千疮百孔，就像这宽阔的高速公路。它横贯于原野之中，仿佛在向世人昭示着：现代化已经到达乡村的门口。但是，对于村庄来说，它却依然遥远，或者更加遥远。前两年，从省城回家，也许是高速公路刚刚开通，乡亲们还没有接受足够的教育，公路上有骑自行车的、走路的、开小三轮的，逆行的、横穿的都有，原野的上空不时响起刺耳的喇叭声和刹车声。我故乡的人们泰然自若地走在高速公路上，公路旁的铁丝网被剪成一个个大洞。然而，如今，路上已经没有行人了，想必他们是接受了足够的教育和教训。

他们必须回到他们的轨道和指定的位置。那一辆辆飞速驶过的汽车，与村庄的人们没有任何关系，反而更加强化了他们在这现代化社会中“他者”的身份。被占去的土地且不必说，两个曾经近在咫尺，吃饭就可以串门儿的村庄，如今却要绕几里路才能到达。乡村生态被破坏，内在机体的被损伤并不属于建设过程中决策者考虑的范围。没有人考虑村庄的感受，即使有一些可通行的涵洞口，也是按照标准的数据来的。高速公路，犹如一道巨大的伤疤，在原野的阳光下，散发出强烈的柏油味和金属味。

吴镇渐行渐近。

我们的落脚点是在镇上做生意的哥哥家。吴镇位于县城西北四十公里处，曾经为穰县“四大名镇”之一，集市非常繁荣。镇子以主街道为中心，呈十字型，朝四面辐射。少年时代，每逢集市，尤其是三月十八庙会，可以说是人山人海。我们从镇子北头往南头的学校走，几乎可以脚不沾地地被推到那边。来往的汽车更是寸步难行，把喇叭按得震天响，可是，没有人听见，更没有人朝它们看上一眼，所有人都沉浸在熙熙攘攘的热闹中。在镇子北头，是一片回民聚集地，上学的时候，每天都从他们的房屋中间穿过，看到过杀羊、出殡、念经，对他们的生活方式，我始终有一种陌生和敬畏的感觉。没有工厂，没有企业，除了必要的政府公务员和商人之外，镇上居民大多仍以种地为生，间或充当小商小贩，卖自家的粮食、鸡蛋、水果，以物换物。

现在，沿着新的公路，吴镇形成了新的集市中心和贸易中心，一排排崭新的房屋矗立在道路两旁，全是尖顶的、欧式的建筑，很现代，但也显得不伦不类。镇子原来的主街道被周边新兴的街道和新建的房屋包围，变得破败不堪，荒凉异常。虽然原来的房屋、商店都还在，甚至，连店主都没变，但是，由于整体方位的变化和房屋的破旧，他们的存在也给人以奇异的陌生感和错位感。我始终无法适应这一错位，每次走在路上，都有强烈的异乡异地之感。

哥哥、嫂子在镇上开一个小诊所。哥哥还顺应潮流地做一些别的生意，承包过土地，开过游戏厅，最近又和同学做“房地产”，但似乎都以失败而告终。这次回来，哥哥家的门口又堆满沙子、石子，还有钢筋，混凝土机在轰隆响。他准备把原来买的一整幢房子分割开，一分为二，卖掉其中一部分，还掉买房时欠下的债务。

在哥哥家稍作停留，买了鞭炮、火纸，我们到村里边给爷爷、三爷上坟。这是我们每次回家后做的第一件事。经过二十几年的扩建，梁庄和镇子几乎已经连接上，哥哥的房子离村庄只有五百米左右。在少年时代，晚上夜自习从镇上放学回家是我最恐怖的经历。空寂的道路，两旁是黑黝黝的、高大的白杨树，风吹来，树叶飒飒地响，那种害怕，连后脑勺都是冰凉的。从镇上学校到村子里的这段路，是世界上最漫长的路。当然，也有美好的时候，我的青春期，正是琼瑶、金庸流行的时期，我曾经疯狂地阅读所有能找到的他们的书。于是，在夜晚的路上，在害怕与惊慌之中，常常想象有那么一个白衣少年，从远方飘然而来，俊美羞涩，深情地拉着我的手，把我送回家。

而如今，如果不是有家人，有老屋，有亲人的坟，我几乎不敢相信这是自己曾经生活了二十几年的村庄。走在路上,我总是有“迷失”的感觉，没有归属感，没有记忆感。

过世的爷爷和三爷埋在老屋的后院。说是后院，但院墙已经坍塌，里面长满半人高的荒草。清脆的鞭炮响起，在村庄的上空炸响，惊醒了沉默，也似乎接通了那边的灵魂。我们磕头，烧纸。父亲揉了一把眼睛，说：“你爷，1960 年让集中去养老院养老，去的时候好好的，能说能唱，还提着个小夜壶，去四天，躺在席上回来了。人死了，硬生生饿死了。”这是每次上坟父亲都要说的话。虽然没有见过爷爷，但经过父亲这么些年的叙述，在我脑海中，那是一个戴着瓜皮帽，因长年担豆腐挑子卖豆腐，腰已经半弯的老头。他一手抱着铺盖，一手提着小夜壶，正蹒跚着朝离村子五里地的养老院走去。

听到鞭炮声，村子一些人走出来，客气地看着我，问父亲：“光正，这是几闺女？不是四闺女吧？咋胖成这样？”看着这些熟悉而陌生的面孔，从他们的脸上，我清晰地感受到岁月的刻印，才发现自己原来也有了触目惊心的变化。

后院的右边是一座刚起的二层楼房，父亲说那是张家道宽的房子。道宽，兄妹几个全都考上大学走出了村庄，只有他还留在这里。道宽不善言辞，又不会干活，当年娶了一个漂亮的四川蛮子做媳妇，媳妇脾气火暴，几次出走，又被追回，最后还是走了，道宽受尽了苦头，也成了全村人嘲笑的对象。

扒开及膝的杂草和灌木，来到前面的老屋，在这里，我生活了整整二十年。院子里同样长满荒草，那倒塌了半边的厨房被村人当作了临时厕所，也有家畜拱过的痕迹。正屋前面、后面屋顶都是大洞。地基已经有些倾斜。哥哥前几年收拾了一番，但是，因为没有人居住，很快又开始破败。外面的墙面上还有妹妹当年学字时写的诗，错字连篇。每年回来，我们都要再读一遍，姊妹几个笑成一团。父亲忘了拿钥匙，正屋进不去。父亲和姐姐站在屋子前面，照了一张相。道宽家的新房和我家的房子形成了触目惊心的对比。

母亲的墓地，也是村庄的公墓，在村庄后面的河坡上。远远望去，是一片苍茫雾气，开阔，安静，有一种永恒之生命与永恒之自然的感觉。每次来到这里，心头涌上的不是悲伤，却是平静与温馨，是一种回家的心情。回到生命的源头，那里有母亲，而那里也将是自己最后的归宿。烧纸、磕头、放鞭炮。我让儿子跪在地上，让他模仿我的样子也磕了三个头。我告诉儿子，这是外婆，儿子问我外婆是谁，我说，是妈妈的妈妈，就是妈妈最亲的人。我们又如往常一样，坐在坟边，闲聊一会儿家里的事。

每次一到这里，大姐总是唠叨，“要是妈还在，那该多好啊”。

是啊，“要是妈还在”，这个设想过无数次的场景，成为全家人永远的梦想和永远的痛。看着坟头的草，鞭炮的碎屑，回想母亲的一生和我们的艰难岁月，家庭的概念、亲情的意义总是在瞬间闪现出来。如果没有这些，没有故乡，没有故乡维系、展示我们逝去的岁月和曾经的生命痕迹，我们的生命，我们的奋斗、成功、失败又有什么意义呢？

往事

按计划，今天对父亲进行“访问”。说访问有点奇怪，父亲一直在我们身边，他的秉性、脾气、为人我们都再熟悉不过。关于他的故事，他小时候的聪明伶俐，外婆如何亲自相中他，如何提亲，他怎样去偷偷看母亲，在“文化大革命”期间的被批斗、被打，不断逃跑的故事，等等，也都有大致的了解。

但也只是大致而已。想起父亲，他的一切，还是支离破碎的感觉。那模糊遥远的岁月，还有与之相关的历史，将随着这个人的逝去而消失。看着他摇摇欲坠的身体，总有一种来不及的感觉。

“访问”父亲，还有一个原因，他是村里的活字典，今年正好满七十岁的父亲，对村庄的历史，三辈以前的人员结构、去向、性格、婚姻、情感及来龙去脉都清清楚楚，如数家珍。而新中国成立以后村庄的权力纷争与更替，父亲更是了然于胸，因为他就是参与者，所不同的是，他是以一个“破坏者”和被批斗者的形象出现的。长得很有派头，被称为有“官样儿”，同时也被称为“刺头”“事烦儿”[1]的父亲，一生没有当过一天官，却一直和当官的斗争，家庭所遭的罪也都因此而起。

---

1 事烦儿：事情多，爱找事。尤指农村爱多管闲事的人。

梁光正，七十岁，极瘦，颧骨高耸，双颊下陷，两眼浑浊，佝偻在圈椅里，连轮廓都有些模糊了。他坐在这里，沉默不语，从他的身上，你感觉到死亡的巨大阴影在逼近。但还有一种顽强的气质从这一衰老的躯体上展现出来，那是苦难命运塑造的乐观、豁达所传达出来的。它告诉我们，眼前这个人不会轻易屈服，哪怕是死亡。

你爷（六十六岁）是六〇年春上二月十四死的，你三爷正月初七死的。你爷饿死在养老院，那时候只要是老人，不管有后没后，有家没家，都要集中在养老院，集中供养。去的时候，你爷精精神神，手里提着夜壶，背着被子，是最健康的人。结果去了四天，饿死了。

当时，我在黑坡周营修水库。随便炸，炸到哪儿是哪儿，说起来是在搞工程哩。那时候人都饿哩迷三道四，谁也顾不得谁。回来了，发现你大伯全身浮肿，都发亮了，腿上还有一个大疮，饿得都哭不动了。看见这情形，我心里难过，那也顾不得哭，得先找东西吃。"六〇年都是贼，谁不偷饿死谁"，一切东西，只要不是生产队分的，就算树上的树叶都被吃光。其实，那时候哪有树叶，五八年树都放光了，农村连一棵树都没有，所有能烧的东西都拿去炼钢烧了。人们都饿哩像鬼一样，到处烧东西。

咱们梁庄的梁家人六〇年前有二百多人，六〇年饿死六七十人，几乎是挨家挨户都有人死。梁光明那时候是村里保管员，他家饿死人最多，爹妈、嫂子都饿死了。他二嫂半夜去偷麦子，被人打断了腿，他也不管，最后饿死了，侄女没人管，也饿死了。那是个无情无义的人，谁都整。批斗人时，就他最积极，打哩最狠。

六〇年二月死人最多，原来是每天人均口粮“四两”，后来变为“二两半”，根本吃不饱。后来刘少奇下命令“七大两”（十两秤），这样人才少死了很多。当时的粮食都控制在各大队的粮仓里，都放坏了，也不让吃，梁光明死死地看着。麦收之后，又死了一批老年人，因为饿哩时间长了，肠子饿细了，一吃多，就撑死了。就王家那棵歪脖槐树，还记得吧，就是每次下地干活从公路下去拐弯的那个地方，大炼钢铁时为了炼钢，留下一个大坑，后来就埋人了，堆哩全是死人。人们烧纸时，有哩哭爹，有哩哭妈，有哩哭娃。所以人们对王家那片都忌讳哩。

六二年“四清”，清理贪污的农村干部，也是走形式，没清住任何人。家里没吃没喝，我没办法，就弄些碎烟叶，挑着担子，上山去换粮食、换柴，山里人喜欢吸烟。没承想，走到另外一个县，换的推车、粮食被“大办室”没收了，当时允许拉柴，但不允许换粮食。我哭一路，两手空空，黑明搭夜回来了，你妈也没怨我。

浮夸风延续了好多年。那时候说产量高是因为种得密，说是兔子钻不到麦棵里。一听就是假话，兔子钻不到麦棵里，那这麦苗还能结出麦穗吗？开会报产量，谁第一个报整谁，大家都顺着他往上报。“没胆量，没产量。”

我从小天然地讨厌假大空，不喜欢敲钟上地磨洋工。那时候提倡深挖地，西坡挖“幸福渠”，找幸福，实际上

> 挖个干沟。凭着臆想，一声令下，所有人都行动。标准是唯心主义。锅碗瓢都烧了，铁也叫矿石吃了，连铁的影子都没有。

不管讲什么，只要是“念古经”，父亲都会从爷进养老院开始。父亲断断续续地讲，虽然已经到了古稀之年，但记忆力却是惊人的好，对四五十年前每一年提倡的政治口号和政策指向还能够清楚地复述下来。不知不觉间已是中午，嫂子催了几次饭，父亲却沉浸在回忆之中，一说再说。

中午吃饭，做的是家乡的糊涂面，父亲不顾我们的坚决反对，执意要往里面放一勺勺的辣椒。要知道，他的胃黏膜是无法承受这些刺激的。父亲却说：“不让吃辣椒，活着还有啥意思，还不如早点死了算了。”

少年时代，家里缺菜少油，全靠辣椒下饭，冬天的时候，辣椒吃完了，无论如何努力节约，储存在沙里边的白萝卜，也吃完了。父亲就把辣椒秆弄成粉末，撒到碗里，也吃得满头大汗。村里许多人家都是这样。有时候，习俗是与贫穷相关的。

吃过午饭，父亲催着我，赶紧开始。我让他先跳开年代史，讲讲村里的姓氏结构及大致的家族历史：

> 要说咱们梁庄，那可算历史悠久。咱们国家，民族迁移由来已久，战乱，水淹，移民不断。梁庄三大姓：梁、韩、王。韩家是嘉庆年间形成的，从郭韩湾过来。梁家是明朝山西移民那次过来的。就是人们说的山西洪洞县大槐树下

过来的。其实河南许多地方的人都是那次移民过来的，中原战乱，死人最多，所以，全是移民。

韩家人文化水平可以，知识品味比较高，韩家几大家族都很有能耐，韩立阁开封大学毕业，韩立挺信天主教，土改期间，地主恶霸富农都出在韩家。

韩立阁大学毕业之后，任国民党县兵役科科长，后来是庞桥二区区长，大致是一九四一、一九四二年，干有七八年。他回来探家时我已经记事。那人相貌黑黑的，头长方形，有杀气，有威严，对人很恭敬。离家还有十里地，就下马，步行到家，见人就欠头问好。回村之后，韩、梁、王家挨家都拜。国民党倒台后，逃跑到北京，一九五〇年“放匪”，政府宣传是宽大处理，韩立阁一定要回来，争取重新做人的机会。再说他母亲一直在家被斗。一九五〇年秋回来，在家从事生产，年底把他逮住。五一年初开公审大会要枪毙，村里人们哭着保他，说他人好，到底还是枪毙了。

还有“挖底财”，就是逼着地主交私藏的钱，地主也到处跑着找亲戚借钱。韩立阁的爹也被杀一儆百。他妈与他婶一看没什么过头，就上吊了。穿哩整整齐齐。吃哩油旋馍。原来还有人可怜他们，一看人家死前还吃哩油旋馍，就骂起来。他叔叔早就坐班房去了。叔叔的儿子是仓库主任，也被枪毙，说话不好听，有男女关系，收粮食大斗进小斗出，有点民愤。那时候枪毙人都在镇上二初中大操场那儿，现在走到那儿还有一股子阴气。

韩立阁的弟弟韩殿军也是开封大学毕业，还没等到就任，国民党就倒台了。五七年回来，也被批斗，跑到甘肃被逮住。韩立阁的老婆被逼财[1]打拐了腿，很快就死了。儿子韩兴荣，没找来老婆。前几年死了。这一家算败了。

韩立挺，在福音堂自学医生，跟着他妈信主，信基督教，后来做到教主，长老。以前的时候，信主的非常多。八几年的时候，信主的又红火一阵子，大量发展人员，印发小册子，韩殿军刻版，他们卖。韩立挺生病瘫痪，家里没人来照顾，福音堂信主的人轮流照顾。儿子在葬礼上念祭文的时候，村里人起哄，骂他儿子：老子生病了，连看一眼都不看，算啥信主家庭！

另外一大家韩建文，全家都信主，都是医院医生。韩家算得上是儒雅之家。从我记事时，全梁庄的春节对联都是韩家人写的。

韩家人脉旺，家家都是好几个儿子，但就是不团结。几个儿子之间打、闹，争小利益、上法庭，不赡养老人，正常哩很，所以，也不受尊重。

梁家一开始是两兄弟，共七个儿子，各自成家，所以梁家共七门，第五、七个兄弟人脉少，早绝了。现在梁家这几十家都是剩下这五门的后代。

相比之下，咱梁家人就没有那么多知识。有光棍儿[2]，

1　逼财：当年农村清算地主时的一种说法。

2　光棍儿：有头有脸的，耍得转，耍得开的。

也有老鳖一[1]哩。但是，梁家人会政治斗争，也会窝里斗。所以，土改后梁家比较兴旺。梁家当权，三朝元老，也出过县委书记。咱们老老支书梁兴隆的坏劲儿就不用说了，当大队支书几十年，整个梁家的人，都被欺负遍了。那年，梁清立拿着刀满村追着砍他呢。那是把人家欺负急了，狗急了还要跳墙呢。

保管梁光明也是个坏货。他兄弟三个，梁光富单身汉，梁光怀被饿死，嫂子被打死，所有宅基地都归梁光明。杜家玲子，你俩小时候多好，爹妈死后，由她婶说给梁光明的一个儿子，后来玲子不愿意了，玲子家的房子就被光明家霸占去了，说是玲子欠了他家多少彩礼钱。

梁家光出那鲜点儿[2]人物，梁光基，干过县武装部长，退休后人事档案丢了，连基本工资都没有。可梁家没有一个人同情他，为啥？不养活生病的老父亲，他哥半夜把老父亲拉到县城他家院子里，清晨起来一看，以为是谁送的粮食，结果是老父亲。看这咋办？他就去找亲戚，亲戚讽刺他说："那咋弄？你去问邮局邮寄不，把人邮寄回去？"结果，连车子都不让下，当天又把父亲送回到了村里南菜园子那儿。并告诉乡亲传话给他哥，老头在南菜园，你看着办吧。

王家就不说了，都是些歪脖儿树，不成材。梁庄人也

1 老鳖一：老实人，在农村总是被人捉弄、被人欺负。

2 鲜点儿：有代表性的。

不把他们当回事。

你说咱村里的那些小姓，有钱家、周家、张家、袁家、刘家。老钱，一辈子没说过话，没人记得他长啥样儿。他老婆花儿，相貌很差，病歪歪的。家里四个孩子，日子没法过，花儿就跟张家、周家几个单身汉鬼混，给家里弄点吃的。全村人都知道。

周家那几家也都很有特色。周利和当过会计，周利忠小巴结，父子三人，外号“大积极”“二积极”“三积极”。周利和是个私生子，那真叫个勤快，他做的庄稼，连棵草都找不到。勤快哩狠啦也不都是好事儿，种麦冬，上肥太勤，结果，只长苗，不结籽。后来得胃癌，去安阳做手术，去之前还在晒麦，把麦晒晒装装才走。手术后还没出院就死了，村子里编顺口溜:“去哩时候活蹦乱跳，回来响只鞭炮；去哩时候能吃馍，回来抱个骨灰盒。”

周利忠的闺女，春荣逃跑出嫁，半夜翻墙头跑了。梁家拐子常，别看大字不识，最会编顺口溜，在村里唱:“二月二，龙抬头，周家姑娘翻墙头。周利忠，抬起头，看看床上有人头，袄子搭在被子头，里头盖哩是枕头。撵到灵山头，相遇在桥头，结婚证一看，垂头丧气转回头。”

八几年，我和拐子常几个人去弄烟苗。到岗上歇，都在闲说话。拐子常就说:“二哥，你现在不如我，欠人家钱，老婆还有病，六七个娃儿，你啥什么时候能超过我。”那意思是笑话我，日子过不成哩。旁边有人说:“你可别说，龙爬一步，鳖移十年。”现在，拐子常还是拐子常，几个娃儿，没一个成样的，大娃倒插门，就没回来过；二娃儿出去打工也不回来，拐子常四十八岁时还又生两个小娃儿，后来一个淹死了，另一个天天出去上网，打游戏。

总结来说，咱梁庄的情形，就是那个顺口溜，“韩家人尖，王家人憨，梁家光出些二货山[1]。”

天色渐渐暗下来，父亲却毫无倦意。在父亲那里，所谓村庄的整体面貌，就是一个个生动的、相互纠结的家庭故事，是一个个鲜活的生命。这是只有把血液融入这一地方，经过漫长岁月沉淀的人才有的感觉。每一个村庄都是一部历史，每个家庭都是一个独特的人生类型。当父亲讲到钱家女人花儿的时候，我忽然想起，和对待王家的态度一样，在我的少年童年时代，也几乎没有真正意识到他们的存在，虽然钱家就住在离我们家不远的坑塘的另一边，他家的女儿和我们姊妹几乎是同龄。我们很少到她家里去玩，她们也似乎以一种自觉状态，从来不提起自己家里的事情，也从来不邀请我们到她家里去玩。

一个村庄就是一个生命体，一个有机的网络，每个家庭的运动看似不相关联，但却充满张力和布局。费孝通认为乡村的社会结构是一种“差序格局”，以“己”为中心，和别人建立联系，大家不是在一个平面上，而是像水的波纹一样，一圈圈推出去，愈推愈远，也愈推愈薄。因此，在一个村庄里面，大家族的人总能够通过各个层面的亲属关系推出较大的势力空间。那些小姓，或独姓，因为缺

1　二货山：耿直、倔强、不懂人情世故。

乏基本的私人联系，也很少有机会通过婚嫁这一渠道进入大姓的亲属范畴中，很难推出大的波纹，难以进入村庄的内部空间获得认同。也因此，他们的言、行、道德总是被另眼相待，正如费孝通所言，在乡土社会这个亲密社会中，他们是村庄的“陌生人”，“来历不明，形迹可疑”。钱家在梁庄就是这样的典型形象。

对于梁庄的两大姓——韩姓和梁姓而言，很显然，他们是梁庄的主人。但是，也有角色的定位。梁姓和韩姓两百多年来一直处于明争暗斗的状态，从文化上，梁姓始终落于下风，韩姓信主的家庭特别多，又因为经济好，出外读书的人很多，在气质和修养上，甚至在相貌上，都显得超凡脱俗。但也因此在背后遭到很多诋毁。梁姓一直以来对自己家人信主很排斥不能不说没有这个原因，觉得跟着韩姓人到处跑太丢人。在政治上，梁姓一直占上风，两百多年来都是梁姓做族长、支书，掌管村里事务，直到最近十几年，才被韩家人夺了过去。梁家人虽然会政治斗争，但是，经济上却从来都不行，在改革开放时代，顺理成章地被赶下台去。

已经是夜里十一点钟了，父亲几乎说了七八个小时，连晚饭都没吃。哥哥、妹妹，还有嫂子，下午从县城回来的二姐、三姐、姐夫也坐在一旁静静地听着，只听得见我的电脑啪啪打字的声音。

全家人都在为此事思索，有一种很明显的神圣感，这让我很震动。对于他们来讲，日常生活只是一种无意识的生活，柴米油盐，吃喝玩乐，好像没什么大的追求，但一旦出现某种契机，他们很愿意去思考，也能够理解其中的意义，并试图进入这一境界之中。

只是生活很少给他们这样的机会。

生存镜像

哥哥已经和村里的几个人约好，明天到家里来，谈谈村里人口的流向情况及大致的经济情形。哥说，遍想想不起村里还有几个能说上话的人。

吃过早饭，已是十点钟。哥哥约的几个梁姓人来了。一个是村长，五十来岁，是父亲前面提到的前保管的儿子。和他父亲一样，白净，比较精明。言谈之中也在审视我，想弄明白我到底在干什么，有什么目的；一个是做村会计的堂叔，以谨慎出名。还有另外一个，早年在外地工作，我叫大哥的，四十岁左右回到村里，再没有出去过。他很少与人打交道，颇有点神秘，不串门，有人到他家好像也不反对，有一年头发忽然全掉光，于是，常年带着黑色的绒线帽。还有住在村子后面的另外一个中年人，是村里有名的能人。

几百年前，梁家两兄弟带着七个儿子来到这里，定居，并繁衍生息。七门中其中五门人丁比较兴旺，另两门慢慢消失。到目前为止，从大家庭看，梁家几门共有五十四户，小家庭数目处于一种模糊状态。兄弟几个，结婚后，两口子都出去打工，父母在家帮忙看孩子，无所谓分家，但从经济实体来说，应该已经算个体小家庭。从这个角度算，应该有一百五十户左右，共六百四十多个人。三十五岁左右的年轻夫妇至少有两个孩子，少数是三胎。从家庭居所来看，其中两家完全离开村庄，搬到打工的城市生活（把村里的宅基地卖了）；一家不知所终，与村里人没有任何联系；七家在外打工，孩子也在那儿上学，家里房子封着，几年没有回来，短时期内不会回来；一家在镇上生活，但村里还有宅基地，马上要盖房；还有三家在外地做生意，隔一两年回来一次，家里的房子盖得非常好，显然是在为将来回来做准备；其余几十余家都仍在村庄生活，家里的年轻人常年在外打工，留在家里的是老年人、家庭妇女和小孩。还有八九户，家庭人员从来没有出过远门，就在土地里讨生活。这一类人，在村里是最老实最被看不起的，所以，经常被大家忽略掉。

八十年代后期九十年代初，梁庄人大规模地出去打工，早年主要集中在北京和西安。北京的多在工厂做工人、保安，或在建筑工地当小工，有一段时间聚集在北京火车站倒票；在西安的多是在火车站周围拉三轮车，都是以家族为中心，相互传带。后来，才有到青岛、广州一带去打工的。极少数在外做生意，如校油泵、在城乡结合区卖菜，等等。

梁家在外打工的，有三百二十余人，最老的六十岁，在新疆当建筑工，最小的十五岁，跟着叔叔在青岛首饰厂打工。有三十多个少年，在镇上读初中、高中，基本上是寄宿在学校，星期六、星期天回家。三十多个儿童在镇上小学读书，爷爷奶奶照顾起居，每天接送。村庄的老人有百余人，基本上都五十岁以上，在家种地，养孙子，还有力气的在镇上做点零活，在本地建筑队当小工，或在村里石灰砖厂干活。

这里面有隐蔽的“回归”现象。八十年代中后期最早一批出去的打工者，人到中年，四十多岁将近五十岁的样子，一部分又都回到了农村，在家种地，兼顾着在镇上或周边打点短工，另外一部分还在外面打工，但显然坚持不了几年。其中少部分人不想回来，但又干不动了，只是在那里撑着。譬如我一个堂伯家的儿子，早年从部队复员回来，娶妻生子后就出门打工，是村里最早一批出去的打工者，先在北京当保安，后来到西安拉三轮，每年就只有春节回来。前些年在村里碰到他，说话打扮很有城市味儿，也喜欢显示自己的优越感，非常看不起自己从没有出过远门的老婆。他已经习惯了城市生活，哪怕在那里只是一个拉三轮的。但很显然，他终究是要回来的。

一些中年妇女农忙时组成“打工队”，给村里人帮忙种地、除草、收割，一天也能挣三十来块钱；青年夫妻则是候鸟式生活，两口子都出去打工，用打工的钱在家里盖房子，孩子爷奶养着，在家上学，春节或农忙时回来。村长说，这两年春节回来的也逐渐少了，暑假、寒假时家长让孩子去他们打工的地儿，假期过完，孩子再回来上学，当然，这只限于夫妇在一个地方打工，并且有条件住在一起的。也有少部分比较能干的青年，在外打工挣到较多的钱，回来在本地做生意，卖沙，批发商品。但这只是极个别现象。梁家清保就是其中一例。前年回来，想在镇上做太阳能生意，这是近几年农村新兴的一个家庭装备，盖新房的人家都会买，市场应该不错。但是，店开了一年，没有赚到钱，反而把几年打工的钱赔了进去。清保准备今年再出去。

“人去楼空”是乡村日常生活的景象。大部分在城市打工的农民都在家盖有新房，并且，也是为挣到盖房的钱或为子女挣得学费而奔向城市去的。他们并不以为自己能在城市扎根、养老（也许是他们根本看不到这样的可能性），他们最大的希望就是在城里打工，挣一笔钱，在家里盖栋像样的房子，然后在本地找个合适的生意做。

夫妻分离，父母与孩子分离，是一个家庭最正常的生存状态。即使夫妻两人同到一个城市打工，也很少能够同吃同住的，他们在不同的工厂、建筑工地干活，吃住在厂里，连见面的机会都很少。

有少数在外面过得不错的，如村长弟弟，小名叫“坏蛋儿”，当年是村里有名的捣蛋鬼，差点被送进监狱。他在内蒙古校油泵，起步比较早，挣了不少钱，就在内蒙古买了房子，俩孩子也接出去，有四五年都没有回来了。村长说起来的口吻有点奇怪，好像不愿意提起这个人似的。等他们走之后，问起哥哥，才知道，村长曾经把俩儿子送去跟着叔叔干，结果，叔叔太抠，不给工钱。但后来村长的两个儿子也在同一城市的另外地方开了一个校油泵的点。

韩家和梁家户数和人口几乎相当，只不过，从文化质量上看，韩家人上大学的与经商的比梁家要多，整体的生活水平也比较高。村庄其他几个小姓，加起来，不过三四十户，一百多人，无论是在村庄里，还是在外的人，都不如梁家和韩家的人过得好。

梁庄一直是“人多地少”，五六十年代人均一亩半地，现在人均八分地。庄稼一年种两季，小麦一季，接着种绿豆、玉米、芝麻、烟叶等经济作物。由于地少，这些农作物的收成连糊口都不够，因此，在八十年代之前，梁庄几乎家家挣扎于贫困线上，一到春天就断粮，所谓“春荒”。改革开放以后，到城里打工为家庭打开了新的挣钱门路，不管在城里干什么活，每年都能拿回家一些钱，供人情世故开销和日常开支。因为种地要交税，还要在麦忙秋收时回来，许多家庭干脆把地租给同村的人，条件就是租户替自己交税，每年再给自己两百斤麦子。这也为留在村庄里面的家庭多提供了一项营生，即租地，麦季收入只够交税和给户主的那一部分，秋天那一季算是获利。到九十年代，村庄缺吃少穿的现象已经非常少见，但是，真正能够轻松盖新房，过得比较滋润的，还是村干部、村庄里的能人、少数经商的或者有吃商品粮的家庭。据村长讲，这两年因为国家免税，有许多人家又把多年不种的地要回去，种点麦子、玉米等，自己并不回来，托亲戚代种代收，工钱照给。但是，也有人家不愿意把种了多年的地再还回去，为此还产生了纠纷。但是，这并不是出于费孝通所言的土地是农民的根性。农民与土地之间的情感联系在越来越淡，剩下的只有利益关系。

村庄里的新房越来越多，一把把锁无一例外地生锈着；与此同时，人也越来越少，晃动在小路、田头、屋檐下的只是一些衰弱的老人。整个村庄被房前屋后的荒草、废墟统治，显示着它内在的荒凉、颓败与疲惫。就内部结构而言，村庄不再是一个有机的生命体，或者，它的生命，如果它曾经有过的话，已经到了老年，正在逐渐失去生命力与活力。

梁庄炊烟

承载着过去岁月的老屋

村中废墟

第二章　蓬勃的「废墟」村庄

1990年始，穰县开展以“加强农村基础设施建设”为重点的村庄建设，以点带面，整体推进，村庄建设发展迅速。在道路建设方面，群众按照“想要富，先修路”的思路，投入大量人力物力。1997年，打通所有村庄的主次干道和进户道。2000年，全县1008个自然村打通主次干道3094条，全长27万米，实现了村村通汽车。随着农民对改善住房条件的要求日益提高，建设局村镇办自1995年始，在各乡镇推广农村建房通用图纸12种3200套，实施村镇规划，建起排房，修通了村内道路。群众住房结构由过去的土木结构变为砖混结构，不少农户盖起了楼房，部分农户还建起了商业用沿街门店房。至2006年，穰县共修建乡村水泥（油）路1493.36公里，578个建制行政村实现了“村村通”。

——《穰县县志·村镇建设》

废墟

拿着老屋的钥匙，和父亲准备再次回去“寻宝”。这是每年少有的几次打开老屋的时刻，奇怪的是，每次都能发现一些宝贵的东西：一张旧相片、小学的作业本；有一次居然找到了上初中一年级时的小日记本，我已经完全忘记了它的存在；或一本破旧的连环画，那是上小学时父亲出去做生意回来带给我们的，但后来却因为我们过于着迷而被父亲扔到堂屋的顶棚上。

从梁庄到吴镇学校的道路，我走了整整五年。沿着村里坑塘边的道路走出村子，上公路，公路入口处是梁光栓家盖的一个小土坯房，极小极小，也没见用过，却成了梁庄村最显在的标志；经过吴镇北头回民区，沿路有茶馆、羊肉店、小百货店；拐进镇上许家那条小道进镇子里面，路边有一个站起来就能看见人的厕所。在其中一个小路口，有一大片半人高的刺玫花，每年夏天，它都开出粉白的花，香得刺鼻，但很美。然后，就是吴镇的主街道，新华书店、供销社、五金店、乡政府，紧接着，就是乡中心小学和初中了。这条路一共有两公里多，我每天都要走来回六趟。

和父亲从吴镇里面沿路走来，一直分不清东南西北。父亲说，那是镇子南头，这是镇子北头，那是街上许家，我很茫然，虚飘飘的，脚仿佛悬在半空中，怎么也不踏实。

从老公路来到新公路的交叉口，父亲说，这算到咱村了，这沿新公路的房子都是咱梁庄盖的。一排排崭新的房屋，有两层小楼，有平房。屋前都是水泥浇铸的大院子，高门楼，卷闸门，非常气派，中间间或夹杂着一些旧的房屋。父亲给我一一介绍，这是光亭家的，那是梁光东家的，“坏蛋儿”家的，“亭子”家的……父亲说这些都是新宅基地，他们留在村里的那些老宅基地要么是便宜卖给别的人家，要么干脆不要了。

通向老屋的路几乎被杂草封住，我们蹒跚而过，竟有几次被草根绊倒。打开老屋的门，灰尘扑簌簌地往下掉。站在堂屋的中间，看着一件件熟悉而陌生的物品，百感交集。靠后墙，是一个泥糊的长条几，上面摆放着许多东西，中间放着毛主席像，配在两旁的是挂在墙上的对联，两边是放有家庭照片的镜框。条几下面是一个个小格子，里面可以放各种物品。条几前面是一张方方正正的大桌子，春节时摆放供品，平时会放一些杂物，也是我们写作业的地方。北方农村家庭大多有这两样东西。在大桌子的正上方，便是父亲用竹子和硬纸糊的顶棚，为的是防止房屋梁上掉灰尘，上面扔着至今仍让我们心痛的连环画书。

我在条几和大桌子上仔细翻拣，又在条几下的格子里摸了又摸，没有找到任何东西。难道老屋已经找不到任何回忆的凭证了？我不甘心，又拿棍子用力捣顶棚，也没有连环画书掉下来，反倒是成堆的灰尘“簌簌”地往下掉，里面夹杂着无数的老鼠屎粒。东屋和西屋的屋顶上有两个大洞，地面有两个常年滴水而成的大坑。东屋靠后墙的角落里，还放着那张大床，床的木头已经变成黑色，落满了泥和灰尘，从下面露出一角破旧的棉絮。这是父亲母亲结婚时的床。床头放着一个木箱子，那是母亲的陪嫁，也是当年全家唯一上锁的地方。在这箱子里面，曾经放着家里最贵重的东西，包括煮熟的鸡蛋。就是在这个箱子里，我摸到过一个鸡蛋，忍不住偷偷掰开来吃，吃一小块儿，到院子里看一下。那时，家里人都陪着母亲坐在院子里晒太阳。许多年之后，大姐告诉我，我一从里屋出来，大家就看到我嘴巴上沾的蛋清，我再进屋，都知道我干什么去了。这样几进几出的，所有人都在憋着笑。西屋是放粮食的仓储，也是长大后我们姊妹住的房间。后来哥哥结婚，我们又重新回到东屋，西屋成了哥哥的婚房，那夜晚的“吱呀”声现在想起来了还有点儿心跳。北方乡村的房屋并不隔音，三间房屋之间，没有封闭，只是一个高高的隔断墙，墙上挂着各种农具。

代表着老屋历史终结的还并不是房屋，而是院子里的老枣树。它与我们的记忆，与故乡的时间、空间和季节一起存在，与家里的每一个人、每一个场景都一起存在。每年枣子上市的季节，不论在何地，我都会去买枣吃，并且告诉卖枣的人或一起买枣的人，我家院子也有一棵能结出这样果子的老枣树。每年暑假，正是枣花盛开、青枣初结的时候，我们睡在枣树下，吃在枣树下，玩在枣树下，母亲也被抬出来，躺在枣树下。到八月中下旬，一树半青半红的枣子，吸引了无数顽皮少年，时不时有瓦片土块落到院子里，“蹭”地窜出一个人影，捡几个枣子，又迅速蹿了回去。那时，我和妹妹总是和一班孩子斗智斗勇。九月中下旬，选一个中午，村里人睡午觉的时候，哥哥会和他的几个好哥儿们上树，拿着棍子打，或爬到最高的树枝上，拼命地摇。那“哗啦啦”枣子落地蹦跳的声音，那满筐红色的、饱满的枣子，让人无限喜悦、满足和幸福。

不知从什么时候开始，老枣树慢慢衰老，最后连枣子也不结了。现在，正是夏天，老枣树一大半的身躯干枯着，只有极少的稀疏、泛黄的叶子证明它的生命还在。我们都走了，枣树的繁茂，它那白色小花、青色小枣，那泛着诱人光泽、圆润饱满的红枣，给谁看，又给谁吃呢？

望着院子前方大片的断垣残壁，这都是谁家的？第一次以有意识的眼光去观察村庄，惊讶地发现，以我家为起点，往前看，竟是一大片连绵的废墟。在我的童年、少年时代，这里是村庄的中心，在光亭叔家门前那棵大树下，有一个大平台，夏天，每到中午吃饭的时候，这里就挤满了人，男人、女人一边说笑，传着闲言碎语，一边拿着盆子一样的海碗吃面条。晚上，这里更是歇凉的中心，总是到半夜时分，还有人在摇着蒲扇有一句没一句地聊天。现在，荒草和灌木覆盖了这一切。到处是巨大的断墙和残破的瓦砾，断墙角落是倒塌了一半的锅灶，上面还有落满灰尘与泥垢的锅盖、铁铲等等，这些仿佛昭示着曾经有过的生机与烟火。有的房屋干脆连屋顶都没有了，只剩下几面墙撑着一个框架。

都是谁家的？树木与杂草遮掩着废墟，充满凄凉与破败之感，仿佛一个巨大的坟墓。正对着我们家前面的是拐子常家。拐子常，一个好吃懒做的人，父亲和村里的人常常讲他，一家人吃面条，拐子常总是把筷子在锅里一搅，面条全串到自己碗里，老婆和一群孩子就只有喝汤。他家的房子一直是泥坯墙，一到下大雨的时候，那黄泥水就哗哗地流到我家的院子里。现在，这房子只剩倒塌的一垒垒黄坯和一面墙壁了。再往前边，是拐子常的弟弟，这一家，家破人亡，女主人早年离家出走，男主人因偷树怕被逮住坐监狱而自杀，两个孩子也不知所终，房子早就倒塌了。

再往前面走，是一个已经呈四十五度角倾斜的房屋，屋前是一个已经破损的抽水井，房屋门上居然还贴着新的对联。这家的厨房倒塌了一半，里面的灶台还在，只不过，灶台上落满长年累积的泥尘，只剩下两个黑洞眼，是原来放大锅和后锅的地方。厨房后面，是一大堆散乱着的红红绿绿的垃圾。这是谁家？我想不起来。父亲说，这是光亭的老屋；当年，他就是在这屋里娶的媳妇，并生了第一个孩子。他和老婆打架的时候，我们这些小孩子就会跑到他屋里去看，一个黝黑的、干净至极的农家房屋。

再往前，连父亲也似乎有些踌躇了，他必须得四处回顾，定定方位，才能说出是哪家的房子。我数了数，这一片绵延着的倒塌房屋和院子有十五间，还没有算我们家这个摇摇欲坠的房屋。也就是说，有至少十五家离开他们原来的生活场地、原来的聚集场地，开始了另外的生活。我和父亲在村庄里走了一圈，至少有四处这样的大片废墟，估计共有六十户。

这些废墟，和公路两旁高大、现代的建筑，是一个村庄吗？在煌煌的烈日之下，在知了不间断的噪鸣声中，我似乎有些迷惑了。我所回忆的村庄，和现实的村庄，虽然地理位置没变，但其精神的存在依据却变了。蓬勃的中国新时代，正是在这样的废墟中，建构它的新躯体和新形象。

毫无疑问，村庄的内部结构已经坍塌，那是以一个家族为中心的聚集地。这些废墟，都是梁姓的几门，早年的时候，基本上是按照一个圆心，随着家族人口的增加，逐步扩大。宅基地的划分，也是依据家族的远近、人口的多少来进行分配。一个梁姓，既是一个宗族、血缘场域，也是一个生活、文化场域。大年初一的时候，每家都会做一锅大烩菜，依照辈分的高低，依次相互交换，最后，每一家锅里都是一整个姓氏的饭。然后，大年第一天的早饭才开始吃。这一习俗是什么时候开始，为什么如此，老一辈也说不出一个所以然来。然而，有一个意思是肯定的，即，要让这一大家族团结一心，不分你我。有许多吵架不说话的同族人，如果愿意和解的话，这也是最好的、不尴尬的和解时刻。

现在，这一村落文化已经变了。以姓氏为中心的村庄，变为以经济为中心的聚集地。有能力的沿路而居，不分姓氏，形成新的生活场，新的聚集群落。这些人家无疑是村庄的新贵，代表着财富、权力和面子，因为这里的地并不是谁想买就可以买的。没有能力的，或勉强住在破烂的房子里，进行各种缝补式的修缮，或购买那些搬走的家庭的房子，这些房子一般还不错，是原来村里的好房子。这些都打乱了原来的依家族而居的模式。我家左侧张家道宽的房子所在地，原来是我一个堂伯的宅基地。张家这样的单姓，在每一个村庄里都有，不知道什么原因，流落到这样一个村庄，能够扎根下来并被接受已是非常不容易的，他们被分配的往往是村子位置里比较差的宅基地。像张家，他们的老宅位于老坑塘旁边，极不规则、非常潮湿的一片地，是整个村庄位置最不好的地方。而现在，他们只需买那些移居人家的宅基地盖房就可以了。

村落结构的变化，背后是中国传统文化结构的变化。农耕文化的结构方式在逐渐消亡，取而代之的是一种混杂的状态，农业文明与工业文明在中国的乡村进行着博弈，他们力量的悬殊是显而易见的。村庄，不再具有文化上的凝聚力，它只是一盘散沙，偶尔流落在一起，也会很快分开，不具有实际的文化功能。

我不想怀旧，但又怀念于一个村庄的人就像一家人的感觉，虽然有争吵，有痛苦，有各种人情的麻烦；我不想认同现在的存在模式，但新的聚集地，不正是新一代孩子成长的地方？在将来，不就是他们的故乡吗？或许，这正是他们的文化，他们的世界的起点。但是，他们又是在怎样的“故乡”中长大呢？寂寞、荒凉、矛盾，没有生命力、没有情感，这就是“故乡”的基本形态。

第一代打工者还愿意在村庄盖房子，因为那是他的家，在这里，显示自己的财富是确定自我价值的象征。但是，第二代呢？更年轻一代的乡村青年对乡村的感情非常淡薄，他们在家乡待的时间很短，往往初中毕业或没毕业就出去打工，对未来的渴望更为开放，也正因为此，他们的命运与处境更为尴尬。他们又将在哪里扎根呢？十几岁就离开家乡，在城市打工，但他们没有城市户口，没有任何的社会保障，城市不是自己的家；而乡村，对于他们来说，也是一个遥远的、没有情感的事物，也没有归属感。新一代农民工这种双重的精神失落所产生的社会问题已经显现出来，它该怎样弥补、改变，将是一个巨大的社会课题。

平地掘三丈

如果你走过北方村庄，对这散落于平原之中的村庄细细观察的话，你会发现，许多村庄都有废弃的砖窑，砖窑四周是许多深深浅浅的大坑，它们在村庄周边，或田地的周边。不用说，这肯定是七十年代中后期开始建造的砖厂，是改革开放、中国经济重又复苏的标志之一。

梁庄砖厂背靠村庄，前靠河坡。八十年代初期，村里许多人都在这砖厂干活，从早晨到晚上八九点钟，挣得一家大小的日常支出和孩子的学费。

小时候，我们一群孩子，为抄近路去河里洗澡，从砖厂中间的大砖窑旁穿过去，常常会陷入隐蔽的土堆和草丛的深坑里面。砖厂是一个神秘得让我们害怕的地方。我曾经做过噩梦，现在还隐约记得，砖厂成为一个城堡，门紧闭着，吊着索桥，想要冲进去，必须得经过无数的机关和陷阱。

梁庄砖厂到底挖了多少土，挖得有多深，你只要看砖厂旁边那根电线杆就明白了。那电线杆的底座，从底座第一道土到它裸露出来的根部约有三丈深，四面的土全被挖走，电线杆成了一个孤零零的旗杆。从电线杆的位置往前看，是离地平线三丈深的整齐的凹陷地，一眼望去，非常平坦，足足有上百亩。对面凹陷地的边缘有一个废弃的机井，圆形井身的一边也深深地裸露着，和电线杆子遥遥相对。父亲说，连上砖厂，这儿原来共有两三百亩地，典型的黑老土，地肥得不得了。五六月份麦梢黄时，那真叫个漂亮。现在这地，已经没法种了，因为没有任何营养了。

环绕着砖厂的是无数不均匀的大坑，它们或在树林旁边，或在房屋后面，或紧靠河坡。因为挖得太靠近，有些树已经有些歪斜了，盘曲的根部裸露着。而高高的河坡，它曾经像城墙一样挡住了汹涌而来的河水，如今已经被削得几乎和地平线一样低了。

我们在机井那儿查看的时候，老贵叔从远处看见了，赶紧往这边跑，一看是我和我父亲，笑了，说：“我还以为是谁又来调查呢。”老贵叔的腿有点瘸，风湿病好多年，皮鞋的后跟已经快被踢掉了，沾着些泥。身上还穿着薄夹袄，夹袄脏得发亮。和父亲一样，老贵叔也是梁庄有名的“刺儿头”，脾气火暴，看不惯歪风邪气，看见当官的骂当官的，村里有啥不道德的事他也会跑去骂一通，他的辈分高，谁也没办法。他和谁都合不来，所以，当年承包砖厂的时候也没有人帮他。我让他讲讲关于砖厂的事情。站在那个机井旁边，老贵叔一手举着烟，一脚踏在那机井的水泥座上，开始了他的讲述：

这个砖厂是啥，典型是老百姓遭殃，当官的牟利。

一九七五年夏天开始，建轮窑。地是村里的，乡里建设，占耕地二百〇二亩。利润全给乡里。合同上写着每年一亩地免四十块钱，免两百斤公粮。从来没有兑现过。也不知道村里到底要到了没有，反正老百姓从来没有见过。年年都有人为这事去闹。八五年周贵天半承包经营，乡政府投资，他交利润，干有三年。咱梁庄人挤对他干不成，因为公社过去承诺的一直没兑现。俺们队里那年交公粮差九千多斤，都不交了。为啥？目标是为砖厂合同这么些年没有兑现，我趁机把村长梁书定整下来。

大队部欠你老五爷（老贵叔的父亲，曾经是村干部）的工资，到你老五爷不干，一直不给。当时正打麦，我见书定时说：“你爹干的时候不给，你干的时候可应该给了吧，你们能欠我们几辈人？！”他傲慢不得了。我骂他：“日你妈，你娃子能吧，你喝哩还是老百姓哩血，你等着吧，我非给你告下来。”我就告到乡里，乡里成立一个专案组专门来调查砖厂的事。他跑到乡里给专案组说，梁庄麻烦事多，可不敢去。专案组一听觉得有事，就来了。结果是书定被整下来，为这事，他恨死我了。

我是八八、八九、九〇年干的。八九年的时候，就干不成了，跟大队干部弄不到一块，老来查我，想等着我送礼，我就是不送，到最后都不送。头一年承包费四万。后来我亲兄弟也整我，真是四面楚歌，走到死胡同了。看不住，我兄弟背着我卖砖给当官的，我出去一趟，回来砖就少了，问我那个四弟，说×××拉走了，回头给钱。给他妈那个脚，要都要不回来。有一天，我拿着账本去找×××，当着他的面算账，让他给钱，把他给气得像吹猪[1]哩。估计也是从来没人敢这样。当个小官，就把自己当回事了。那算啥人！

后来王西挺承包三年，也是赔钱。他也背时了。那几年雨也多，砖根本晒不成。咱们邻村承包窑的，最后想不开，跳井死了。后来，宋承信接手干到九五年，他发了。那时候形势好了，盖房子的多了。那可是好日子，公路上来回拉砖的，在村南头煤建拉煤的，人多哩很，咱们村里有庆家还开了一个小吃店，办干店，也都发财了。

后来，地弄哩深了，你看，就是这样子（老贵叔用手指着机井），井底变成地面了。原来，这井根本看不见，井盖还低于地面好多。看见那头那个电线杆了吗？下面底

---

1 吹猪：非常生气。

座上的土堆就是原始高度，挖有几丈深。

中间停有两年。窑停了之后，公社给村里三万多块钱，说是退地还耕，钱也不知道到哪儿去了。耕，还能耕吗？已经挖到地下面了，土都没有营养了，再说，哪儿有土把这儿填平？现在建设这么快，到处都在买土卖土。后来韩家河娃又干两年，主要就是靠卖土赚钱，现在这坑恁深与他那几年狠命挖有很大关系。

二〇〇二年，村里人才开始找河娃的事，我一直出头到底，一告到底。先找公社书记，头一回还很利索，说：“你先回去，我派人调查。”第二回找，我说还没解决，他说我再问问。第三回找，他叫我滚。我说你是书记，你叫老百姓滚？！我在公社院里大骂，我说：“× 书记，你给我出来，你把在屋里的话再说一遍，你敢不敢再说！”他也不敢出来。我又到县土地局去找，局长说马上去调查。

来倒来了，日他妈，告一回，来一回，来了好多趟，哪一次都是吃吃喝喝，看看问问，说一堆废话，拍拍屁股走了，就是没结果。砖厂一直都没停。我跑去找土地局长说：“你们别来了，来了就是混饭吃，你看俺们村的饭好吃是不是？”他装糊涂说：“你们那砖厂已经叫停了，还没有停吗？”我说：“× 局长，我要是胡跑哩，你把我关起来。”我告的时候，把土地法研究了好多遍，知道占耕地、挖土不对，我去的时候，怀里就揣着土地法。我说：“× 局长，我这儿有土地法，要不我把它拿出来念念，看到底对住哪一条。”他说：“你别念，我都知道。”

> 到二〇〇四年的时候，砖厂才彻底停下来，不是上面查得严，也不是韩家河娃发善心，是实在没啥可挖了。这一百多亩地长短是彻底毁了。现在，人们也不用土砖了，用的是石灰砖，从河里挖沙，用石子弄成混凝砖。村里地是不挖了，改挖河了。你也看见了，河成啥样了。

说起当年告状的事，父亲和老贵叔眉飞色舞，比比划划，很是兴奋，当年，就是他们俩在那儿跑上跑下，四处策划告状，不知道有多少人恨他们。在村子里，他们是典型的“另类”，没事瞎折腾，自己的日子也没过好，只知道管闲事。

父亲看见我不屑的神情，骂道：“你别小看你老子，俺们干的可是有利于子孙的好事。你看这大坑，这百十亩凹陷地，这隐患可大着哩，梁庄这几年是没发大水，一发大水可是不得了。你还记得你小时候，河里一发大水，就淹到村里，麦秸垛都漂起来。”

是的，是的，我当然记得，暴雨来临，村里一片汪洋，每家都在疏通水道，但水仍四处漫溢，根本无处疏通。很多人家只有在门口挡些沙袋。有一年夏天，家里的厨房后半角塌了，只好这一半淋着雨，在另一半烧水做饭。可是哪有柴呢？村头麦场里的麦秸垛都漂流着，很难过去，即使冒着踏进坑塘的危险，侥幸到了那里，所掏得了的也是半干半湿的麦秸。于是，那一段时间，几乎每家都是狼烟滚滚。

父亲说，那时候这砖厂已经开始祸害了，现在敢再发一次大水？可是不得了，原来的河坡已经给挖没了，顺着这凹陷地，水顺顺溜溜地把整个村给淹透了，没有退的地方。谁管这些事？你看现在的当官哩，说是来村里调查，全是走过场。所以老百姓不待见他们，走到谁面前都给他扭个脊梁。

老贵叔往地上狠狠吐了口唾沫，说：“那年，村里不让宋承信挖窑，宋承信开大会时候说，我宋承信来给你们带来多少幸福？！我心想，日你妈，你把俺们地挖挖，弄几个憨娃儿给你干活，你说给俺们带来幸福？你捉俺们这老鳖一哩！他们不懂，我还懂一些呢，非把你给告下来不可。”

黑色淤流

坑塘，就是散落于村庄内外的水塘，北方农村口语叫“坑”，书面语叫“坑塘”。

在梁庄，大大小小有六个坑塘。小学前边有一个大坑塘，中间有一条窄窄、弯曲的小路把它隔开，这是童年时代我们上小学的必经之路。一到夏天，暴雨过后，这条路便成为魔鬼小道，坑塘的水往往会涨过小路，只留下断断续续的残面。几个小伙伴手拉手，打着赤脚，走着走着，就会听见“扑通扑通”落水的声音。好在坑塘边的坡很缓，水也并不深，都能顺利爬上来。如果遇到连绵的阴雨天气，那就糟糕了，村里到处都是泥泞，猪粪鸡屎被泡得到处流，一些碎石头、碎砖块什么的不知从哪儿钻出来，硌得脚生疼。从家里出发到学校那段三百米的路，不知要踩到多少粪便，看着脚趾缝里挤出来的黑色或黄色的，散发着湿臭味的粪便，那浑身的汗毛都要竖起来。

虽然如此，小学前的坑塘仍然有我美好的回忆，坑塘里种满莲藕，一到夏天，青青的荷叶铺满整个坑塘，间或有粉红色的花高高地冒出来，随风摇曳，然后，慢慢变成莲蓬，里面的莲子圆圆的，鼓鼓的。等不及成熟的时候，趁大人不注意，我们几个小伙伴会手拉手，连成一串，蹚进水里，去摘那最近的。那莲子，咬一口，满嘴的清香。

还有就是那个有着青石桥的坑塘。青石桥把一个大的坑塘分为两个,左边进到村庄里面,就是我家那一片,右边往外延伸到公路旁,在它旁边，有一条较宽的土路，也从村子的另一边通向公路。土路往上，就是梁家的自留地，每家约有几分地，种些辣椒、茄子、萝卜等蔬菜自给。路和自留地中间有一棵野生的大桑葚树，每到春末夏初，紫红的桑葚结满一树，我们女生用土块、棍子打，桑葚落了下来，砸进土里，浸满了灰尘，根本无法吃。那些男孩儿却“蹭蹭”地爬上去，摘满一兜，一溜烟就跑。

左边的那个是全村最大的坑塘,几乎和小学前的坑塘连在一起,中间就隔着一条大路，这是村庄的主路。或者，它们原本就是一起的，有了村庄，有了路，才使得它们彼此隔离。坑塘的前后，相隔着两个大打麦场。靠村子里边的打麦场，既是打麦子、晒庄稼的地方，也是平时村里娱乐的地方。红白喜事放电影的，唱戏的，送葬报庙跪哭的，都在这个打麦场里进行。尤其是放电影的时候，那是全村人的节日，虽然电影通常是因为葬礼才有的。在那一刻，死亡与新生，哭泣与喜悦都是真实的，即使是刚才还在为葬礼的恸哭而情不自禁地流泪，因死亡而害怕，到了电影场上，那神秘的未知世界马上吸走了全部的悲伤与害怕。我们这些小孩儿下午一两点就搬着小凳子占位，相互换着回家吃饭。夜幕降临，白色的电影幕布拉开，神秘、尊严、光华立即笼罩着整个打麦场。电影开始了，全场安静，只有放映机“沙沙”的转动声和幕布上的奇异世界，所有的人都痴迷地看着。

夏天来临，我们去田地割麦子，拾麦子。傍晚的时候，一群小伙伴就在坑塘里凫水，大人和小孩，男人和女人各自自然分区。在坑塘里游泳，我们称为“凫水”，但当跑到河里，就称为“洗澡”或“游泳”。约定俗成，东边是男的，西边是女的，偶有坏小子，在水里乱窜，经常被一群女人打得抱头鼠窜。

那时候，有鸭在上面游来游去，有鱼在水中游动，有人在洗衣服，还有鳝鱼在泥里钻来钻去，但水却并不脏。在浅的地方，甚至能看到下面的石块和黄泥的颜色。听大人说，这坑塘下面都有泉眼，因此，才有自净功能。下雨涨水后，我们在坑塘里摸“螺壳”，一种大的贝壳类水中生物，打开后，中间有一块很大的肉，炒一炒很好吃。

还有一个坑塘位于韩家和梁家连接的地方，也是中间一条路把坑塘左右分开，路的地平面几乎和水面一样高，每到下雨之后，两个坑塘就成为一个整体了。它在村庄的内部，我家往右走过去，再走三家，梁光升家、梁万虎家、赵嫂家，就到了坑塘边。赵嫂家门口有一大块平地，也是这一片的饭场，吃饭的时候，大家都端着碗，聚在这里，谈天说地，打情骂俏。在模糊的记忆中，是汉玲嫂子和清军妈的对话。虽然并不明白她们在说什么，但从她们掩着嘴笑、红着脸的神情，也隐约明白，她们说的是那种话，因此，也总是快快逃走，这是小女孩儿的一种本能。这么多年来，我一直有一种震惊，清军妈是木讷、老实的人，在家也不怎么说话，出去更是那种畏缩、害怕的农村妇女，但是，当她们说着夫妻间的笑话，那飞扬的、羞涩的、暧昧的神情，有一种女人的美，有说不出的情趣。然而，有谁看到，又理解了她的情趣呢？即使那个有着某种震惊的女孩子，也是这么多年后才突然有些明白。

必须承认，当有回忆加入的时候，当岁月、时间一起来塑造我的回忆时，我有“溢美”的嫌疑。但是，如果你看到今天我的村庄的坑塘，你就明白，这种“溢美”是因为它今天的“死亡”。彻底的“死亡”，毫无拯救的可能。

梁庄小学门前的坑塘已经只有一小洼死水了，那些黑色的藻类植物上面爬满苍蝇，它曾经的深度，那淤泥里的莲藕（也许当年的干净正是它的作用），那荷花、莲蓬，都已经消失，变为地基、房屋。

打麦场及打麦场上的坑塘，都不见了。我们曾在那打麦场上翻筋斗，看电影，躲在麦秸堆里看小说，任凭双方家长喊得声嘶力竭也不回应。一座座崭新的房屋伸进了坑塘里面，也不知填进了多少泥土。而昔日凫水游泳的宽阔水面已经只剩下一个可怜的小三角水域。

还有那旁边长着高大桑葚树的坑塘，如果你在这个村庄长大，怀着美好的记忆来寻找你童年生活的影子，你看到这个坑塘，你会流泪的。那是一片黑色的淤流，静止的，死亡的，腐败的淤流，没有任何生机。一棵枯树倒在水面上，树干是黑色的，那水面上的树叶，不知道是何时落上的，铺满了整个坑塘，也是黑色的，彼此粘连，固定在水面上，没有任何流动。上面扔着塑料瓶、易拉罐，小孩的衣服，还有各种生活垃圾。你不能走近它，它的臭味会刺激得人睁不开眼睛。

黑色的淤流，黑色的死亡，黑色的气味，让人莫名地害怕。而在它的周边，前边、左边、后边，是一座座新房。我的族人在这里打水，呼吸，吃饭，经历着人生的悲欢离合。

韩家那连成一片、曾经有鸭子飞过水面、在一个少年心中留下最初的美的痕迹的坑塘，现在，只剩下一个污水坑和潮湿的、滋生着苍蝇和虫蚁的浅浅的泥地。那曾经的深度，也变为地基，上面矗立着房屋。那传说中的坑塘的泉眼呢？自动消失了，还是被地面上的房屋给牢牢地封住了？

这就是我的村庄。我故乡的人们就在这样的环境中生活，他们挣了一点钱，盖起了楼房，过起了幸福生活，然而，又是在怎样的黑色淤流之上建立所谓的幸福生活呢？

但是，我又能指责谁呢？指责“我故乡的人们”，如此破坏环境，如此不注重生态平衡，如此不重视自己的生存质量？似乎有些矫情。他们看到的是，他们的房屋在越来越好，哪怕他们不得不夫妻、父子、母女常年分离；他们不再需要忍饥挨饿过日子。他们可以在春节时回到村里，坐在新房子里，招待着亲朋好友，这仅有的几天，可以使他们忽略掉那一年的分离、艰辛与眼泪，也的确是他们的幸福所在。他们不知道他们是否应该还有别的路，历史他老人家规定了他们的生存之路，他们以为这就是全部。他们忍受，并努力从中寻找幸福的感觉。

我又能说什么呢？当面对我的族人亲切的、和善的笑脸，当倾听他们的艰难人生和悲欢离合时，你又怎能告诉他们，这已死的、肮脏的坑塘，也应该是他们生活的一部分？

河岸

黎明，行走在寂静的村庄里，走过小路，走进树林，穿过长长的河岸，那各种鸟儿缠结在一起的鸣叫，繁复、高亢，仿佛给人以最细微的震颤和愉悦。站在河坡的上端，朝雾茫茫，暖红色的太阳正在缓慢升起，没有霞光万丈的灿烂，在河水雾露的蒸腾中，一切都温润、宽广、柔和。逐渐地，河坡里出现了三三两两的白羊，黝黑、笨重的牛群。堤上蹲着大人，小孩奔跑着，时而发出清脆的笑声。钓鱼的人几乎赤裸的身体，泥塑般一动不动。河流弯弯曲曲，流水深沉而平缓。平原上，浓密的、高高低低的庄稼健康、清新，绿得有些苍茫。晴空下，往远处望，那绿色的原野覆着一层淡淡的雾。一切都充满令人欣悦的生命力，一种阔大的自然之美所产生的愉悦。

有谁在林间的小道、河岸的沙滩上、铺满青草的河坡中，静静聆听这刚刚开始的一天，这将要逝去的一天，这逐渐失去灵性的清晨、中午、傍晚？人的声音走动，鸟儿远去，自然的灵魂随之远离了我们。这些曾欢快地迎接太阳升起、黎明将至的精灵们沉寂了，只有偶尔几声的应答，凄楚、孤独、惶恐，似乎只是为了证明彼此的存在才发出的声音。

童年时代的夏天，整个村庄的人都是早早吃完晚饭，大人小孩，走路，或骑着自行车陆续从家里出发。黄昏的时候，河边已经人声鼎沸。人们在河里洗澡，在河边的树阴下谈天说地，谈情说爱，在细软洁白的沙滩上仰躺着，享受着星空与大地。

从我村庄后面长长的河坡走下去，是大片大片浓密的树林。林子里有养鹿场，有一个小湖洼，湖上还有成双成对的野鸭。一下雨，整个河坡青翠、深绿。少年时代，这条河陪伴我度过了孤单而又悲伤的初恋。我逃学，一个人，在河里游荡，采那树林里一片片紫色的紫汀花；下雨天，我不打伞，赤脚走在河坡的草地上，踩那小水洼里青青的草，洁净透彻的水、细细柔软的草，让人心疼；我躺在那秋天变为金黄的蚂蚁草上，宽厚，踏实；我在草地上翻滚，呼吸，静默，望着西天火红的云彩，我想象那是一匹马，带我奔向遥远的地方。

那春天鹅黄色的柳树，那清澈见底的河水，那树林深处的可爱小鹿，那成双的野鸭，那细白平缓的沙滩，一切都充满着无以言说的微妙的美。我对美的感受，对自然的向往，对蓝天白云的向往与渴望，是在这河边形成的。

然而，有一天，这一切，突然消失了。似乎一夜之间，河坡里的密树消失了，我年少混沌的眼睛没有觉察到它们不间断地被砍伐，直到那绿色的河坡成为空旷的荒野。那林中的小鹿、湖洼、野鸭、芦苇荡，不知什么时候，都消失了。河水越来越少，有许多地方只剩下干涸的河底。河水黑亮亮的，像汽油，像常年擦拭却从来没洗过的抹布的颜色，在河岸宽阔、河水深静的地方，从远处看，这黑色的流动，倒是显得颇为庄重、沉稳。整个河道上散发着一种可怕的臭味儿，是夏天化工厂旁边流出的废水，经过高温蒸发后的那种刺鼻的工业味儿，是某种坏了的发酵物，甜丝丝的又带着血腥的味道。这些气味使所有走近的人禁不住头晕、窒息、呕吐。河面上漂浮着各种白色、黑色、杂色的泡沫。在那旋涡回流的地方，用打火机轻轻点燃泡沫，“呼”的一下，火就沿着岸边的泡沫蔓延开去，能延续百余米，非常壮观。它突然释放出来的味道，足以把人熏倒。

从八十年代到现在，在中国的大地上，你能找出几条没有被污染过的河流？我们只有跋山涉水，到无人区，才能找到一片能够倒映蓝天的、清澈的水，而一旦被人发现，那一片水，离它的“死亡”之日也不远了。

我家乡的那条河，只是无数被污染的大江大河中的一条，它叫“湍水”。它绵延几百公里，贯穿了穰县大部分乡镇和村庄。郦道元《水经注》中这样记载“湍水”：

> 湍水又南，菊水注之，水出西北石涧山芳菊溪，亦言出析谷，盖溪涧之异名也。源旁悉生菊草，潭涧滋液，极成甘美。云此谷之水土，餐挹长年，司空王畅、太傅袁隗、太尉胡广，并汲饮此水，以自绥养。是以君子留心，甘其臭尚矣。菊水东南流入于湍。湍水又迳其县东南，历冠军县西，北有楚堨，高下相承八重，周十里，方塘蓄水，泽润不穷。湍水又迳冠军县故城东，县，本穰县之卢阳乡、宛之临駣聚……湍水又迳穰县为六门陂。汉孝元之世，南阳太守邵信臣以建昭五年断湍水，立穰西石堨。

清代学者杨守敬在《水经注疏》中又提到：

> 《续汉志》郦县《注》引《荆州记》，县北八里有菊水，其源旁悉芳菊，水极甘馨。中有三十家，不复穿井，仰饮此水，上寿百二十，中寿百余，七、八十者犹以为夭。汉司空王畅、太傅袁隗为南阳太守，令县月送三十余石。饮

食溱浴悉用之。太尉胡广久患风羸，南归，恒汲饮此水，疾遂瘳。此菊茎短葩大，食之甘美，异于余菊。

想象着几百年前的湍水，它流过我的家乡。在那河岸两旁，生长着如奇葩般的菊花，味美异常，滋润着河水。河水因此甘甜，土壤因此肥沃，人亦因此而长寿，而健康，而君子。那该是怎样的桃源世界与桃源生活？

河的终结

路过县城北边的橡胶坝，那里围站了许多人。还以为是当地人开发的什么娱乐项目，却马上听说，是淹死了一个青年。中午最热的时候，三个年轻人来游泳，其中一个年轻人一下去就不见了。我去的时候，消防队已经在水里捞了六七个小时。河岸的两边有人在断断续续地哭。

岸边的人七嘴八舌地议论着，这几年这个地方每年都会淹死四五个人，多是些年轻人。去年淹死两个高中生，高考完，从外地来这里走亲戚，只有十七岁。前些年，这一河段聚集了大量的挖沙厂，在这一段的河底留下很多很深的沙窝。现在，这里已经被挖沙厂遗弃，因为已经挖到黄泥层，没有沙了。

在和旁边两位五六十岁的老人攀谈时，我问道，有没有人想到应该追究挖沙厂的责任，或找河道管理部门问问。这两位看起来是退休干部的老年人想了想，说：“倒也是，可是人家都不在这儿了，再说，河底的事儿，谁能说得清？”没有人去追究挖沙厂的责任，多是说："这有啥办法，你找谁，谁会负责？"任凭哭得伤心欲绝，天昏地暗，也没有动一下去追究的念头。而围观的人通常的议论也是："这娃们不懂事，明知道这里有旋涡，还要往水里跳。"

暴雨渐小，天已将黑，河边的哭声突然大了起来，女性的声音，如裂帛般撕裂阴暗的天空。肯定是落水的人找到了。我也跟着人流，踩着泥泞，往河边跑，第一次充当了这样的围观者。

人已被捞了上来，一名女性家属紧紧抱着，一边用手捏青年鼻子里不停冒出来的白沫，一边撕心裂肺地哭着。青年瘦长，眼睛紧闭着，脸部、身体的颜色已经发青，从眉眼来看，是一个相当帅气的小伙子。男性亲属不顾人们的阻拦，拼命地按压青年的胸部，做人工呼吸，发现无望之后，哭了一会儿，又去做，仿佛是为了安慰自己内心的伤痛。河那边的家属汇合过来了，又是一阵撕心裂肺的哭声，有软弱的围观者也悄悄地擦着泛红的眼睛。

不知道为什么，从小就被称为"尿泡眼"，并且至今为止一听到哭声就忍不住流泪的我，却没有眼泪。有些麻木，有些疼痛，也有说不出的苦恼，仿佛有一层迷雾遮住了我通往乡村的道路。

回到哥哥家里，和哥哥的几个朋友说起橡胶坝淹死人的事儿，大家说了好多例子。每年，就家乡这一段河流，都有数十起淹死人的事情发生。家长屡次威吓孩子不许去河里洗澡，但是有一条河，又是在炎热的夏天，怎么可能管住一群小孩不受水的诱惑呢？四个少年，都是十一二岁的样子，趁着爷奶睡午觉，偷偷溜到河里去洗澡，结果，四个孩子，两个没了。其他两个孩子回来也不敢说，过了一天，才告诉家长，其中一个小孩连尸体都没找着。王家去年还淹死一个大人。带着小孩儿去河里洗澡，大人脱光衣服，跳进河里，

“哧溜”一声，人便没见了。小孩在水边哭，大家才知道淹死人了。

沿着河道，我们慢慢行走，我想了解河里挖沙和河道的情况。不管怎样，有河流的地方，哪怕是千疮百孔，总是美的。河坡新栽的杨树已经长到了碗口粗的样子，一片郁郁葱葱的新绿，这是新县委书记来之后发展的杨树经济，能不能赚钱还不知道，但确实是改善了生态。洁白的路，蜿蜒起伏，在树林中延伸，紧临着河道，是一丛丛巨大的芦苇，一个个挖沙遗留下来的大型不规则沙窝，大部分浸满了水，和河流两岸白色的鹅卵石、沙滩映衬在一起，沿着路绵延下去，竟有意外的风情。当然，这里的沙、水都物有其主，被大小的沙厂老板分治割据。夏天来临，水位上涨，这些沙窝就形成无数的大旋涡，或者是表面很平静的深流。人一下水，通常都是被深水激死，或者被旋涡卷走。

挖沙机横在水里，吊机悬在空中，黝黑，有立体感，从远处看，甚至是不错的风景。机器旁边是一堆堆巨大的沙子，拉沙的卡车“隆隆”地来去，一派繁忙景象。宽阔的河道被挖掘出许多杂乱的小支流，河水也随意漫流着。有些地方清浅无水，有些地方水流却非常急。

大约五里的路程，约略数了数，竟有将近二十个的挖沙机，平均一里地就有四个，有些地方更集中。儿子和他的小表哥早就按捺不住，撒腿就往河里冲，被大家齐声制止了。我快步冲过去，把他俩拖离水边，命令他们只许远远观望。我为自己反应的迅速感到庆幸，但同时，却更加感到悲哀。平静的河流暗藏凶险，随时都可以吞噬人的生命。虽然天空干净，有鸟飞过，清流缓缓，但洗澡，在河边玩耍，却成为不可能的事情。

这样大规模的采沙对河流的影响到底有多大？为此，我找到了县水利局的副局长，他给我讲了一番意味深长的话：

> 采沙对当地的建筑业有贡献，现在国家在大力搞建设，哪一个建筑项目，民用的、公用的，不需要沙子、混凝土？烧砖也需要，土，国家不让挖了，只有烧石灰砖，必须得挖沙挖石子。这些从哪里来？只有河里产这些东西。采沙对河的生态会有影响，但影响不大。采沙户每年换证，对采沙的范围、宽度、深度、方式都核定过的，不影响河水的走势，而且采沙厂也不是什么时候想挖就挖的。譬如，水利法规定，主汛期就不允许采沙。汛期采沙船一定要上岸，不得采沙。但是，这屡禁不止。政府要采取果断措施。不上岸不靠岸，带着机械手，去切割他的船，弄一个，吓唬吓唬就好了。
>
> 采沙是水下作业，很难把握，你说只允许采一米五至两米深，都会往深处采，只能现场估计，不很准确。另外，水流来流去，自己也在不断变化，河道本身就高低不平，你不可能在每一家挖沙厂开工之前都量一量，也量不出来。
>
> 而且，从客观上讲，河水深很难确定是因为采沙造成的，在水下，操作系数很难，没法管。既然采沙，肯定有所影响，只是大小问题。如果挖得深些，有可能形成潭，河底高低不平，人走着走着，忽然有个潭，一个大旋涡，下去肯定不见了。
>
> 反过来说，你就是不挖沙，不管它，河水也在演变，水力的冲刷，都会改变水下的情况。俗话说，三十年河东，

三十年河西。如果仅仅归结到过度开采上也是不合理的。再说，原来没有大量采沙的时候，河里不也常淹死人吗?

你看河里的水质好像稍好了些，清了许多，但是上游的造纸厂又要开工了。这个造纸厂是邻县的支柱产业，它停了，县里少了许多税收。所以，一直是开开停停。这是典型的地方保护主义。你也没办法，每个县都是这样。那些治污设备也进了，根本不用。设备运行费用太高了。上面检查了，开几天，排污达标了；走了，又停了，检查团心里也像明镜似的，看透不说透。

实际上，这几年环保力度在加大，咱们县化肥厂不也停了吗?也是因为排污的问题。上面对环保要求越来越高。水污染防治法，主体是环保局、水利局配合。排污口的设置需要水利部门安排，根据污水量的大小，还要保护水源地。现在体制改革，按功能管，大部委，统一化，一体化，从整体看是好的，方便了许多，减少了职能重叠和交叉。

但是，河水污染并不意味着地下水的污染，地表水和地下水并不一定就直接联系。农村地下水污染问题并不严重。但咱们这里是含氟量比较高的地区，原有的地下水形成过程中含氟量比较高，容易黑牙根，骨质疏松。还有几个地方的地下水含砷，含氟多，还是高盐。我们县前年普查，一百五十万人中有五十三万人是氟齿。

这几年县里开展农村饮水安全项目。去年解决了三万五千人的农村饮水安全问题。打井比较深，地下两百多米，在村里办自来水厂，把管道拉到各家各户。城里的水都加氯，但是到两百米就不需要加氯。

我管水，但是我也只能让孩子站在岸边。我们局里有一个同志的小孩，十六岁，就是前几年被淹死的。现在农村家长，包括城里家长绝对不让小孩去河里洗澡。像原来，洗澡是每天晚上的乐事。城区这一河段人口比较密集，一直到铁路桥那地方，水也比较深。每隔一段，我们就放一个警示牌。但是，没用。小孩子不听话，一到夏天就往河边跑。

在访问的过程中，觉得自己似乎是在小题大做，所有的问题都被轻轻化解掉，因为对于所有人来说，这都不是问题，或者说，这是发展过程中必然存在的问题，因此，出现些事情也不值得大惊小怪。席间吃饭的水利干部也只是谈自己的看法，在具体做工作时，也许非常敬业，至于挖沙与生态，它们与我们的生存质量和生命本身之间的关系，并不属于他们的思考范围。何况，这也是没办法的事，你的确无法测量挖沙者到底挖得有多深，你也不可能让挖沙者停止挖沙，因为这是合法经营，行业更是需求量很大。

河流，一个国家的生态命脉，一个民族未来的保障，但是，在过去十几年中，我们却把它提前终结了。我们生活在干涸、散发着臭味、充满诡异气息的河岸两旁，怀着一种绝望、暗淡和说不出的恐惧。如果这一切再不改变，大灾难要来了。或者，其实已经来了。

平地掘三丈

被改了的河道

河道中的挖沙机

村中坑塘

第三章　救救孩子

近年来，农村留守青少年的犯罪案件数及犯罪人数呈双上升趋势。2007 年共审理青少年犯罪案件 53 件 81 人，其中农村留守青少年犯罪案件 15 件 18 人；2008 年共审理青少年犯罪案件 59 件 83 人，其中农村留守青少年犯罪案件 27 件 35 人；2009 年全年共审理青少年犯罪案件 69 件 133 人，其中农村留守青少年犯罪案件 38 件 53 人。

——《穰县人民法院少年审判庭新闻资料》

王家少年

2006年1月23日，县公安局到镇上高中，把正在上课的王家少年带走了。就是他，杀害并强奸了村庄里的八十二岁刘老太。此时，距刘老太被害已经将近两年，距公安局驻村调查案件也已经有九个月。那九个月，村里的气氛紧张、恐怖，其中几个重点排查对象，村里的老单身汉钱家豁子、梁家光义因反复被查问而吓得神经错乱，疯掉了。王家少年，每天早晨从家里去上学，晚上回来睡觉，未发现任何异常举动。据当时上课的老师讲，被抓的时候，王家少年非常平静，没有说话，也没有反抗，还把桌子上的文具、书收拾整齐，好像早就等着这一天似的。

梁庄的人们得知这个消息后，都震惊了，他们不相信自己的耳朵。咋可能是这个小鳖娃儿？！白白净净的小伙子，不多说话，看着挺面善的，也不像村庄其他孩子一样逃学上网打游戏，他的学习成绩一直不错，大家都还想着，王家终于要出个大学生了。

王家，在梁庄第一次成为被关注的对象。而这一案件的曲折审判过程和之后其他人的被卷入更是在梁庄掀起了一场轩然大波。

2004年4月2日，梁家建昆婶像往常一样，早晨六点多起来做饭，和两个孙子吃完后，把剩下的饭焐在炉子上，骑三轮车送孙子到镇上小学上学，到嫁到镇上的女儿家站一会儿。回到村里，去叫老母亲吃饭。建昆婶是从另一个县嫁过来的，她的母亲刘老太就她一个女儿，老了，成了五保户，女儿就把母亲接过来，住在我们村。老太太极其要强，不愿意住女儿家里面，说是怕外孙媳妇嫌弃，怕闺女夹在中间难受，就一个人住在一个路边小屋，那是建昆婶看菜园时建的。

建昆婶急匆匆地骑着三轮车，想着饭还在锅上，怕糊了，到路口，就喊着"妈，妈，吃饭了"，没人应，她想着是不是老太太一个人先回去了，就骑到家里，家里门也锁着。建昆婶又回到小屋，门还是锁着，但感觉不对头，鸡还在屋里叫，人要是出去了，鸡肯定会放出来的。建昆婶赶紧找人撞门。门一打开，人们被里面的景象吓呆了，老太太身子斜躺在床上，脚耷拉在地上，下身赤裸着，朝着门，地上、床上、身上，到处都是血，头旁边有个砖头，再一看，头上被砸一个大窟窿，鸡还在旁边啄来啄去觅食。

公安局来调查之后，确定为杀害强奸案件，在老太太身上提取了精液，在房间的其他地方，还发现了带血的锄头、碎了的骨头碴子，等等。梁庄村像炸开的锅，2004 年，梁庄村的人个个义愤填膺，人人都想抓住那个伤天害理的强奸犯。

没多久，公安局宣布这是一起偶发性案件，应该是过路人所为。但是，乡村的夜晚，又临着公路，怎么能查出是谁路过村庄？最后，案件成了无头案，不了了之。建昆婶到镇上派出所告状，到县公安局告状，公安局也不说不管，只是证据不足，难以破案。2005 年，省公安厅要求"命案必破"，建昆婶又一次去告状。很快，县公安局派驻了几个人过来，住在村长家里，并把调查重点集中到村里。

梁庄村的男人们陷入了恐慌之中。起初，重点排查对象是村里几个老单身汉，他们年轻时候也常有不轨行为，站在公路边向过往的女子调笑、骚扰、裸露生殖器等等。他们一遍遍被叫去，不久，钱家豁子、梁家光义就神经了，一个光着屁股在村里、镇上到处跑，一个把自己关在家里，看见人就吓得浑身发抖。

后来，范围扩大，开始排查所有十六岁以上男子，每个人都抽血，做 DNA 检验，看与从刘老太身上提取出来的精液是否匹配。直到王家一个老人的 DNA 出来，公安局才把目光集中到王家人身上。因为，在调查村庄人时，几乎没有人把王家人列入嫌疑对象，他们在村庄里实在是太微不足道了。

王家少年被抓了。他的供词也很快传到了村庄里面。那天晚上，从学校上完夜自修回来，王家少年又打开电视机、DVD 机，从哥哥的抽屉里翻出一个黄碟来看。哥哥结婚在家的一段时间买了许多影碟，他知道其中有一些是黄色的。看完之后就睡觉了。半夜一点钟起床小便后，到刘老太所住小屋，先用砖头、锄头将其杀害，然后实施强奸。

我回村庄的时候，案件已经进行了几个来回，王家少年还被关押在看守所。法院一审已经判王家少年为死刑，王家哥哥和父母回来上诉，认为王家少年在实施犯罪行为时还未满十八岁，不应当被判为死刑。他们找了钱家人、周家人和张家接生婆作证。于是，案件重审，在村庄又调查取证，遂判王家少年为死缓。建昆婶认为王家哥哥是在花钱疏通关系，而那些证人做的也是伪证，于是，重又上诉。

而王家少年本人，却似乎被遗忘了。王家少年，在我心中，成了一个很大的谜。我很好奇，是什么原因使得一个少年去做如此残忍的事情？如此安静，如此淡然，难道真的是本性如此？

怀着这样的心情，我去王家，找王家少年的一个本家婶婶了解情况。王家，和梁家隔着一条公路，也是我们下地干活的必经之路，然而，却非常陌生，即使小时候玩耍，也很少跟他们的小孩在一起。我不知道小孩是如何有这种区分的，完全是一种无意识的接受与认同。

王家婶一听我是来问王家少年的事，非常警惕，显然，王家婶不愿意讲他的事情。我们坐下来拉家常，问王家人的生活状况，慢慢知道，原先曾经二十几户的王家人，经过二十几年的变迁，现在只剩下十来户，搬走的搬走，绝户的绝户。王家少年的事一出，王家稍微大一点的男丁，都出门打工了，哪怕出去搬砖块，也不愿意待在村里，怕人看不起。

坐了好长时间，王家婶才开口，要说这娃，很早就有毛病，从不说话，就是一个闷葫芦。从童年时起，王家少年几乎就是一个人生活。1993 年，王家少年四五岁的时候，父母到新疆种地，兄弟俩跟着奶奶生活。1995 年，奶奶去世，他们又被托付到婶婶家。哥哥初中辍学后一直在外面跑，据说加入了黑社会，中间几次回村都是因为逃避抓捕。后来，在外地做网吧生意，生意还不错。

王家少年性格内向，从不和同龄人玩。学习倒是一直不错，考上了吴镇第一初中。上了初中后，王家少年就一个人生活，在学校食堂吃饭，晚上回来住哥哥家。哥哥在 2000 年回来结婚，自己盖的新房，里面有全套家具家电。他被抓时，已经上高三，是学校培养的尖子生。安静，沉稳，从来没有惹是生非的倾向。

从王家出来，不知道为什么，我有些莫名的心痛，从王家婶的言谈中，从和王家少年高中老师的交谈中，看不出王家少年任何犯罪的兆头，相反，这是一个略微内向、温文有礼、有上进心的孩子。说实在的，起初听到这一事件时，我本能地对王家孩子有一种同情的心态，那么年轻，正值青春初期，这样的事情又是在怎样压抑和冲动的情况下做的呀。但又的确是他，以残忍的手段杀害一位古稀老人。我在村庄里转悠，那一座座崭新的房子，巨大的废墟，那肮脏的坑塘，还有水里的鸭子，飘浮的垃圾，组合成怪异的景象，让人有种说不出的难受。

找见建昆婶时，天已经微暗了。她正朝小学方向去，一看见我们，就踅回来，让我们到她家里坐，说："我正说过完年就上北京找你去，我要到北京告状，我不信我告不赢。"

建昆婶，皮肤微黑，生有三男一女。从小到大，我对她就有莫名的亲切感，因她每次看到我，都会充满情感地瞅着我，感叹，要是她那个闺女活着，就像我这么大了。她年轻时候，和我母亲极好，我母亲生我之后一个月，她也生了一个女儿，在五岁时候拉肚子拉死了。

建昆婶现在住在大儿子万中家里，带俩孙子上学，万中一家在深圳打工。万中家的新房就盖在打麦场上，非常气派。一个严严实实的大铁门，两层高的楼房。进到屋里却是另一番光景。墙壁刷的石灰大块地脱落，就像一个个大疮疤。屋里空荡荡的，一个长椅，上面放着几个破布套，一个落地扇，落满灰尘，好像从来都没有启用过。左边里屋是一张大床，放几床被子，这是建昆婶平时睡觉的地方。右边是一个楼梯，通向二楼。坐在屋里，有一种莫名的凄凉和冷气。建昆婶倒上茶，又拿出几个已经发皱的小橘子，热切地让着叫我们吃。然后，她坐下来，给我们讲她的事儿。

就是这个事没有了（liǎo），我死都死不下去。我给那个检察长说，你要是胡判，我就从这楼上跳下去，我都六十五了，我还往哪儿活，我也活够了。我死在这儿，你这检察院也不会安生。

你知道你大外婆死有多惨，谁见谁都哭，骂是谁恁狠心。这个案子拖了一年多，一直查不出来。后来，还是查那个啥 DNA 才查出来。

街上来人给我说，是王家娃。当时，我听了心一凉，恁小个娃儿，平时也不说话，咋会去害人。你说，他是不是害人？多毒、多狠呐。梁庄村那几个月都不安生，村里人都吓得迷三倒四，这小鳖娃儿像没事人一样，每天还去上学。

刚开始他妈在村里找许多假证，找当年的接生婆，又找自家门上人，合伙证明说小鳖娃儿当时不满十八岁。还找到周家国胜，让他作假证。开完庭出来，我把国胜挤在墙角，我骂他："周国胜，你鳖娃儿背良心，你孙儿儿媳妇都叫车撞死了，你还背良心，你不得好死。你们得人家啥东西了，去作这背良心的假证。"后来听说王家娃他妈送了他们两条烟、一条裤子。

后来在街上碰到国胜老婆，我拦住她，又骂她："你们要作假证，你们出门开车车翻，娃儿叫车撞死。"我连说带骂，说她一个多小时。村里人都背地里骂他们，都说前几年孙儿儿媳妇叫车撞死是活该。人心不正，就是这结果。

我和王双天老婆又吵一架，他们也作假证。按他们王家排行，算一下就知道小鳖娃儿杀我妈那天已经满十八岁。我说："你们闺女在北京无缘无故死了，连尸体都找不着，你还在作假证，你是王家人，你不知道小鳖娃儿排行老几，多大岁数？你们大瞪两眼说瞎话，会遭雷劈！"

2007年11月27号已经判了，12月还不让拿。我去了地区检察院，我打电话给那个检察长，他不接，我打手机，也不接，我在检察院门口一直等到11点多，他才接电话，进去，他有点生气的样子，把判决书盖个章子，然后我又按指印。我不识字，我让他帮我念念。

市中级人民法院一个法官以私人身份给我打电话，说："你看，这是个小鳖娃儿，我妈信佛，我受她影响，得饶人处且饶人，你非要让他死，多可惜。"我说："你心真软，你可不能坐这个位子，他年轻该活，我妈八十多了就该死？"

我知道，这些人，都是收王家钱了。出事之前王家大娃儿在外地开网吧，赚住大钱了。王家大娃儿在家也是光偷人家，那年判十个月，一出来就出去打工了。在外地，也是在派出所几出几进。一家根儿都不正。

法院开庭五次，王家娃儿见我就下跪，想让我同情他。我看都不看他。

我就不信没处说理。邪不压正，要是判不下来，我就在法院跳楼叫他们看。

说到要跳楼，建昆婶非常冷静，一直颤抖的声音也坚定起来。

她又进屋拿来判决书让我看。我翻了翻，看到里面有王家少年的一段供词：

> 今年春上的一天晚上，我在学校上罢晚自习回家睡觉，睡前看了黄色录像。不知道睡到啥时间，我起来跑到刘老婆儿睡的那个屋里，从东边把门弄开进到屋里，摸到一把锄头。听到老婆儿的呼吸声，我就用锄头砸了好几下，怕老婆不死，就跑到外边鸡笼边拿一块石头，进屋照老婆儿头那个位置砸有四五下，然后把老婆儿穿的衣服全都脱掉，用手把老婆儿的脖子掐掐。我把裤子脱到腿窝处，爬到老婆儿身上把我的生殖器插到老婆儿阴道里弄有一两分钟，射精了。把门安上时，我摸到门后挂的锁，又把门锁上。

如此冰冷，又如此残忍。我不知道这是法院的转述，还是王家少年本人的陈述，但这冰冷的描述恰恰把一些情感因素剥离开来，譬如王家少年在实施杀人过程中的害怕、软弱、慌乱等等。从本质上讲，这就是一起毫无人性的杀人案。我无话可说。我自己也很迷惑，我不知道我是抱着什么目的来调查这件事情。

在村庄的这些天里，只要说起王家少年杀刘老太的事情，大家都激动无比，对王家人去花钱跑关系改年龄，也异常愤怒。在问起五奶奶这件事时，五奶奶“呸”地往地上吐了一口痰，说：“要是我是他妈，就直接让公安局把他枪毙了，要他干啥，太坏了，太残忍了。”言语非常激愤，和父亲、老支书的语气一模一样。这很超出我的预想。我原想会有人同情这个十八岁的少年，虽然手段残忍，但毕竟刚刚成年，也挺让人可惜。我很微弱地提及，他也挺可怜的，一个人在家，没人管，但是，话刚开头，就被五奶奶和父亲挡了回来：“有那么多小孩都是这样也没见得出什么事？！坏成这样的人，还不枪毙，这社会成啥样了？”我才意识到，对这个少年的看法，大家基本上是一种道德态度，道德败坏、手段恶劣，不可能让人原谅。

道德感在乡村深深地埋藏着，他们对王家少年的极端态度显示了乡村对原始古朴道德的尊重，因为这与他们善良的本性不相符合，与乡村基本的运行方式也不符合。因此，当我又试图说中国的死刑好像太多、太随意，而在国外，有些地方并没有死刑，或有些国家已经废除时，他们很惊异。在他们的观念里面，那么残忍的行为只有死刑才能达到惩罚的目的。

没有人提到父母的缺失、爱的缺失、寂寞的生活对王家少年的潜在影响，这些原因在乡村，是极其幼稚且站不住脚的。而乡村，又有多少处于这样状态中的少年啊！谁能保证他们的心灵健康呢？

在言谈之中，建昆婶很容易就把角度转换到道德上。杀人偿命固然是法，但在深层思维，对这件事的判断仍然是从道德角度出发的。譬如在讲到作假证的几个人时，建昆婶很自然地讲述了这几家的其他遭遇，以此印证道德败坏所带来的后果，是一种报应；另一方面，也将此作为支撑判断他们错误的理由。在听到这里的时候，我有一种非常紧张的感觉，仿佛一种最古老的东西仍然存留在乡村的大地上——原始正义。它隐藏在日常生活与所谓法律时事背后，是不间断的。人们依据这些来进行基本的判断。善有善报，恶有恶报；不是不报，时候未到。

我不禁怀疑起我自己来，也许，只是因为王家少年杀害的是八十二岁的老太，她行将就木，不值得搭上一条年轻的生命，所以我才本能地同情。如果他杀害的是一个十几岁的青春少女，我的心态也许会是另外一种。在根本上，我也是轻视生命的。

通过重重关系，终于获得见王家少年的机会。我很紧张，有很多的疑问想问他。铁栅门打开，一个少年从门里走出来，戴着手铐，单薄、瘦弱，他看了我一眼，那眼神里面似乎没什么感情。他坐到对面的凳子上，又看了我一眼，但很快低下头去。那是怎样的眼神呢？害羞？寂寞？绝望？我说不清楚，但可以肯定的是，站在我面前的这个少年——或者，已经是青年了，却仍然是一张少年的脸，连胡髭都没有——还是一个孩子，一个单纯、善良、内向的孩子。甚至，还有些教养。

我忽然无法张口，眼泪模糊了我的双眼。回到村庄那么久，听了那么多悲痛的故事，我都没有哭出来。可是，在面对一个杀人犯时，我一下子崩溃了。看着他，一切的原因都不是原因，而所有不是原因的因素又导致了最终的悲剧。我无法想象他挥动着锄头、砖头杀人的场景，那样的残忍和眼前这个少年完全不符合。

我又能问些什么呢？一切的询问都是苍白的，谁能弄清楚，那一个个寂寞的夜晚在少年心里郁结下怎样的阴暗？谁又能明白，那一天天没有爱的日子汇集成怎样的呐喊？而又有谁去关注一个少年最初的性冲动？我该以什么样的情绪去面对他呢？我不清楚。我很迷惑。同情？愤怒？心痛？当面对这样一个罪犯时，这些都是太过简单的词语。

2009 年 4 月，终审判决书下来了：王家少年因故意杀人罪被判处死刑，剥夺政治权利终身。

芝婶

做村会计的堂叔前几天就和父亲约好，今天到他家吃饭。我对堂叔很感兴趣。上次一起吃饭，感觉他城府很深，说到关键处，尤其是村里的经济现状时，总是及时岔开话题，绝不发表意见。即使父亲逼问，也是含含糊糊。

到堂叔家，清道哥已经坐在那里，还有一个人，不认识，堂叔也没有介绍。凉菜已经摆在桌上，另一边的牌桌已经支好。看来话是说不成了。果然，父亲刚刚进门，清道哥就大声叫道："二叔，你咋恁晚，就几步路，还得请几次，快快，速战速决。"镇上有人开车把热菜往这里送（当然也是记账），堂叔给我解释说，平时他绝不随便去食堂吃，也是偶尔才这样子。父亲和清道哥都不以为然的样子。清道哥不喝酒，说是昨晚喝多了，喝透墒[1]了。父亲和堂叔都说，喝多了，才要再喝呢，喝一点透透。左劝右劝，清道哥的脸喝得红扑扑的。问村里"村村通"[2]公路的情况，据父亲说，"村村通"公路的主路已经卖给河里挖沙的（是通往河的唯一大路）了，卖了十七万，已经快被新支书败光了。具体情况，会计应该是最清楚的。但是，堂叔说来说去，却没有说出个所以然，说"都是这样子，也没什么好说的，花钱地方太多，要得多了自己也忘了"等等

1　透墒：浇地完全浇透了，用来形容喝酒喝多了。

2　"村村通"工程是政府出资为各村修建水泥路，县里出一部分资，村民集一部分，省里给一部分，据说要争取实现 90% 的通达率。这对北方乡村来说，是一个很大的举措。北方村庄内部的路大部分都是土路，狭窄、弯曲，一下雨，到处都是泥泞，人、车（拉车）、牲畜几乎无法行走。

之类的话。总之，还是含糊其辞。

吃过饭，牌局开始。我到院子里和堂叔老婆芝婶闲谈。她的小孙子，和我儿子差不多一般大，两个小孩早已好上，在门口的沙堆上玩沙子。村会计的家要比老支书家豪华得多，刚盖好不到两年。和支书家一样，也是把坑塘填了，在上面盖的房子。从公路上看，是一个一层平房，只是因为地基垫得高而显得高大，但是，到房子后面，就别有洞天。后面也是正门，前面所看到的高高的地基其实是楼房的一层，但仍在地平线上，因为公路整体比两边高。院子里铺满水泥，非常干净。

堂叔家已经可以看到都市设施的影子。三间房子是请镇上专门做室内装修的人设计的。要知道，“室内装修”这个词语在前几年的农村是根本没有的，近两年刚刚兴起。有吊灯、立墙、电视柜、书柜，都是一色的，颇有点欧洲风格。但是，细看之下，所用的材质却是劣等的，做工也较为粗劣。更为重要的是，在这现代化的房子里面，所装载的仍然是小凳子、破竹椅、19 寸的旧电视，和这一群地道的仍然是七八十年代穿着的老农民。一切都显得有些不伦不类，与房间中的某些过于精致的设计一起，制造出了滑稽和错位的风格。

楼梯间的下面是卫生间，蹲式，有自来水可以冲洗，但是，里面却脏污不堪，白色的瓷砖和便池已经变成黑色。角落放着一个装废纸的便篓，纸早已溢满出来，扔在地上。洗手池也布满黑色的污垢，上面镜子的座架上还搭着一块毛巾，放着一块小香皂，毛巾的颜色已经分辨不出。卫生间的外形是城市的，但是其使用的思维却仍然是乡村式的。北方乡村对厕所这一生活的重要设备，确实是忽略的。

芝婶说这座房子估计花有十几万，跟他们老两口没关系，都是儿子在外校油泵挣的钱。问起房子的设计和样式，芝婶有点轻蔑地微微笑了，说："都是按照儿子儿媳的眼光设计的，我就看不出什么好来，闲花钱，一点也不实用。二层的三间是大通间，将来儿子儿媳回来看能做个什么生意。总不能一辈子在外面吧。"最后这句话是乡村里最常听见的一句话。

芝婶，乡村里面难得的面容光润、皮肤白皙的妇女，看起来很有富贵相，和堂叔一样，说话谨慎。倚在大门口，盯着孙儿，一会儿呵斥他一声，一边跟我闲谈。经过好几次的交往，芝婶的戒心少了很多，也愿意和我多说话。我问孙子啥时候跟着她，儿子在哪儿打工，没想到却引来下面一番话。

孙儿啥时候留在家？不到十个月的时候，儿子在新疆校油泵需要人，就把媳妇叫了去。我和他爷开始带到现在。一年也就春节回来住十几天。有一年夏天，让我们去住，妈呀，那是啥地儿，热哩人没处钻，地方又小，就那一大间房，根本没法住。娃儿也受不了，住不到一个月回来了。今年又生了一个孙女，媳妇打哩算盘可美，想把大的带走，小的再留给我，让我养，我说啥也不干。大哩好不容易四岁了，都有感情了，现在你再把他带走，那不行。再说，我也老了，这两年腰疼，疼起来了，直都直不起来，还得到镇上去按摩，那十个月的小孩子可不是好带的。春节走时，媳妇是生着气走的。我也不管。后来，这孙娃儿想他妈了，我说把他送到新疆，又贵贱[1]不去。说急了，说："奶你再说，我就跳坑[2]。"他爹在电话里一听，伤心了，说赶紧把娃儿送去，可是我不愿去，去了咋办，没地住，热哩要死，还得侍候一家子人。我可是受不了。他爷老说我惯他，说就你有个孙儿，到哪儿都领上。我知道娇惯的害处，但抑制不了。孙娃儿再也不提他爹妈，他爹来电话，喊死，都不到跟前来。我知道，娃是伤心了。可这又有啥门儿，农村不都是这样。

咱们这村里几乎家家都是这样，全是留守儿童和留守老人，五六十岁、六七十岁的人都在养孙儿。老头老太太领着孙娃，吃喝拉撒不说，有哩儿子、媳妇还不给寄钱，还得自己下地干活。有的领五六个孙娃、孙女，里孙儿、外孙儿，日子都过不成。三个娃儿留六个孙儿，比着留。谁不留谁吃亏。有的家里，儿子也说，你别种这七八亩地，我给钱，这五六个娃儿都够你受了，俺们在外头挣钱容易，谁叫你弄这二亩地。可给钱时，谁都想少给。爹妈都不在家，不光是爷奶的负担，对娃们的学习影响那真是大得很。

那早晨，我刚起床，一个老太太过来，收拾得还怪干净，说是车胎没气了，想借气筒。问她为啥恁早，说是上姑娘那儿，叫闺女帮她收庄稼。娃儿们都出去打工了，屋里撇下五个孙儿。我说："都恁些小孩，你又老了，还种

1　贵贱：怎么说，无论如何。

2　坑：北方村庄里面的水塘。

地干啥？”她说："那不行啊，娃儿们从来没寄过钱。”我说："像这种情况你还管他干啥，把娃儿给他们，自己过算了。”说是这样说，谁也不会这样，你不养人家小孩子，将来老了谁管你？！

还有，老两口照顾四个里孙外孙，热天到河里洗澡，四个娃儿全淹死了，老两口最后服毒死了。你说这社会，啥风气，到啥地步了。

现在的娃儿们也学坏了，精得不得了。科子家小孩儿老打游戏，上网，星期六、星期天在镇上租来动画片连续剧，在家能看一整天，连饭都不吃。奶奶说他，不听；告诉他爹妈，爹妈在电话里批评了儿子。你知道那娃儿有多坏，过几天，爹妈又打电话，他给爹妈告状，说奶奶不管他，出去“斗地主”，不给他做饭，还不给他钱。你看，孩子反过来告奶奶一状。奶奶气得在村里骂，说以后再也不管这小鳖娃儿。不是不管了，根本管不住。你说，六七十岁的老两口又当爹妈，又当老师、校长，能当好吗？村里上小学、初中的孩子，没几个学习好的，在校不好好学，回家没人管。一放假就跑到爹妈打工的地方去，住到那儿，也是啥也不学，光看电视，爹妈光知道稀罕。

现在虽然出门打工致富，但是小孩教育成问题。农村的教育素质更低，年轻娃儿们都出门跑，不管自己娃们，爷奶只能管吃饱穿暖，不会教育，那数学题谁啥门儿[1]。再

1 啥门儿：没有办法。

好的社会都有一定的弊病。这就是一个弊病。

当芝婶说到自己五岁的孙子要“跳坑”的时候，我非常震惊。一个五岁的孩子，竟然以自杀的方式来拒绝心灵的疤痕被揭开，这里面该蕴藏多少痛苦呢？在这样一种矛盾、撕裂及缺失下成长起来的孩子，怎么能健康、快乐、幸福？

芝婶提到“留守儿童”一词，我才知道，原来“留守”一词在乡村已经很流行、很普遍，以至于已经成为一个普通老人所使用的词语，这也意味着他们已经默认了这一历史存在和处境。芝婶始终一脸平静，甚至还带着一点嘲讽的意味。我问她有没有觉得心里难过，她说：“难过，咋不难过，那有啥门儿，大家都这样。”我反复启发父子分离、家庭割裂、情感伤害所带给孩子的那种痛苦和悲剧感（这一启发甚至有点卑鄙），芝婶总是重复一句话，那有啥门儿，大家都是这样子。很显然，芝婶没有这种体会，因为这种处境太普遍太正常，是一种极其自然、日常的状态，何来悲剧之感？所谓的悲剧与痛苦只是我们这些“参观者”和“访问者”的感受。面对这种已经日常状态的分离，他们又该怎么办？天天痛哭、难过？那生活，又该如何度过？

但是，当看到芝婶注视孙子的眼神时，那疼惜、怜爱的眼神，你又会有一种明显的感觉，芝婶绝不是没有意识，她只是把这种疼痛、这种伤害感深深埋藏起来。她没有抱住孙子整天哭，也没有对哭泣的儿子过分表示安慰，因为在乡村生活中，她们必须用坚硬来对抗软弱。

五奶奶

跟着公路走，几乎是所有村庄的特点。似乎要找到某种商机，但暂时还没有，因为从现实情况看，并没有几家在做生意。有乡亲在门口坐着乘凉，看见父亲，都热情地打招呼：看见我，却仍然陌生而警惕的样子，其实，这也是一种乡村的矜持。对于他们来说，我已经是另一世界的人了。

在地头蹲着的是光武叔家的儿子，比我大十几岁，相貌没变，但身体及神情都萎缩很多，成了最典型的农民。在家门口打牌，看见父亲起来打招呼的是义衡哥和其他几个本家哥、嫂、婶娘，变化不大，但似乎又很大，岁月似乎在他们灵魂上慢慢刻下痕迹，脸上是年复一年的神情。从院子里出来，看见我们又迅速进去的是周家媳妇，白净圆肥。丈夫坐了几年牢，出狱没多久就病死，都想着她要改嫁，结果却一直守着。听父亲说她去年招了一个女婿，仍然占着路边的宅基地，村里人也没话说，因为人家守寡那么些年。

有着爽朗笑声、肥胖、慈祥、“地母”一般的五奶奶，我好多年没见她。前些年，她一直住在河里的一个茅草屋。我曾经去找过她，但河边有许多孤独的茅草屋，有许多孤独的老人身影，就是没有五奶奶。父亲说，五奶奶已经搬回来了，住在小儿子光亮家里，就是光亮的儿子在河里淹死的。当时，光亮两口子在外打工，五奶奶在家照顾孩子。

光亮叔的新房子盖在路边。还没有进得院门，就听到五奶奶的笑声。看见我，五奶奶很吃惊，直感叹：“爷呀，这是清（我的小名）吗？咋变成这样了？”我看见五奶奶，也吃了一惊，原想着，她肯定是白发苍苍、衰老悲伤的样子，没想到，五奶奶很精神，和我记忆中的印象一样，神情开朗，只是好像个头矮了很多。

整个院子是四方形，前院就是三间新平房，中间那间算是大门，通向院子和后面正屋。院子里面是石灰地和混砖地，左侧是厨房，右侧垒了一个猪圈和小鸡窝。后面正屋还是旧房子。五奶奶说后面本来也是要建新房的，但是光亮叔没有那么多钱，光是盖前面的平房就花了七八万，还借了三四万。五奶奶从厨房拿来两个大碗倒茶，问我要不要茶叶，我说不要，父亲说要，五奶奶就找出一个小盒子，倒出来一些碎末。这还是二十年前的习惯，那时候，村庄的人们去小店称茶叶，都是只称碎末，因为便宜。

五奶奶，六十七岁。头发全白，梳得很仔细，服帖在头上，脸上皮肤紫黑色，但很光滑，和白发衬在一起，反而更年轻。声音很大，爱笑，也爱说笑话，幽默，特别擅长自我解嘲，是农村那种能干又明事理的老人。我们说话的时候，她七八岁的孙女儿坐在旁边，一刻也不闲，嘴里还说着什么，好像要极力让人注意到她，看着让人心烦意乱，五奶奶制止了几次，没什么效果，就任由她去了。

> 你大叔一家都在北京打工，你大叔和黑娃在一个工地上，你大婶在那儿闲着，黑娃就是你大叔的老大，你大叔的女子在广州打工。啥叫行啥叫不行，只是混个吃喝。你大婶说是血压高，干不了活，才四十几岁，就不干活，还是人家会享福。你说，成天坐着血压能不高，干干活不就不高了。

家里房子盖哩可好，出门左边，那个两层楼，就是你大叔盖的，一年也不回来一次。说是奥运不让干活，想回来，回来干啥，三个人来回路费快千把块钱，得多长时间挣？

你光亭二叔没出门，在咱河东那边烧砖窑，给人家干活，算是有点收入，你光亭二婶也闲着，就在村里打个小牌，人家闲着，都享福。他们娃儿二十岁了，前两天刚从青岛回来。

你光亮叔在青岛韩国人开的一个首饰厂打工，主要是镀金镀银，都是假的。在这里镀完，再拿回韩国卖，有哩也在中国卖，价钱翻倍。全是糊弄人哩。管哩严，回家、请假都要扣钱，你光亮叔去年回来盖房子请俩月假，一年的奖金都没了。有没有危险？啥危险，也没听说，都在那儿干，也没见出啥事儿。你说有粉尘，金属毒，谁证明？小柱到死也没说明是啥原因。你光亮叔也是小柱介绍去的，干了八年，一直在那个厂里，才去的时候，钱少；天数多了，工龄长了，一个月一两千。

你光亮叔大娃儿，就是淹死那个，死了两年，你丽婶也不怀孕，就在别人家抱了这个女子（五奶奶指了指旁边的小女孩），费事哩很。这等了这些年，大前年，才又生了个双胞胎，高兴是高兴，可咋养？他们俩上班顾不住小孩子，双胞胎中那个男娃儿自己养着，你丽婶儿现在在那儿闲着，专门照顾那个小鳖娃，那个小闺女她姨先养着，估计马上就不给养了，人家自己也要有孙子了。我身边这个女子户口上在她二伯那儿，又给双胞胎上户口，办那个准生证也花了两千块。

这闺女是在青岛要哩（小女孩在旁边骂了一句话：要你个头不要），全是罪孽哩，一点点长大，都是我养的。唉啊，可麻烦死了。把屎把尿的苦就不说，上学更麻烦，咱们村里的小学早就没有了。还在镇上上学，来回接送，原来你桂平姑家住在街上，晌午女娃儿在那儿吃饭。你姑现在出门打工了，只剩下老公公老两口，人家老两口一天两顿饭，咱咋好意思去吃。这九月份开学，晌午也得我接送。街上车来来往往，也不安全，不像原先一样，自己跑回来。早晨、晌午、晚上都得接送，来回六趟，一趟都有二里地。人都够死了[1]，受不了。接送完了回来还得做饭，做完饭吃完送走，回来还没歇一会儿，就又得去。

现在看着是上学不交学费了，实际事儿也多死了。说是不交学费，学校生着法儿也没少要钱。

你说赡养费，啥赡养费，也没人去说，仨儿子，谁有了谁给一点。去年你光亮叔盖这房子，欠人家三四万。到今年一分钱都没给我，还替他养闺女，你找谁说去？都是你其他几个叔给一点。年下[2]你姑给俩钱。你二叔给哩多些，他就一个娃儿，也没啥负担。

一年说是不花钱，人情世故不说，春上，俺俩不美[3]花了二百多块钱，身体一般也没事，说不美就不美了。我这

1　够死了：很烦，烦得不行了。

2　年下：春节。

3　不美：生病。

个腿，老是麻、凉，六十七了，也不行了（小女孩在旁边跑来跳去，五奶奶有点受不了烦，嚷了她几句）。

你五爷到这十月都死八年了，六十岁死的。喝酒胃喝坏了，做胃镜，胃都烂了。再说都不行，非喝。那时候，开菜园，去卖菜时喝，卖完了也喝，菜一下子开给人家也喝。为啥恁快死了？菜卖完了，不晌午，到茶馆喝茶，泡多浓的茶，茶叶都有半碗。出那个茶馆，走一路喝一路酒，在沿路代销点喝，那鳖娃儿散酒，都不知道从哪儿弄来的，清是给胃喝坏了。不是咋死恁快？发现两三月，就不行了。

就是在那个时间，你光亮叔们那个娃儿死。死哩时候，十一岁，要是活着，现在二十岁了。哎呀，那真算费手哩，猴头子日脑[1]，管不住。死之后你丽婶回来也没找事，在那儿人们也说过她，她知道她那娃儿费手，在家气哩用三角带打，打的时候哭两腔，不打了又笑了。那天放学了，人家都回来了，他不回来。在哪儿呢？在张家顺着坑边走过来，找泥鳅、青蛙，就在坑边玩。

晚饭前，他跟清立的娃儿一块下河，我在屋里做饭。不一会儿，前面宝宝来说："我哥掉河里没见了。"你二婶慌里慌张跑过来说："离娃儿不远处还有人在挖沙，人家看见了。你二叔们、梁家人都已经去了。"我顺着砖瓦厂走下去，边走边哭，这咋给你丽婶交代呀，走哩近路，全是斜坡、土坑，腿在野草稞里蹚过去，刺扎在身上一点儿都

1 猴头子日脑：非常调皮。

不知道疼，感觉浑身没一点劲，发软，摔了不知道几个跟头。跑到河边，看见一群人在水里摸。后来，光秀用脚探住了，用劲挑起来，娃儿肚子里没一点水，脸上就沾一点黄泥，是在旋涡里激死了。我现在还记得他刚从河里捞出来的脸。煞白煞白，发青，眼闭着，可安静，好像在水里也没有挣过，肯定是一下子就死了。我一屁股坐在沙里，咋着也起不来。小鳖娃儿，说没就没了。抱着娃的身子，我哭啊，你说可咋办？老天爷，把我的命给孩子吧，我这老不死的活着干啥？

从那以后，我就住到河里那个茅草庵里去了，累哩很，心里难受，像空了一块，上不来气儿。我一天到晚地想，要是我早点做饭，他放学回来就能吃上，他就不会去河里了。怨我，非要在地里多干会儿活，结果耽误娃儿吃饭了。他是有些气我呢。小鳖娃儿，活着的时候费手，一天到晚不知道得打他几回，说他几回，不听话哩很；真没了，又想哩不行。那时候还不是怕你丽婶回来吵我，主要是没法给人家交代，孙儿给你了，你养哩啥？人养没了。你光亮叔别看平时打他那娃儿舍得下狠手，可稀罕哩很。

说是挖沙引起的。也是，人们都挖细沙，沙底挖哩很深，到处都是旋涡。这几年死了好多人。说是这样说，你找谁说理去？说了也没人管，谁能证明是人家挖出来的旋涡淹死你哩娃儿？

你光亮叔还想着把小闺女抱回来让我养，我是不行，管不了了。才两周岁。光管这个大女子，我都累得浑身疼。根本不行。

> 家里一个个都是不省事。前几天黑娃突然回来了，说是看病。在外面打工，有病了都回来看，在北京，谁能看得起？就是晚上老出汗，小便勤，县里中医院说厉害哩很，是淋病，还得手术。他一听，怕了。我也不知道他在那儿干啥了。后来，到你哥诊所，一看没事，输几瓶水好了。还是找自己人不表[1]你。

五奶奶屋里人来人往，谈话不断被打断，说到孙儿死的时候，五奶奶的神情变得有点飘忽，语气也开始低沉下去，她停顿了下来，似乎又想起当时的场景。我想象着，五奶奶疯一样地往河里跑，她的腿发软，她浑身冒汗，她的手上、腿上都是刺，可还是跑不到，似乎永远也跑不过去。谁能知道，她有多恐惧、多害怕？她养了那么多年的孙子，比养自己的儿子精心多了，她伶牙俐齿的儿媳妇，该会怎样数落她？她最宠爱的小儿子又该怎样伤心？这么多年过去了，这个伤疤仍然没有结住，唯有在这一点，五奶奶还不能用自嘲来使自己解脱。正在这时，隔壁的一个婶子过来，说是丽婶儿的姨打来电话，要把光亮的小女儿送过来，人家马上要生孙子了，怕自己儿媳妇不高兴。五奶奶听了，直叹气说："还是躲不过去，说是不给他养，可眼看他过不去，你能看着不管，好坏自己还能动弹。"

顺着砖厂的路，我往河的方向慢慢走，这也是五奶奶当年往河边奔跑的路。这条路，她永远也走不完，那顿饭，她永远也没能做完，因为，她的孙子，那个十一岁的捣蛋大王再也不能捣蛋了。我

1　不表：不骗人。

忽然想起了童年时代的一首歌谣，我们放学回家，边走边唱：

小板凳歪歪，
我在地里割大麦。
刮个风，
好凉快，
下个雨，
跑回来，
奶奶，奶奶门开开，
外头回来个小乖乖。

梁庄小学

从老屋的门口，沿着昔日上学的老路，我又一次朝着梁庄小学走去。小学是围墙围起的一个四方大院子，前面是操场，院子中间是一个旗杆。上小学时，我们每天早晚都站在院子里升降旗。院子后面那一排两层的红色砖楼房是学校的教学楼，上下各五间房。我童年的大部分时光是在这里度过的。早晨六点的时候，学校上早课的铃声就响彻在梁庄村的上空，小伙伴们相互喊着、等着，在黎明的微暗中朝学校走去，开始一天的学校生活。我相信，大部分村民也是依着这铃声估算时间，安排一天的生活。

梁庄小学已经关闭将近十年了。院子里面的空旷处早已被开垦成一片茂盛的菜地，正中央的旗杆只剩下一个水泥的底座，后面的楼房还在那里。可能是听到我们说话，看大门的兴哥从大门靠左的小院子里出来，一看到我们，很高兴。他从里面把锁打开，一边嘟囔着说："门可不敢开，常常有牲口进来拱菜地，扒门。"

走近去看教学楼，才发现，它其实已经破旧不堪了。教室的门几乎已经腐朽，推一下，灰尘哗哗地往下掉，透过残缺的玻璃，可以看到教室里面更为让人伤神的"风景"。楼下几间里面多是堆些破旧的家具，床、沙发、木椅、小凳子，锅碗瓢盆扔得到处都是，还有散乱的不知何年何月的作业本。这应该是老师的宿舍，也许想着还要回来，东西并没有收拾干净。房间里面是一些残破的学生课桌椅，歪斜着倒在地面上。其中有一间房屋，却是有一张床，里面还有煤炉，近期住过人的样子。兴哥说："这是一个梁家婶子住的，和儿媳妇生气，没地方去，在这里住有半年。"

顺着已经没有扶栏的楼梯，我们上了二楼，一个个房间里面关着家兔、鸡仔等小家畜，地上扔着啃烂的南瓜、脏的水盆、干草等。这应该是兴哥养的。站在二楼的栏杆旁，往村庄里面看，才发现，学校是整个村庄最高的地方。站在这里，可以看到村庄里面错落的房屋，能够看到黄昏里的炊烟。我想，当年选址的时候，也许有统领村庄的意思吧。这所学校，经历过怎样的繁荣与兴盛，又是如何被抛出历史之外？我决定找当年曾经在小学教书的万明哥谈谈，他是学校的元老，了解梁庄小学的全部历史。

梁万明，瘦小，五十多岁，戴着一个老头帽，衣服仍是八十年代的样式，灰蓝色，好像很久没有清洗了。天已经黑下来，万明嫂子打开灯，惨白色的灯光使得偌大的客厅变得阴冷，有点鬼影憧憧的感觉。两岁左右的孙子在门里门外跑着，黑红色的脸，是乡村冬天冻肿了的样子。女儿穿得相对时尚，一看就知道是长期在外打工。她一会儿去看看厨房，一会儿又坐下，文静而又有些害羞地不时望着我。毕竟曾经做过十几年的教师，万明哥说话咬文嚼字，非常慢，有自己的看法，常有惊人之语出来。

咱们村那学校，当年发展可真不容易。一九六七年，刚开始是借个民房，开复式班，文教局派来的老师。说明梁庄有学校了。到第二年，生产队集体盖了两间土坯房，后来周祖太回来教学，加了一间，还有一个做饭的，就是祖太他妈。然后又在西边接了三间。一排房，梁庄小学的雏形完成了。“文化大革命”的时候就一排房，我记哩可清，大队部批斗你爹的时候就在那排房前面，领导训话，天天接最高指示，群众集会都在这儿。

我今年五十五周岁，七八年我初中毕业，上两年农业大学，就到学校教书。我去的时候已经是三排房，规模最大的时候是九十年代以前，一年级至七年级，六七个公办老师，有两百个学生。八一年接你嫂子，那时候国家开始补助，农村教育建房（校舍）补助，现在那个楼就是那年盖的。国家拨一点，村里筹一点儿，村民出资出人工。咱们梁庄小学是整个乡里第一个盖起来的，当时教育组还送个碑，上面写着“梁庄村全体干群兴学纪念碑”。这些我都记哩清，那时候全村建校可真是一条心，没有谁偷奸耍滑，在上学学文化这件事上，大家都不含糊。春上开始盖，家家都出工，天还冷哩狠，都干哩可得劲，说说笑笑，心里高兴。你们上学的时候是梁庄村最兴旺的时候。当时学龄儿童入学率百分之百，那时候考试评比，吴镇中心小学第一，梁庄就是第二，光道、韩平战、韩立阁，老师有一二十个，哪个都是响当当的，在乡里都出名。

梁庄学风还是很旺的。八十年代中期，哪怕是个傻子，只要还能走路，都把他叫到学校。咱们梁家来娃儿不上学，老师们到家里去叫几次。那时候咱们县是全国的状元县，高考全国第一。真是厉害。看看现在都成啥样了。

九二年我不教了，被清退了。那时候分计划内民办和计划外民办，说是给我补个指标，算计划内。谁知道教办室主任就是按送礼圈的，我被圈到外面了。九二年国家对民办老师收编，不再扩编了。我也没有机会了，只好不干了。

现在梁庄小学已经有十来年没学生。学校自动关门，一部分家长带走了，一部分不够班，当时说的是留下一二三年级，其他的到镇上去。后来乡教办公室不再派老师了，学校也就散了。前几年，校长把旗杆都弄倒卖了，是个不锈钢的，估计能卖个一百多块钱。后来，校长干脆不来了，就你兴哥住在那儿看门。

从大道理上说是人口流动和计划生育综合造成的。真正来说，是村长、支书一伙儿把它弄倒了。上级派四个老师，老师来了，应该有补助。老师工资偏低，村里要给补助，再找一个做饭的。梁庄以前再穷，对老师的补助从来没有少过。现在，说是没这笔开支，村支书不给了。老师来干一年半年，都跑了。要是村里积极，去乡里交涉，到镇上说说，或者去教育局要老师，估计也行。老师嘛，到哪儿不是教书，咱梁庄也不是乡里最偏僻的地方。还有，就是说服家长让孩子回来上学，其实哪个家长愿意让孩子跑恁远？村长根本不愿意操这心。当然，不去说有个好处，每年还有个教育统筹费，学校没有了，统筹费还有，钱就到他们自己口袋里了。

现在算算咱们村的学龄儿童，开个一二三年级，根本没问题。没人操这心。去年有村民把校舍承包了，养了一茬猪，白天在院里放着，晚上赶到教室里。不知那校门口墙上的标语咋变成了“梁庄猪场，教书育人”？这都是那坏娃们胡写的。后来，教育局说，不雅观，不让养了。

现在人们思想消极了，各吃各哩，村里中青年都出去打工了，没有人管这些事了。学校旺的时候，咱们村里大学生是递增的，那时候梁庄多厉害，出了多少大学生。八十年代，梁庄村的家长个个想让小孩上大学，梁庄上高等院校的占人口比例不少。

现在小孩子上学，希望也不大。最近十来年娃们明显对求学信心不足，这是国家大学生制度改革造成的，上大学光收费不分配，上完了也没地方去。原来小孩不去上学，家长都是拿着棍子满村打，现在孩子不去上学也不用棍子打了。上几年大学至少得花四五万块，还不如去打工。就说考上学，也毕业了，谁还有十万块再去跑分配？

但是，说到底，家长还是有一种心思，只要小孩愿意上学，哪怕卖房卖血，总认为有文化有知识好，家长的第一愿望还是求知。你不敢想，算算现在的失学率，比八十年代那时候要高得多。现代化是现代化了，教育程度反而下降了。初中以后辍学率非常高，学生是百分百不想上，也上不进去，升学最大的障碍是网络游戏。家长在外打工，都是爷爷奶奶管，哪儿管得住。

唉，你说路过小学啥心情？心里都不美，就是没有小孩的单身汉看见心里都不美。再恢复恢复不了了，桌椅板凳被拿跑了，学校不像学校，家长也不会再愿意送回来了。现在，村里大人每天去镇上接送学生，人都快够死了[1]，农民又不是上下班，正在锄地，锄扔了都得去接。梁庄估计有几十家子。六点起来做饭，七点多骑个三轮车或自行车送去上学，中午再接送，下午再接送。活都干不了。有钱人家送到封闭式学校。可那封闭学校是啥？我都打听过了，教学质量差得要不得，成绩都是瞎编的，到考试的时候，老师把题写到黑板上讲一遍，学生还不会做。

留守儿童的毛病在于隔代管教，溺爱多。随着生活的富有，孩儿父母都留有生活费，小花钱儿[2]也把小学生的习惯弄坏。你义衡哥前几天回来了，专为儿子的事，儿子都上高中了，天天逃学，上网、打游戏，要么就是在家里看碟。爷爷奶奶气哩浑身抖，他反过来骂爷爷奶奶。个个家里放有一二百张碟，大人要是不在家，小孩能看上一天碟。

---

1 够死了：很烦，烦得不得了。

2 小花钱儿：零用钱。

即使只是一个已经离职许多年的小学民办老师，你也能感觉到，在他的言语之中，他最担心的不是小学本身的消亡，而是这个村庄文化氛围的消失，一种向上的精神的消失——虽然他并没有清楚得表述出来。也许村庄的真正破败并不在那些内部的废墟，这学校的破败、荒凉才让人感觉到了这村庄的真正腐朽与行将消散。

让一所学校消失很容易，也很正常，因为有许多实际的理由，人口减少、费用增多、家长嫌差，等等。但是，如果从一个民族的精神凝聚力和文化传承角度来看，它又不仅是一所小学去留的问题。对于梁庄村而言，随着小学的破败，一种颓废、失落与涣散也慢慢弥漫在人们心中。在许多时候，它是无形的，但最终却以有形的东西向我们展示它强大的破坏力。

如万明哥所讲，当初梁庄小学最兴旺时，全村村民都有一股子精神头儿，在地里干活心里也有劲。上学钟声一响，村民的一种敬仰、尊重之心油然而生。而现在，都各奔自己的小日子过去了，挣钱第一，虽然也为孩子的学习生气、焦虑，但是，却不会产生根本的心痛。乡村的文化氛围越来越淡薄，没有昔日那种文化之乡的感觉。家长虽然还希望孩子上学，并且，出去打工除了想在家盖栋像样的房子之外，更主要的就是为了孩子能接受更好的教育。但是，在经济观念、金钱意识的冲击下，在家长缺失的情况下，孩子根本不愿意上学，就等着早早退学，以便出去打工。至于怎么打工，能打什么样的工，好像并不是他们所想的。更何况，现在上大学，并不能够保证将来就一定有出路。

光生叔的孩子秀清，考上地区的大学，三本，四年，学行政管理专业。每年约有一万块钱的学费和生活费。光生叔和老婆，还有秀清的妹妹，一家人出去打工供他上学。但是，毕业之后，秀清却找不到工作，考过几次公务员，都无疾而终。秀清，单薄的、戴着眼镜的、落落寡欢的秀清，在城里租房子住了几年，不愿意回村里。终于在今年，跟着村里的其他青年出去打工了。说起这件事，大家都摇头叹息，光生叔家现在还住着村里最破的房子，闺女也已经二十五岁，至今没说婆家。还有几个大专院校毕业的孩子，只有一个凭着自己的专业找到了工作，其他，都只是在公司做低级员工。他们的身份是什么呢？农民？农民工？好像有点不太合适。说是城市工作人员？白领？又完全不对。他们处于这样的模糊地带，不愿意回农村，但城市又没有真正收容他们，因为他们并没有收入足够多的工作。他们不需要记住自己的身份，他们只能在城市的边缘挣扎。

梁庄的初中适龄学生极少数跟随父母在外上学。父母给钱，在校吃住；还有一些住在老师办的学习班里。在县城，包括镇上，有许多这样的学习班，家长交一学期的钱，一千多块钱，除上课在学校外，孩子们吃住在老师家里或租的房子里，老师既负责学生的日常生活，同时，也辅导学生的学习。但是，这样的班效果并不好，我自己的外甥曾经住过这样的学习班，拿起课本问他问题，他全以“不知道”回答。当问起哪家的孩子学习不错时，老人都是一声长叹，女孩子还算好些，男孩子个个上网、打游戏、逃学，成绩从来都没有拿回来让家长看过。一般上到初二初三，在暑假到父母那里玩，就不回来了。

有三十几个小学生，在镇上小学读书，没有寄宿，也没有食堂，中午短短两个小时，还得家长接送回村吃饭。如果你在早晨六点多钟、正午十二点或下午四五点路过梁庄村，你会发现一道非常奇怪的风景——一群老太太老头骑着三轮车，急匆匆，但却小心翼翼地往镇上小学赶。他们是去接小孩放学。

更让人担忧的是，“读书无用论”越来越被认同。在我的少年时代，常常是因为贫穷无法上学，没有家长不愿小孩儿上学的，而现在，则是家长看不到上学的希望，在焦虑一阵之后，通常对孩子持一种放任的态度。在这种情况下，教师也失去教学的动力。我一个教初中的表嫂，当年以教学有方而闻名全镇，家长千方百计地把孩子送到她的班里。现在，她整天沉浸于打麻将中。她说，那些孩子极少真正想上学的，逃学、旷课，都是家常便饭。老师也没有心思教学。很多家长也只是把学校当作临时托管所，孩子在学校待着、不到社会上惹事就行，等大一点，就出去打工了。这种现象并不仅仅是因为农民的功利、孩子的无知、教师师德的下降。整个社会弥漫着一种失望与厌学的情绪，它自然地会影响生活在其中的每一个人。

我还从来不知道梁庄小学有那样一个石碑，更不知道学校当初兴建时的盛况。重又回到学校，我让兴哥找找石碑在哪里。兴哥当即就说他知道。在猪槽的下面，有一块长方形的石头，就是石碑。我们把上面的猪槽搬开，用刷子刷了好长时间，上面的字才显现出来，一排竖体字，“梁庄村全体干群兴学纪念碑”，下面的落款是“教办室、梁庄村全体村民，一九八一年秋”。想象着当年全村人在一块儿盖房的场景，人们都在说什么，怀着一种什么样的心情，怎样的骄傲，对未来怎样的希望，对孩子怎样的期望，垒起那一砖一瓦？今天，这样集体的动力，这样一致的心态，还存在吗？

曾经有一段时间，有邻村的人突发奇想，想租梁庄小学的地方办养猪厂，没想到村支书也同意了。支书的意思闲着也是闲着，不如创点收。于是，那人在学校院子里盖了几排猪圈，把一二层的空教室也作为猪圈。每天拉猪、放猪，有来往的喧闹人声、猪的哼哼声、杀猪的嚎叫、赶猪的呵斥声。一时间，梁庄小学变得非常热闹。有好事者把学校大门口的标语“梁庄小学，教书育人”中的“小学”抹掉，改为“猪场”。于是，梁庄小学大门口的标语变为“梁庄猪场，教书育人”。

黄昏中的梁庄，是如此寂静。回首那已在薄暮中的学校，望着那八个朱红的大字，我有些走神，发呆。什么时候，“小学”沦为了“猪场”，育人变成了“养猪”？如果一所小学的消失是一种必然，那么，有什么办法，能够重新把这已经涣散的村庄精神再凝聚起来？能够重新找回那激动过人心的对教育、文化的崇高感与求知的信心？

梁庄小学

小学生守则下的猪

小学教室里的小兔子

第四章　离乡青年

1991 年 9 月，穰县成立劳务输出开发公司。1993 年，市开发公司成立劳务市场，29 个乡、镇、办均成立劳务站。1996 年 12 月，市劳务输出开发公司更名为第二职业介绍所。至 2000 年，共进行岗前和转岗培训 1.8 万人次，输出城乡行业青年和富余劳动力 219.6 万人次，创经济效益 11.44 亿元。

——《穰县县志 · 大事记》

毅志

毅志是我哥哥。身材微胖，皮肤黝黑，脖子上挂着一个小佛，据说是和嫂子吵架后，为了寻回爱情，专门去山上一个寺庙请的。哥哥高中毕业，曾经是文学青年。在高中时代，有十几个铁哥们，都是浪漫、纯情的文学爱好者，个个都有曲折美丽的爱情故事。暑假来临时，一群哥们经常到各家去玩，也成群结队去找彼此的女朋友。哥哥一直有写日记的习惯，也有写情书的爱好，在出门打工时也和现在的嫂子来回通信几十封，虽然嫂子只是小学五年级的文化程度，但哥哥总算找到一个情感的抒发地。我到家那天，嫂子正在收拾一大堆废纸，问是什么，嫂子说是哥哥买的，说是要练毛笔字，花一百块钱买了好多废报纸；结果，买来都有半年了，一个字也没有写。嫂子又收拾了两大袋，准备再当废品卖出去。说起这事，嫂子又笑起来：“你哥，还在楼上弄个书房哩，不让我给你说，怕惹你笑。”我们上楼去，果然是一间大书房，专门定制的书柜、书桌、椅子。

哥哥从书房的角落拖出一个大包，说全是以前的日记与信。边讲边翻日记，边笑：“那时间很诗情画意，现在瞅你哥的文笔也还行。”我让他讲讲他的爱情史和打工史。

你说鹃子啊，至少是小学五年级都开始操心了，觉得人家长哩美哩很。我给你说个正经话，我小学那可经常是全乡第一名，初中也不错，高中学习咋恁不好，全是因为这件事，成天想着咋啊咋啊的。上五年级的时候，她们家里订的《解放军文艺》，她爹是高中老师。我去她家，她不在，我就在那儿看《解放军文艺》，我记哩清，天略微有点冷，我正在看呢，时间长了，眼有点看不清，鹃子款款而至，喊一声“毅志”，我抬头一看，觉得简直就是仙女，就回了一声“鹃子”。当时是一种很美好的感情。高二单相思，有一次为了看鹃子，从二楼咕咕噜噜滚下来，自己给自己脸扇扇。后来和她弟弟好，也是不纯洁目的，是为接近他姐。高二快结束时，我写了一封长长的情书，估计有二十几页，偷偷给她，结果，鹃子在上面批了两个字:“迟到”！我伤心欲绝，第二天，就去剃了个光头。意味着要重新开始，结果还是学不进去。后来，鹃子一家随他爸办了农转非，知道不可能，也就不再想了。

第二年，因为家里的事，更是学不进，就寻思着不上学了。秋天的时候，把家里收哩苞谷卖了，卖了一百多块钱。我从城里走，大姐不让去，我就偷偷跑，坐车到西安转到新疆找大伯，想着跑哩远远的，在那儿混一家人算了。一去就后悔了，那儿严寒的天气，我受不了。住有一二十天，大伯也不亲热，情感非常木讷，然后，让大姐寄了二百块钱，又回来了。当时快把大姐给气死了，恨铁不成钢。

八九年十月十五回来，心里想着还去上学，给班主任说的时候，他说，别再说了，你那学习，根本不行，你还是就业吧。日他妈，咱这性格也是孤傲哩不行，就业就就业，于是，便就业了。先是在城里表哥的建筑队里干，一天五块钱，白天干十个小时，在大姐那儿做饭，黑了还喜欢去看个电影，写个日记。建筑队干有四五个月，帮小工，扔砖。第一天上班，往下扔灰桶时，给师傅头上打个血窟窿。那时饭量真大，一块钱六个小蒸馍，一顿都吃完了，根本攒不住钱。当时，有一个少年时代要好的女同学已经考上大学，给我写了封情书，我也没有回，觉得不合适，咱都成农民了，不能害人家。另外，咱对她也确实没有爱情的想法。

三姐说："你得学个手艺。"那时候，咱们这兴农闲时出去到甘肃陕西一带包沙发做椅子。就背着做沙发的皮子、弹簧，跟着三姐夫去延安宜川县。第一次去的好像是阁楼乡。那里的人们一天吃两顿饭，出力气的人才吃三顿饭。俺们去吃三顿饭。先住在旅社，下去找活。找到活就吃住在主人家里。那时间还在写日记，后来不知道扔哪儿了。刚开始在东阁楼一家干，那家在那片儿也是能人，他妈很好，招待哩好得很。一干开，就十里八乡传开，亲戚邻居都让干。生意还不错。那段时间比较高兴，咱也算还很浪漫，那里有山，也不是特别大，上山跑哩特别快，干完活没事了还跑到山上看景抒情。干有一个多月，三姐夫说："毅志啊毅志，来一个多月连个木头都锯不齐，还是个高中毕业生，你还能干啥？"这话真伤我心。活干不好吧，后来和人玩摔跤，手指弄坏了，胳膊也弄断了，在旅社又闲住了二十几天，吃闲饭。手上有脓，找个刮胡子刀片，没有麻药，两个人按着，硬是割开，那真是疼哩不得了。一到换药时间，疼哩狠哪。医生那妹子长得好看，姐夫哥说笑："你去换药还得给那姑娘说话，说哩美了说不定能领回来。"

回来是咋回来哩？当地派出所说俺们干私活，到处撵，在那家住着，半夜起来跑，天都冷了，在山坡上烧柴取暖。就想着回来，料也做得差不多了。那个乡的旅社钱也没结，在那镇上还欠有饭钱，共有两百多块钱吧，都没给人家结。现在想起来，心里还不太美气。

后来，我和爹在城里卖菜，卖凉皮。爹说赶紧结婚，心就静了。大姐也想我赶紧结婚算了。有个叫秀玉的，也相中我这个小伙。我虽然没啥感觉，但人家长哩也还行。第一次见面后，十来天就催着结婚。后来，和秀玉一块儿进城，在路上说笑哩，秀玉说："就你这个样，还想找个啥样的？"我一气之下，一个人骑快走了。还看不起老子，不成算了。

然后才有春子，这你都知道。到姐家帮忙盖房子，春子那时候也天真无邪的样子，也爱看书，争气要强，长哩又很漂亮。我俩谈得来。

后来上北京打工，为啥去？屋里催着结婚，但是，我们俩都不想结，屋里穷哩很，我跟春子说："我先去，行了，再接你去。"九一年我先去北京，在朝阳区和平里大街樱花园温泉苗圃干活，后来带班，全盛时期带九个人，才开始去一个月二百六十元，后来涨到三百二十元，自己做饭，烧煤气不要钱。我让春子也到北京，在海淀区干活，从我那儿到她那儿，光单程得俩多钟头。刚开始感情好哩很，后来，她干活那儿有个男孩，他俩好上了，也是热火朝天。我给她说："春子，我必须得把你带回去。"我当时还抱着一种幻想，想着家里劝劝，还行。那天，我把她带到她家去，也喝了一点酒，没忍住，耍了酒疯。春子妈说："没结婚你都恶成这样，结婚了该咋样？"

后来，又到北京后，我直直喝了一个月酒，割手腕，自残。与春子当时谈的那个朋友和我又成了朋友，那个小伙还真不错。我跟他说："我走的时候，吓住她了，你看怎样都行。"对方说："你们在一块儿都三四年了还这样，说不定将来对我是啥样了。"那个娃长得也不错，个子高高的，浑实实的，也是春子喜欢的类型。现在想来，春子可能也是没见过世面，猛一下到大都市，有点迷，把握不住。说句实话，春子对我伤害真大，没想到她变那么快，毕竟在一起都三四年了。现在见她，还是有点生气。

九四年正月初二坐车，初三回来。那时候心情也坏，没挣住钱，去那几年只往家里寄两千块钱。回来之后，又开始说人[1]。舅们、亲戚们介绍了好多，都是大姐领着见的，走一路批评我一路。说几个不成。正月十二早晨，我去舅家走亲戚，刚到，爹就赶来了，说东娃老婆家那有个闺女好哩很，你回去见见。

1 说人：相亲。

到东娃家，搭眼一看，这个女子长哩真清秀，见这么些，就这个女子还真不错。我倒个茶，说，会喝茶不，你嫂子说，茶我还不会喝，对两句[1]，觉得不错。我和你嫂子是在九四年正月十二见哩面（嫂子在旁边笑着插言，一见面就觉得这个娃儿模样太不好了，黑里岔[2]，眼睛恁小，就说话还行，怪文气），也算是一见钟情。我的爱情史到你嫂子这儿算到头了。

九四年三月份又到北京。在北京不是闲嘛，咱们这里在北京倒票的多，咱也跟着人家倒两把票。一般的倒票都是硬插队，“哐哐”一扇，一骂，从气势上震倒对方，加到人家前面，然后，出来，让买票者加三十五十。有一次，插到一个成都市公安局的前面，也不怕，你成都市公安局的，能在这儿执法？我也打过人，与春子分手之后，也有自暴自弃的想法，想着气。到后来发展成啥，假若有十来个人买票，说好帮着买，等人家钱给了之后，卷着钱就走了。北京站每天都很挤，排成长龙，对方根本看不住，挤几个队之后，拿着钱就跑了。但是，我绝对没干过这种事，还是给人家说好，老老实实地排队。后来，被便衣逮着。便衣一看我的身份证，是穰县的，就说你也不是好东西，就把我关进去。那时候咱们县年轻人在北京站贩票很出名，也是臭名远扬。先送到站前派出所，一进去就看见有个娃被指拷拷在楼梯上，脚尖勉强挨着地，那难受样儿就别提

1 对两句：双方对话几个回合，暗合着较量或考察之意。

2 黑里岔：脸非常黑。

了。那时候，站前派出所打人打哩可狠，都是咱亲眼所见。叫蹲在那里，又去抓别人，有人想上厕所，警察拿着橡胶棒，“腾、腾”一人一下子。我进去也是，先用橡胶棒在我身上抡几下子，我说，我真不是倒票哩，一看是穰县被拉进来了。后来没狠打，被关进了一个小屋。一个十来平米大的小屋关有四五十个人，坐不下，都是挤着站着，一进屋就有人说踩住他了，我也恶哩不得了。但是，屋里有老大，就过来把我揍了一顿。有人笑话我，我骂：“日你姐，想死哩。”下午就被送到昌平收容所。一进收容所，就被关得久的小盲流打了一顿。

在昌平关了两天两夜，第三天点名往安阳遣送。武警闲哩没事找这些人取乐，说：“你，过来过来！”说着，就给这个人扇两嘴巴子。我悄悄骂，日你姐，这算没地儿说理了。被听见了，武警问谁，谁说哩，我逞英雄说：“我！”武警说：“过来！”往我头上抡了七八皮带，又狠狠踹我几大脚。叫我站军姿。挺胸，打一嘴巴子，抬头，再打一嘴巴子，再抬头。站有两个小时。打哩我满脸是血。

送到安阳收容遣送站，也是进去就打，号里面的人也相互打。在路上，我们几个老乡商量好，进去先打，不然肯定只能睡马桶旁。在北京站钱已经被警察掏完了，到安阳收容站后，我们四个进去就打，把里面的人身上净净，掏东西。把他们撵到马桶边，我们在门边。

第二天，安阳收容站宣布，有钱的话，可以赎人，没钱就到砖瓦厂干活。我们被拉到安阳市区东边砖瓦厂干活，实际上是安阳收容站把我们卖到砖瓦厂，一人一百块钱，就不管了。我一看，妈呀，这地方可不敢久待，会要人命的。灰大哩很，砖厂上面那片天都是灰颜色的，有几个人拿着棍子，盯着干活的人，谁走得慢了，上去就打。那住的地方，只是几个石棉瓦棚，不累死也会冻死。俺们几个就操心着逃跑，早晨吃完饭，下午就开始干活，在一个深土坑里挖土，一边很高，另一边有人看着。中间叫喝茶，我也伪装积极，去拎茶。说哩好好的，一块跑哩，那两人先跑了。看管把俺们剩下的这两人用锨、棍子狠狠地打了一顿。这看俺们更严了。睡觉是咋睡？你睡觉时把你衣服一脱，就剩下个裤头，然后看管抱着衣服睡到另一边。我半夜别小窗户上的钢筋，但是没别开。第二早起，天刚闪亮，看我们的人把衣服一扔，让大家穿。我夜里已经偷了件衣服，也不知是谁的，穿哩好好地躺在被窝里。他把门一开，去开另一个门，我顺着门就跑。灶上有人看见，喊“有人跑了，有人跑了”。我拎着火铁棍子，想着有人追上，非打死他不可。

路上叫当地人拦着，我给人们作揖，说大哥们，我在这儿已经干半年了，实在受不了，不跑就得死。那片人早已看不惯这砖瓦厂的黑心劲儿，就说，赶快跑赶快跑。追我的人看追不上，就不追了。我跑哩鞋都烂了，心里清是[1]害怕，那逮住可不得了。跑到一个村里，有一个公交车，身上没一分钱，到火车站一块钱，我说身上没钱，刚

1 清是：真的，特别。

从砖瓦厂跑出来，啥也没有。人们一听，是从砖瓦厂出来的，都特别同情我，就没要钱。后来，那个砖瓦厂出事了，把人打死在里面，被曝光后，安阳收容站差点都被取缔了。那些人真是坏透了，没一点良心。

到车站，又混上火车，那时候混票有一手，出北京就碰到哥们，到酒仙桥郭婶们那儿，吃哩很香，倒头就睡。结果吃太多了，第二天还拉肚子。后来想着还觉得有意思，但当时真是害怕，逮住了打死你都有可能，因为根本没人知道。

九四年年初与你嫂子见面，又在北京干到十月份。就回来了，一方面干够了，另一方面也想结婚，那年已经二十四了。打工一直没挣来钱，回来还向别人借两百块钱做路费。

回来就张罗着结婚。开始在卫校学医。不再出门了。日记也不写了。

这些日记你都拿去，看哪些能用上。这也是一个农村文学青年的命运。可别笑话你哥的文笔。

附毅志日记几则：

1994–3–10（农历正月二十九），阴

岁月淹流。

朱颜渐逝，象征着衰老的皱纹越来越多地爬上自己的额头，在无声无息中度过了自己的二十四岁生日，生命的

年轮，已经转两个圆圈。

一九九四。

我的本命年！

一双无神的眼，一颗疲惫的心，一个毫无成就的人。

李仙家云：人生如梦。从无知到有知，从小学到初中，从初中到高中，再到社会，一切都恍若昨天，而昨天的许多事，却又有恍若云烟的感觉。

命是什么？

命是无奈，命是机遇，命是缘分，命是聪明人不得不糊涂时的最好托辞，命是自我解嘲。

命即是无。

1994-3-15，冷晴

婚姻问题

题记：公元一九九四年农历正月十二日，风和日丽，毅志、青冬一行赴邻县张庄，见豆豆，旋于正月二十四订终身，毅志欣喜不已，作文以记之。

浮生若梦。

大年初一晚买火车票，初二下午二时坐车，初三下午四时至家中，一身的风尘，一脸的憔悴！

一个游子归家了。

不仅仅是因为身心的疲惫。他忽然感觉到自己的苍老，感觉到了凄凉，感觉到了自己的无奈，感觉到了时光的无情，感觉到了自己的二十四周岁。

好像一夜之间他的青春、他的朝气都没有了。

初六日晨,父早起赴城,和大姐共商我事。初八、初九、初十直到十二,我便相亲,相亲,相亲,直相得我花容失色,信心俱失,越发觉得自己的苍白。

至十二日晨,我还没有起床,正盘算着何时起程,被老父一顿责骂,心中颇觉失意。

孰料十二那天天气出奇的好。一切都出奇的顺利。而所见的白姓姑娘出奇的美丽。

在寂寞和焦灼中度过几个不眠之夜,十七日,我再赴张庄,一切皆定。二十日,白老先生来,二十四日,豆豆和其姨妈来,于是便订婚。

人生本无定数。缘分。

1994-4-11 阴

北京欢迎你?

新年的钟声余音绕耳,除夕的温馨尚未散尽,四邻八乡的青年们便打起背包,偕朋带友。北上的北上,南下的南下,一时间各大火车站人涌如潮,火车超负荷运载。每每晚点而滞留在火车站等车的人们毫无减少的趋势,犹如淘沙一样,永远没有完结。

春风满面的我再次踏上了北上的火车,充满了美好的幻想。马路两边随处可见“北京欢迎你”的巨幅标语,和着沁人的春意扑你而来,使你感到我们这古老的都市是那样的热情,那样的好客,那样的欢迎你!

2月13日到京，14日和红党在一饭馆小饮，颇多迷离。孰料上午的一时疏忽，让派出所的先生们给请到了公安，旋于下午送至昌平收容所。

昌平收容所距北京约有四五十里的路程。面积约有一万多平方米，四周全是高墙，高墙之上更有电网横于其上，给这个乳白色的建筑群平添了几丝不协调的威严。而收容所中间男号与女号之间的高高的岗楼，一种威压不由自主地从你的内心涌起，使你连出气儿都有点儿不是假装的小心翼翼。

一路公安押送，煞是庄重。一进收容所的二门，一个小盲流劈胸给我一脚，正好踹在肝部，毫无防备的我疼得龇牙咧嘴，几乎气都上不来，我毫不思索地怒骂："我操你妈，你想死呀！"那小盲流作势又要打，看我一副凶神恶煞的样子，便又骂了一句，接着就搜身，搜完身以后便如赶鸭子一样，放之于院内。

收容所共有两层楼，上层关的是一些上访告状的，或凶神恶煞的。下面一层关的是盲流及票贩子，以盲流居多。另有老弱病残的，专门安排在东头和西边的两个号子。吃饭的时候，病人优待，可以吃上白馒头或稀面条，而大多数盲流们便是排队吃饭。开饭的时候几个盲流提着棍子维持秩序。用的是坑坑洼洼的小铝盆，一拨人吃完以后，由几个专管收盆子的小盲流捡过去，涮也不涮，让下一拨人接着吃。拿到铝盆的人，用力一甩将铝盒上面的剩菜甩掉，然后再去打菜。如此这般，直到三四百号人全吃完，打菜和分窝窝头的哑巴一摇三晃地推着饭车走了。于是，这顿饭也算是吃罢了。

中午十点多吃顿饭，既是早餐，又是午饭，下午四点多再吃一顿，一天也就算过去了。

天渐渐暗了下来。几个值班的盲流拿着棍子将一群群人赶到号子内，一个挨一个紧侧着身子躺在冰冷的水泥地上，既没有被子，甚至铺点儿稻草也没有，满屋子塞得满满的，盲流们怀着各种各样的心情躺下去。不一会儿，便一个个都打起了鼾声，尽管天寒地冷，尽管嘴边啃着别人的脚丫子。

1994-4-14，星期四，晴

昏睡了两天，才从逃跑的惊慌中摆脱。

中午到小张那儿去。听小张说后面的土城公园在拍电影，遂同去。只见公园的西侧一群男男女女正在忙活，一个摄影机正高高地抬着镜头。走近一看，竟然有京城笑星梁天。小个，小鼻子，小眼睛，小四方脸，说话慢声细语，站在人群中，一副极其平常的模样。可一到拍戏的时候，这梁天却一副不平常的模样。

目不转睛地看着梁天的一举一动，心中有个念头，应该拿个本子让梁天签个名字，也好过一会儿影迷的瘾！可看看自己的打扮，实在是没有这个勇气。只有深藏于心头。

1994-4-15，星期五，晴

昨天看欧阳山的《三家巷》。今天看张贤亮的《男人的一半是女人》。欧阳的《三家巷》明显有《钢铁是怎样炼成的》的影子，特别是周炳及陈文婷以及周金的形象，而对周炳的描绘又有明显的唯美主义倾向。无意间看到一本浩然的《金光大道》，很乐观，但是，现在呢？什么金光大道，道路是越走越窄，在家，挨饿受穷；出门，被人瞧不起，我们这样的乡村青年走进一个死胡同了。

贤亮君的《男人的一半是女人》，现在看来完全是一种受病态心理支配而写出的一部作品，描写了一个病态的社会。这本书曾经因为对性的描写而引起非议。和贾平凹君的《废都》比起来，只能是小巫中的小巫了。

1994-4-17，星期日，晴

却上心头，无计。

如置身于一个真空的袋子内，与世隔绝。路上来来往往的人，都和自己素不相识。在这个城市里，我简直像一个蚂蚁，没有人关注，被随意践踏、蔑视。没有人知道你的存在，没有人知道你还有亲人，还是一个有着爱情、思念，有着悲欢离合的人！

——这就是我的感受，一个离家别乡的打工者的感受。

明明有亲人，有朋友，有爱人，明明只有一天一夜的路程，却感觉是千里之遥，不仅仅是距离的遥远。今年再在北京干一年，以后无论如何再也不来这个鬼地方，过这种“非人”的生活。

菊秀

听说我从北京回来，在襄樊生活的菊秀，兴奋得直叫，当天下午就带着儿子回来了。菊秀，我少年时代的三个好朋友之一。另外一个好朋友是霞子，我俩一同考上师范，她现在在镇上小学教书。我们三个大人、三个小孩，都窝在霞子家，在地上打了个通铺。

菊秀家八十年代后期就离开了梁庄。他哥上完初中之后，到湖北襄樊的河南棚区讨生活，慢慢扎下根，把菊秀的父母、弟妹都接过去。只有菊秀死活不走，那时，我们正在读初中，菊秀不想做生意，不想打工，想考学，想过自己理想中的生活，就一个人在家里住。于是，菊秀的家成了我们的聚会地。我们在她家写作业、聊天、写日记、闹别扭，说各种傻话。夏天的晚上，我们坐在院子里，看月亮，各自写文，然后，拿出来互相阅读；我们在河里洗澡、散步，怀着少女柔软的心去欣赏那沙滩、河水、草地。到了初三，冬天的时候，我们几个又去找校长，希望校长把学校的一个废旧仓库腾出来让我们住。还真的成功了，菊秀那个时候发挥了她的执着性格，校长不答应就不走。我们三个挤在一张床上，为争我这个小火炉，她和霞子还闹起了别扭。那时候，我可是她们最宠最爱的人。

在我和霞子都考上师范之后，菊秀又上了两个初三，还是没有考上。在这期间，菊秀的父母一直催着她到襄樊那边，因为做生意缺人手，而菊秀的学习，似乎并没有希望考上什么学校。

> 我就是想过你这种生活，可就是过不成。我也常常反省自己，我的不成功多少与我性格有关。我要是没恁傻，

没恁单纯，就不会走到今天这一步。

你俩考上师范，我又上了两回初三，还是没考上，那几年艰难，我妈她们摆小摊供我，我不服气，我就想考上学，结果，还是不行。你知道家里有多怨我。下学之后，就到父母生活的地方。开始跟父母一起摆摊，非常不适应，总觉得还得有点理想。别的没啥学头，就开始学裁缝，想着将来当设计师，开大的服装店，也算是高雅的职业。

我给我妈说好，学上一年裁缝，不行就老老实实回来摆摊当小贩。我做学徒的那家裁缝店很远，每天来回要跑十来里地。师傅不断地给我们派活，做好多活，光做裤子，每天都要做二十条，我们两个徒弟比着做。最早回来夜里十二点，一般都是一点钟。我一个人骑着自行车，每天上那个大坡，是最难的。车子推不上去，推着推着睡着了，好多次都是如此，然后一惊过来了，咋还没到家，你想那有多困啊。日复一日，不管刮风下雨都是如此。有一天，就是走上坡的时候，不能骑，必须走，有个流氓过来捂我的嘴，我拼命拿脚蹬他，可能是蹬住他那部位了，他才松手逃跑。从那以后，我就想假若有个男孩，天天接送我，我一定嫁给他。那是我当时最真实的想法。

学了一年以后，师傅总是有所保留，我就偷偷学。另外一个姑娘学了一年半还没学会。我自己偷偷看，回家剪了两条裤子，还不错，也算出师了。就想着出来开门面店，一两百块钱都是东拼西凑，又跟我妈、我哥求情，让他们支援。我妈也没办法，其实那时我哥他们在开汤锅，屠宰场也已经能赚钱了，他们想让我也干。我说啥也不干，那种生活太庸俗，跟我心中的理想不一致。

我哥后来给了我六百块钱。拿着六百块钱我心里沉甸甸的。拿着钱买了缝纫机和边机。就去进布匹，边加工边进货。我先给亲戚们做，中间也有做错衣服的，有客户去吵，但那时候都特别耐心，给人家解释。1990 年学，1992 年开始自己做，1992 年和 1993 年是最艰难的时候。家里看不赚钱，也不支持。没有本钱，我去贷款，认识一个女子，说是帮助贷款，后来又不借了。我特别苦恼，一个人喝了半斤酒，心里非常难受，想着啥时间能出来。我这一辈子就喝了一次醉酒，觉得很无奈很无助。别人给我介绍男朋友，我都没有愿意。那时候只要有五千块钱，就可以另有一番天地，但就是没钱。

后来就碰到了老三，我家那口子。这是错中加错。咱们这号人，喜欢浪漫，老三那时候年轻，白白净净，也喜欢吹个笛子，看个书什么的，看着特别文气，我就很喜欢，开始和他谈恋爱。那时候还在做衣服，每天忙到半夜，但真是很开心。还每天早晨坚持锻炼，到坝上高歌。为这，我妈老是骂我。裁缝店一直没有扩展起来，再辛苦也挣不了多少钱。

襄樊橘子多，后来就跟着一些老乡进橘子，从当地联系，然后往全国各地拉，主要往开封、河北等地。那也是相当辛苦的。买的时候，当地老百姓容易把坏东西弄进去，去卖的时候一定要好东西，价格一直提不高。在这过程中，也很辛苦，再加上路上的辛苦，有时候一天吃一顿饭，把胃都饿坏了。但也没赚多少钱，有时候一车还赔两三万元。拉了两三年橘子，也没赚多少钱。

从那时候开始对老三不满意，没有一点创业精神，不愿受苦，有事喊都喊不到前面来，死不出头，我哥他们给他安排个活也干不好。我俩总吵架，我哥就说我，这可是当初你选的，会拉会唱，会耍花枪，就是不会干活。其实，我心里也明白，老三就是不会和人抢，拉不下个脸，我也是一样，所以挣不来钱。可总得生活呀。

2000 年左右，跟我哥一块到河北做砖厂，帮着找工人，在车站上用自己的方式打动人让他跟着我走，要懂点心理，在几分钟内把对方说动，也是很不容易。在石家庄租一间小房子，每天必须出去，有时候刮好大风，还出去，在候车室、火车站出站口等。

我是想着帮助这些人，我们介绍的地方都是听说是好厂、能发下来工资才送的，但也挡不住厂家的坏。这中间非常艰难。每天早晨五点多起床，看那些打工的人，然后说动他们，云贵川的人比较多些。一切的开支都要从这些中介费中来，所以不可能不收费。中间公安局也抓我们，到处躲，还和其他中介争客源，打得头破血流，真不知道那日子是咋过来的。有时候，一个人坐在火车站，坐着坐着就想哭，我竭力追求好生活，最后咋成这样了？看一些报道，说民工在砖厂干活不给钱，还有被逼死的，我就很难受，好像那些人都是我送去的，是我把他们送到了火坑。

走路连头都抬不起来。

这样做了三四年，我总想着这种生活不是长久之法。认识一个女的，就又开始做服装生意。我们 2005 年开始，也该倒霉，刚好服装生意开始走下坡路，我把石家庄赚的钱又投了进去，没有足够的客户，生意做得不是很成功。就又不干了。

回到襄樊。我哥的生意做起来了，需要人，就让老三跟着他跑运输。你看，到最后，还得依靠我哥。

目前我家的情况是，还剩一个橘园，值四五万，别人欠的有三四万,就剩这么多。我开个茶馆,其实就是麻将馆,我每天烧茶不说，人凑不够手的时候，还要陪着打，还要垫钱,我现在也是老手了,一天不打都有点手痒。赚钱也难,打麻将的人都是熟人、亲戚，当时先不给，挣钱时再给你。也有最后不给你的。

现在想想，世界上最坏的东西就是理想，不是想保持这点理想，我能过得这么差？我能嫁给老三这样的窝囊废？要是嫁给我哥那样的人就好了。现在我最崇拜的人就是我哥，当初觉得我哥太粗暴，没文化，现在看，还是人家干起来了，不嫌脏不嫌累，啥事都敢担当。老三可不粗暴,没一点本事。但是,说到底,老三人也不错,比较平凡,属于保守形式，应该是上班那种类型，不敢冒险。我们俩之间的矛盾就是思想不对路，原来谈恋爱的时候还经常谈心，谈理想，现在，还谈啥，说不上三句话，就开始吵架。他也不沟通，我也觉得与他说话就好像对牛弹琴。

开裁缝店的时候还有理想，再苦再难，都觉得能坚持下去，活得也充实，总觉得快乐。现在生活再富足，也不快乐。也有点自卑，毕竟你们还是实现了自己。我自己呢？啥也没有，日子过得也不好。

我晚上做梦，还经常梦到咱们上学那时候，考试，题不会做，紧张得要死，但是，心里还是高兴哩不得了，因为又回到学校，又上学了。醒了之后，特别难过。还有那个乡间小路，咱们三个人，坐在夕阳下、小河边，散步，发呆。这梦都做了无数次，也不知道是恋旧，还是怎么回事。这两天和你们在一起玩，感觉又回到少年时代，心里特别特别高兴，很单纯，有很多感触，特别是又回到咱们学校，我对学校有浓重的感情。如果我考上学，最起码精神上比较充实。

我现在的真正想法是把孩子教育成才，也算部分地实现了自己的梦想，但感觉孩子也是朽木一个。他的性格又是受他爸爸的影响，比较压抑。他爸就是打他。再一个我们的环境也不好，家就是茶馆、牌场，也受影响。

我打算买个房子。房子一定得弄，孩子需要个地方，原来没有想过这个问题。房子弄起来，明年到我们家去玩去。

唉，有时候真觉得前途茫然，觉得没有目标，但是我一定要找到目标。我的理想生活就是物质生活与精神生活结合在一起，就像你现在的生活，就是比较让人满意的生活。

说到帮砖厂拉人那一段生活，菊秀的脸通红，泪都要出来了。

她为这段生活而羞愧，这也是她干不下去的原因。

从某一层面看，确实是“理想”害了她，如果她和她的兄弟一样，只上到小学；如果她没有保持着那可笑的理想和尊严；如果她能够舍下这些，放下身段，去和哥哥妹妹们一样去拼抢，去找一个能在社会上闯荡的男朋友的话，那么，她今天的生活也不至于这样艰难。可是，难道说保持这样一种情怀就有错吗？是什么使菊秀好像在过一种错位的生活？母亲的蔑视、哥哥的嘲笑，并不是没有道理，她太不务实，尤其是在异乡异地，这样一种虚幻情感使她的一切选择都显得不切实际。

生活没有给她实现理想的机会，于是，她的理想、她的浪漫都变成了缺点，成了阻碍她更好生活的绊脚石。从言谈举止之中，可以明显地感觉到菊秀的自卑，她的易怒，她的辩解。在扫过我的刹那眼神中，我看到了饱受屈辱生活的菊秀的苦痛。我无能为力。相比菊秀而言，我的生活多么顺利，甚至有些苍白无力。我求学，求学，最后，获得一份工作，过着安稳的生活，我可以实现我的理想，写作，思考，过一种有深度的生活。而这些，正是菊秀向往的，她在少年时代就确定下来的理想。可是，当生活把她抛到另外一个轨道上时，她一点机会都没有。

我知道菊秀还隐瞒了其他更为复杂的、黑暗的经历，但是，就我们三个而言，还是菊秀保持着某种单纯的品性。她对人事、对许多关系似乎还不是很明白，有某种明显的幼稚在里面。在听她讲述的过程中，我和霞子那不时交换的眼光，那洞透的、怜悯的神情，是有一个共同的感觉：菊秀，她的心灵还停留在十八岁，那个充满理想，然而又幼稚，总是把事情搞砸的少女。

我们在霞子家住了三天。那几天一直是晚上下雨，白天放晴。清晨起来，空气凉爽、湿润，清新怡人，我们带着一群孩子，到河坡里散步，仿佛重又回到了童年时代。沿着河里纵横的小路，一直走到村庄的后面，从墓园那里上去。看到母亲的坟，我挥了挥手，说："妈，我走了。再见啊。"心中有种奇怪的温暖与感动，涌在胸口，要溢出来，就好像母亲还活着，我只是平常出门，给她道别一样。要是每天都这样多好。要是曾经有过这样的时刻该多好。

我们重新走上当年默望夕阳的田间小路，重又回到村庄，去寻找昔日的踪迹。菊秀还是那个天真烂漫的菊秀，非常雀跃。但是，一和她十二岁的儿子说话，她就变得哆嗦、急躁、伤感，可以看出，菊秀是把未完成的理想寄托到他儿子身上了，但是，儿子却又恰恰对学习不感兴趣。碰到韩家的人，霞子一个个给我俩介绍，都只是似曾相识。又沿着上学的老路走了一遍，却似乎没有多少感觉。最后，所有人都催着找一个饭店，赶紧打开空调。在饭店坐下后，一班人说说笑笑，而那条路，依然被遗忘了。这是它必然的命运，就像菊秀。

春梅

2008 年的夏天，似乎特别的热。正是中午时分，和哥哥闲聊了一会儿，我到楼上房间去整理这些天的录音。这是一项非常繁重的工作，耗时长，且效果不佳。有时候，是好多人在场，他们的声音很大，把主采访人的声音完全压了下去。而且，没有一次是按照事先规划好的主题进行的。但也饶有趣味，总有新的、意想不到的东西被发掘出来。

嫂子忽然跑上来说："快下来看看，春梅服毒了。"然后，又旋风一样跑了下去。

我摘下耳机，听到哥哥的前院已经一片嘈杂声，有哭声，也有人在大声叫着："春梅，春梅，你醒醒，醒醒！"我赶紧下去，看到哥哥正拿着工具，往躺在架子车上的女人嘴巴里灌东西。这应该是在洗胃了。

春梅已经处于昏迷状态，表情非常痛苦，在拍打声中，眼皮不时地翻动几下，好像在回应着大家。一番抢救过后，春梅似乎清醒了一点，她睁开眼睛，四处搜寻，蓦地紧紧抓着了婆婆的手，嘶哑着嗓子说："我不想死，我想活，我不想死呀，你救活我，我一定好好哩。"她断断续续地说着，又昏迷了过去，这中间她一直抓着婆婆的手，仿佛在抓着一根救命稻草。在短暂的清醒时刻，她还用含混的声音挣扎着吐出字眼："要是这次好了，我给你做双鞋。"

一个小时后，春梅腿脚抽搐几下，一动不动了。哥哥查了查脉搏，摇摇头说，不行了。

我默默地退了出来。在随后的几天，寂静的梁庄村忽然变得热闹而嘈杂。村子东头，春梅家，第一次成为村庄的中心，人们围在门边，或站在坑塘旁，议论着这件事。梁家几个长辈聚在堂叔家里，商量好久，最后派出一个有些威望的中年人去通报春梅的娘家，还要商量下葬的事情，因为春梅的丈夫在外地打工，来回得两三天时间，而夏天高温，尸体难以存放。春梅娘家爹妈、哥及本家来了二十几口，哭着，骂着，拿着棍子、锄头、锨把，把春梅屋里和她婆婆屋里的锅碗瓢盆都摔碎了，又上去撕扯堂叔与堂婶。他们不让下丧，一定要等着春梅丈夫回来，给个说法。于是，又派人去叫堂哥。我的这位堂哥，小名叫根儿，初中毕业，是村里少有的在煤矿挖煤的打工者，他没有手机，也没有留矿区电话，每到农忙、春节，自己就回来了。当事情出来后，大家才突然发现根本无法联系到他，又赶紧派一个同门的年轻人坐火车去找堂哥。在春梅娘家哥的“押送”下，堂叔去买来最好的棺材，又买来大量冰块，放在棺材四周，以压除日渐浓重的臭味。

春梅，个子高高的，属于村里比较漂亮的小媳妇，圆脸上的大眼睛总是流露着好奇和警惕的目光。她在村里并不受欢迎，太要强，又不会来事儿，和村里大部分妇女都有过矛盾，平时路上见了，还要彼此挖上几眼。春梅死了，对她们的震动最大，一群群地围在一起，议论着什么。奇怪的是，当我想过去插一两句话的时候，她们马上停住了议论，警惕地看着我，并迅速转移了话题，那暧昧的神情似乎昭示着这里面还有其他我所不知道的东西。这些年轻的媳妇们，和我并不熟，在我离开村庄的时候，她们还没有来这个村庄。后来，听哥说，春梅与一个堂嫂走得比较近，也是春梅在村里唯一的朋友。在哥哥的引见下，我和那个堂嫂，一个颇有些见解与现代意味的高中毕业生，进行了一番交谈，也大致了解了春梅自杀的缘由。

> 我只给你说这些，你可千万不能告诉别人。这几天，我心里不美哩很，可难受，说起来，春梅的死也怨我，与我有关。
>
> 春梅和根儿结婚不到一个月，根儿就出门打工了。按说春梅也可以去，可是她晕车，坐到县城都吐哩死去活来，她说啥也不出门，不敢坐火车，后来，生下她那小闺女，

也就不想着出门了。别看春梅脾气暴，跟她婆子妈[1]、跟村里人经常吵架，她和根儿的感情可好着呢，没见过他们吵架。根儿回来了，经常骑着自行车，前面带着闺女，后面坐着春梅，去镇上赶集，回春梅娘家走亲戚。有时候把闺女留给婆子妈，两人到城里去玩，也是骑自行车，你带我，我带你，亲哩很。

春梅虽说知识少，有点笨，可是人真叫个勤快、干净，一天到晚，手脚不停，就两间小房子，收拾得可干净，床上、桌上，连个灰粒儿都没有。下地干活，舍得出力气，家里养有鸡、鸭、猪，有段时间还养兔子，忙哩不行。她最大的愿望就是盖像焕嫂子家那样的大房子，不和婆子妈憋在一个院里。

事儿出在今年春上。春节的时候，根儿没回来，在那边给村里老支书打个电话，说矿上需要有人看矿，一天双工资，他就不回来了。春梅也没跟上接电话，心里就一直生着暗气。你不知道，根儿上次回来是去年春节的时候，中间割麦也没回来，这再不回来，到夏天割麦子就是一年半没回来了。春梅心里不痛快，在家里打闺女，骂牲口，不给人好脸子。有时，关着门，大半天不出来。在农村，哪有大白天关着门的习惯？婆子妈看不惯，说她离了男人就不能活。春梅也不省心，说她婆子妈："你可不想男人，大天晚上出去跑。"把她婆子气得直噎气。实际上，她婆

1 婆子妈：婆婆。

子妈是信主，也是跑哩不落家。你说，大过年的，别人都团聚，小两口一块儿走亲戚，她就剩自己，也怪可怜的。

过完年，春梅来我这儿玩，说起这件事，一开始也是扭扭捏捏，啥也不说，后来说开了，一连声地骂根儿，我听出来了，她是想根儿想哩很。我就给春梅出主意，给根儿写封信，说自己生病了，要他赶紧回来。春梅刚开始还不好意思，说写啥信哩，他们从来没有写过信。根儿上到初三，还能写字看报，春梅是几乎不识字的，咋写呀。我说，你不会写，我替你写。咱好坏是个高中生，也是好浪漫，你哥在南方当海员，我们俩经常写信，还相互寄照片，感觉挺好的。每次来信，心里美哩不得了，再累也高兴。春梅知道我们经常通信，早就羡慕。最后她答应了。我就以春梅的名义给根儿写了封信，还加了些抒情话。写完给春梅念念，她听了，还只骂我，说谁想他了？但也不说让我再改，我就把信写好、封好，把地址写好，春梅拿到镇上邮局寄走了。

这下可坏事儿了，从寄出去第二天，春梅就开始天天等信，在村口等，有时还到邮局等，一看见邮递员来，就前后跟着，怕别人看出来，还非得拉上我。我告诉她，信来回走得二十多天，她不听，等了一个多月，还是没有信。我就想着，是不是信寄错地址了？按说不会啊，是按根儿寄钱回来的地址寄的。春梅有事没事就往我这儿跑，来了就问，咋回事，咋回事？我说，干脆，再写封信，上次有可能投错了。就又写了一封信，我还让春梅拿张相片夹进信里，让根儿见信回来。现在想想，我有点太急了，那时候应该先劝劝春梅，我这等于是火上浇油，把春梅领到死胡同里了。

这一等又是二十多天，根儿还是没回信，更别说人了。春梅也不来问我了，我去看她，她也懒得理我，成天坐在家里，关着门，辣椒也不摘了，地也不拾掇了，婆子说她几句，她也不像以前一样一句不饶。我心里着急啊，就偷偷又给根儿写封信，还找老支书，让他查根儿打过来的电话记录，老支书的电话就没有来电显示。我上网去找，根本找不到根儿打工的那家矿。你说这咋办？

我和春梅去镇上赶集，原来上街，每一次春梅不是在卖衣服的地方跟人家吵，就是在卖鞋、卖苹果的地方吵，热闹哩很，现在倒好，人一声不吭，眼睛直直的，见啥买啥，温顺哩很。我看她的脸，红得不像样子，摸她的手，潮热得很。有一段时间，忽然又狂躁哩不行，见人都吵，把她老公公、婆子妈、闺女吵哩门都摸不着，都不知道是为啥哩。

她婆子妈说她是得了“花痴”，想男人想疯了。两人吵架，她婆子妈当着村里人的面，这样骂春梅，春梅脸挂不住，干脆钻到屋里不出来。还真有点像，最后这俩月，春梅连活都干不成，神志不清，有好几次去地里干活，把闺女落在地里，自己回来了，也不烧火做饭。见了村里的男人就跑，好像谁要抓住她一样，看着都不正常。村里也开始有人拿眼看春梅，背过去还议论，我也气哩不行，谁问我了，我都给呛回去。可有啥办法，根儿联系不上。也没往坏处想，联系不上也正常。平常没是没非，谁跟家里联系？到时候，自己回来就是了。

想着熬到割麦时，根儿可该回来了，没想到，这死劲头儿，还是没回来。不过，往年根儿割麦时也没回来。现在，都机械化了，机械直接把袋子装好，运到家里，也不需要多少人手。但是，现在情况不一样，春梅眼瞅着都不行了，人都快熬死了，她是一股劲儿憋着，成心病了。

要说，这还没事，说句难听的，春天猫都叫春，人也正常，熬一下，都过去了。可是，前几个月咱邻村王营出一个事儿，春梅又上住心了。王营一个小媳妇上吊自杀了。为啥哩？她丈夫回来，两人好哩不行，一块同进同出十几天。走有月把天气，这媳妇一直下身发痒，她忍着，不好意思去看，最后开始发烧，才不得不去医院，一看，说是得性病了。医生还问她丈夫接触过什么人？要抽血查艾滋。村里人都知道了，这媳妇又羞又气，上吊死了。要说这和春梅啥关系？春梅一听说，疯了一样来找我，逼我，问我是不是根儿也在外面坏了，不敢回来了？我说这哪儿知道，再说，矿上挖煤的，都是男的，根本没有女的。春梅说，不是，她看过电视，矿上周围都有女的，专门干那事儿，肯定都有病。我咋解释也解释不清，我说："干脆，你带着闺女去找根儿，现在，大矿不都有家属区吗？租个房子也能住下。"我一说，春梅又泄气了，她从来没出过门，晕头转向的，吓都吓死了，再说，她不年不月地去找根儿，村里人肯定会笑话她。家里的地，她舍不得给别人，她好不容易种的辣椒、绿豆，她还要撒肥料种萝卜白菜。根儿挣的钱到现在还不够盖房子，她咋能把地丢了呀。

后来，春梅也不提去找根儿的事儿，有事没事到王营去转悠，打听那个男的在哪儿打工，女的啥样子，咋染上这病的。回来还问我，是不是一跟别的女人在一块儿，男的就会得病？一惊一乍的，问得我心里也难受哩很。你想，你哥也在外面呢，当海员的，到哪一个地方不靠岸，哪一个岸边没有那样的地方？我先前从来没想过这事儿，挣个钱多不容易，谁有那闲钱去干那事？可是也架不住那么多人去呀。

大前天，不知道为啥事儿，跟婆子大吵一架，吵完架之后，春梅上地里去撒肥料，回来才想起来撒错地了，把整整两袋化肥撒到别人地里了。她又跑回到地里，在地头转了好多圈，我看她神情不正常，一直跟着她。回来，眨眼不见，就喝敌敌畏了。你说，傻不傻，村里有几个男人不是在外面？都像她这样，大家还活不活？

三天之后，派去的人和根儿哥一起回来，春梅的娘家又来闹一番，娘家哥在冲动之下，上去打了根儿哥几巴掌，根儿哥直挺挺地站着，也不还手，也不抹泪，甚至连泪都没流，好像麻木了一样。或者，他始终处于诧异之中，他似乎不明白，他的老婆，春梅，他们的日子越过越好，怎么会去自杀呢？我没有走过去，尽管我很想问他，是否收到春梅的信？如果收到了，为什么没有回来？现在通讯这么发达，为什么不配手机？难道他不想念春梅吗？不想念她那年轻的、仍然圆润的身体？

这一切又有什么意义呢？对于乡村人来说，没什么事儿，不年不节，又不是春忙秋种，回家一趟，是不可思议的事情，那绝对是浪费钱。而情感的交流与表达，更是难以说出口的事情，他们已经训练出一套“压抑”自我的本领。性的问题，身体的问题，那是可以忽略不计的事情。中国有几亿这样的流动大军，如果要考虑这些“小”问题，那不是太麻烦了吗？

改革开放后，“劳务输出”一词成为决定地方经济的重要指标，因为出门打工农民才能挣到钱，才能拉动地方经济。但是，这背后有多少悲欢离合、有多少被消磨殆尽的生命并没有纳入考虑范围。男子离开家乡，一年回去一次，至多两次，加起来不会超过一个月。他们都正值青春或壮年，也是身体需求最旺盛的时期，但是，却长期处于一种极度压抑的状态。即使夫妻同在一个城市打工，也很少有条件住在一起，因为建筑工地、厂家并没有义务给他们提供住宿，他们的收入很难租得起房，往往都是各自住在厂家，至于周末怎么相聚，怎么进行性生活，则是难以想象的黑暗问题。即使这样，能在一个城市、经常会会面已经是很幸运的了。由于性的被压抑，乡村也出现了很多问题。乡村道德观已经处在崩溃的边缘，农民工通过自慰或嫖娼解决身体的需求，有的干脆在打工地另组临时小家庭，它们产生了性病、重婚、私生子等多重社会问题；留在乡村的女性大多自我压抑，花痴、外遇、乱伦、同性恋等现象时有发生。这也为乡村黑暗势力提供了土壤，有些地痞流氓借此机会大肆骚扰女性，并且往往能够成功；有的村干部拥有“三妻四妾”，妇女们为其争风吃醋，衍生出很多刑事案件。

“性”问题的被忽略，显示出社会对农民的深层歧视。我们的政府、媒体，包括知识分子，在探讨农民工问题时，更多地谈及他们的待遇问题，很少涉足他们的“性”问题。仿佛让他们多挣到钱就解决了一切问题。仿佛如果待遇好些，他们的性问题就可以自觉忽略不计。可是为什么？难道他们，成千上万的中国农民，就没有权利过一种既能挣到钱，又能夫妻团聚的生活吗？

春梅终于下葬了，就埋在没有撒到肥料的那块地上，她最终以自己的身体给这块地施了肥。头七那天，根儿哥到坟上给春梅放了鞭炮、烧了纸，又出去打工了。

义哥

义哥姓袁，四十岁左右，在梁庄是独姓。十七岁辍学后，全家离开村庄，到南方码头上讨生活。和当地人争地盘，凭着一股子拼命和不怕死的精神，终于在码头站住了脚，开海鲜批发，办公司，要风得风，要雨得雨，一时间，成为那一块儿的风云人物。

也许是从哥哥那儿听说我在家做这样一件事情，他一定要回来给我讲他的故事。那天，一辆大众车呼啸着停在了哥哥家门前，后面卷着一长串灰尘。然后，义哥带着母亲、儿子下了车。义哥脸庞油光泛亮，带着闪亮的、粗粗的金项链，穿着一个白背心，块块肌肉从背心里鼓出来，使得个子不高、微胖的义哥显得非常有霸气。他说话声音非常豪爽，但是，一说到陈年往事，马上变得充满感情，有几次眼泪都掉了出来。义哥母亲，比起二十年前在村庄的时候仿佛还年轻了些，皮肤细白红润，一看就是过上了好日子的老人。儿子只有八九岁的样子，义哥说带他接受接受教育，“这些孩子，不知道啥叫艰难，不知道他爹受过啥罪，吃过啥苦才混到今天”。义哥是从另外一个县赶来的，他正在那儿谈一个铝矿开发的大项目。说了三个小时，又带着儿子、母亲匆匆赶回去。有朋友在等着他谈事情。他对自己赚钱的能力充满自信，对未来的官商生涯更是信心百倍。

> 我这一生，真是艰辛。要说得说上几天，能写一本书。
>
> 在咱村里的时候，真是饭都吃不上。我爸我妈房子盖起来，欠了一屁股外债。听说赶羊、卖鞋底能赚钱，想出去卖鞋底，那时候队里还不让卖，我妈就给队长下跪，也不行。后来养个羊，小偷从墙上剜个洞把羊偷走。你说背时不背时。
>
> 有一个事儿能说明那时候穷成啥样：爹妈出去卖鞋底，给家里留了二十七封挂面，不是现在超市卖的一斤装，是农村自己切的那种短的，最多半斤。玉米面啥都没有。我们姊妹几个就这样过了一个月零二十天，姊妹四个放学分工，拾柴的拾柴，烧火的烧火，每天，都是稀汤面条，放些野菜、红薯叶子啥的，就这，到最后咋节省也没有了。我就出去借粮食，村里都借遍了。那时候都穷啊，谁敢借给你这群没爹娘的娃儿。等爹妈回来的时候，姊妹几个都快饿断气了。
>
> 由于在村里属于单姓，地位比较低，又在你们梁家这片儿住，老是受梁家欺负。为宅基地产生矛盾，万明们找

事，打闹到门口。我一手拿菜刀，一手拿铁镐，不要命似的，打倒他们一大片。那时候，我才十几岁。梁万明是我老师，他说："义娃儿，你为啥打我？"我说："你们欺人太甚，欺门霸户。"

后来，爹妈从湖南回来，过了不多久，不小心把房子烧了，苞米都烧煳了，家里的铺盖啥的都被烧了。我爹围着房子转，我们全家坐在地上哭啊，可真是哭天无路。最后借住在队里的一间炕烟房里。

十七岁全家到阳县。我妈从外婆家借一百多块钱，在阳县买了个磨机，打豆腐。爹妈在家做，我在阳县家属区到处卖。一年冬天，下大雪，南方下雪少哩很，我还得出去卖豆腐，上坡太滑，自行车倒了，豆腐全部散了。我坐在那儿哭，都不想活了。后来，想把事业扩展，阳县是苹果之乡，贩苹果比较赚钱。我联系了一个客户，一船苹果赚几千块，给我分了几百块，我高兴得不得了，正经是赚了第一桶金。但是，别人把我灌醉，把钱掏走，我放声大哭。这是他们设好的局，骗我的。后来，在船上贩鱼，受人欺负。被人打，要我下跪，我不下跪，打死也不跪。从那以后，我也硬起来，出来混，不能软；一软，当地人就把你收拾掉。后来开始结识阳县的各路大哥，人家也认为咱有豪气，没有看不起咱。人们都说河南娃儿咋了咋了，其实也是被迫无奈，才站起来，打造一片大。我在那儿，慢慢认识了咱们这儿的人，通过了解、沟通，找共同类型的人，讲义气的，结成一个联盟。

后来，在码头卖鲜鱼、鲜海产品，搞大批发，这是赚钱的买卖，没有霸气绝对不行。在这期间，打架拼人命的事情很多。有一个姓郑的，我们结下了梁子。一个人给郑家送鱼，被我拉走了。这个人听说我收得贵一些，就卖给我了。郑家不愿意，拿着刀，去砍那个人。我拿着刀就砍，当时弟兄俩就见血了。他们架着我，我从背后砍，妹夫直接用木棒打，把人家打成脑震荡。最后，他们放出话来，说见到我、见到我弟就劈，当时弟弟才十八九岁，我到阳县六七年的样子。最后，我们就拿着刀子拼命，结果是都付出同等的代价。还是用钱把官方摆平了，这事儿才算完。但当时没有法律意识，派出所的人劝我，我说他们欺人太甚，最后才知道是防卫过当。

有一个阳县人和我同行，本乡本土，是城关镇一个地痞，很厉害，在当地，是一声令下就可以怎么样的人。他伙同郑家，想叫我们一家滚出阳县。后来，找我的朋友李老二去谈判。我称李小二“小哑巴”，也是有名气的人。要求双方互相低个头，他们不听。我朋友也没面子。当时真的是背水一战，要么卷着被窝回河南，要么在阳县站稳脚跟。我们在李老二家里设一个指挥中心，我们三个是指挥，我弟是第一干将，共几十人。那年二十六号，我弟把老郑和那一伙人从三楼砍到一楼，共砍倒八个。弟弟也因此坐了牢。

几次火并后，结果是，我用钱打点轻描淡写处理了。因为没有法律意识，我妹夫付出了沉重代价，坐了八个月的牢。我花了几万，坐了两个半月。我弟弟坐了八年。当时这件事轰动了阳县，也奠定了我在那一片的地位。我现在在阳县，无论什么事，只要我到位，都会买我三分账。

我一直做鲜鱼批发。生意开始红火的时候，一年能挣二十多万，我自己赚七八万就中了，其他都给了好朋好友。有肉大家一块吃，必须得讲义气，人家才给你拼命。这几年，国家形势变了，定点收购、批发，我们的海鲜批发每年收入才六七万，大大超出我的支出。没办法，才出去办厂。走三年麦城，没赚住啥钱。然后回阳县炼油，又被朋友骗，把钱卷走了。这中间有七八年时间总是在走麦城。九几年手里就有一百多万，后来都赔得差不多了。

后来又回阳县开茶馆，做偏门，设赌局，相当于地下赌场。三人合作开茶馆，赚有几百万。开茶馆的过程中，开始操作现在这个铝矿厂。七个人合作，每个人打进去几十万，找一个专业厂长。但是，厂长不会运作，赔有一些。后来，七个人不团结，为了争这个矿，差点就要动枪。我拿着现金把钱分给他们，把矿争了过来。现在矿山，我是法人代表。已经投资一千二百万，最后可能需要两千多万。不过我的产品质量已经得到国家许可，出来的货厂家已经接受，马上就可以赢利了。

我现在的专业知识也懂得很多，那名词你肯定都不懂。

人得有想象力。我总算明白了，官商一家。我现在可以与县长、公安局长光明正大坐一块儿。我原来是被抓的人，现在咱是名副其实的企业家。

生命之后

在梁庄村路口那一排房子里，其中一座房子的院子特别大，没有院墙，直接用水泥铺地，连接着公路的路面，显得特别开阔，也很气派。这是梁光河家，他们的房子是2007年盖的，有村里人在背后议论，说这房子是用儿女的命换的。

这倒不假，光河和老婆属于那种老实人，他的理想就是盖栋排场房子。积攒了二十几年，也没有把盖房钱攒下，他们又不愿意借钱，就下狠劲儿干活。光河和老婆、儿子出去打工，几年也不回家一趟。可是，到出事之前，房子还遥遥无期。这房子，就是在赔偿后的第二年盖起来的，光河再也没有出门打工，也很少出家门。村里很少见到他的影子。我回来这么久，还没有见到他一次。

吃过晚饭，天还没有完全黑下来，黄昏的乡村有一种异样的静谧，不是崭新的、时尚的、新鲜的，而是朴素的、破败的、安详的静谧，让人有一种莫名的地老天荒之感。我和父亲一起散步，来到光河家门口。门开着，里面很暗，父亲喊了几声，没人答应。就在我们要走的时候，光河出来了。他的脸从昏暗处突然浮现出来，苍白得吓人，几乎能看到里面的青筋，脸非常瘦削，鼻子也尖得不正常，皮肤松弛，活像一个没有血色的、恐怖的鬼魂的头颅。他慢慢移动出身体，佝偻着，像七八十岁的小老头那样缓慢。我吓了一跳，在我印象中，光河还是一个颇为英俊的青年，是少有的那种深轮廓的人。如今，这深轮廓却使他显得更加病态。他跟我们打招呼，搬出几个凳子，让我们在门口坐下，又喊住门口过去的一个小孩儿，让他去喊他的父亲过来，就是梁庄的老老支书，梁兴隆。做这一切，光河都是在极缓慢的状态下进行的，他的声音有气无力，身体几乎是一张薄纸片。好像一阵风过来，他就要被吹倒。

一会儿，他的父亲来了，他的老婆，我们叫花婶的，也风风火火地回来了。花婶，浓眉大眼，身体结实，说话还是高腔大调，从她身上，看不出这家曾经发生过怎样悲惨的事件。乡村妇女的生命韧性总是比男人强。

我很想谈谈这些事情，却根本无法张开嘴巴。父亲似乎也没有办法，几次想提起，但又都停下了。光河一直低眉搭眼，无精打采的样子。倒是我们的老老支书，精神依然矍铄，关心政治，对时局也有别出心裁的理解。我仔细观察他的脖子、手及裸露出来的前胸，都有伤疤。尤其是前胸，一道斜的疤痕几乎贯穿了整个胸部，这是当年清立给他留下的。

从光河家出来，天已经完全黑了。走在乡村公路上，倾听着高高低低庄稼的呼吸声，仿佛整个大地都有起伏的呼吸声，一种宽广而又充沛的生命之感。夜的晚，是一种非常美好的感觉，夜空越显得幽静，高高低低的庄稼神秘而富于呼吸，仿佛在与你一块儿行走。一束净白的灯光一闪一闪，逐渐走近，走到最近处，灯光停下，照住我们的脸，就听见声音说："二爷，这么晚干啥？"父亲答道："闲转，你在干啥？""逮知了。"说者把手里的一个瓶子拿起来，里面是浑浊的水，半瓶的样子，把水倒出来，知了还在里面爬。我问："逮这东西干啥？"说者回答说："镇上食堂收，一个一元钱，最少也六角钱。"走过去之后，父亲对我说："这是胜文，周家的大儿子，当年他出门打工，他父亲老周替照看儿子，没看好，在井里淹死了。胜文回来把老周两口撵哩满村跑，要杀死他，把老周两口子吓得出去躲了半个月。”

回到家里，父亲给我详细讲了光河的遭遇：

事情发生在2005年10月18日，六点左右，天擦黑，学生刚放学。

梁亮和姐姐梁英，光河的长子和长女。梁亮骑摩托带着梁英准备回梁庄村，英已经怀孕了，有四五个月吧，是个好女子，顾娘家，也顾婆家。英和她丈夫在镇上开个家具店，生意不错。她的婆家姐是个瞎眼，她经常照顾，关系不错。这天是梁亮刚从广州打工回来，到镇上接姐回娘家吃饭。就在高中拐弯路口被一辆小轿车撞了。撞车的人姓庞，是一个粮管所主任。庞的亲哥是公安上的人，刑侦副队长之类的官。庞是醉酒驾驶，开车很快，一辆农用车和他同向而行，庞超车的时候，撞住梁亮的摩托，事故发生。梁英被撞飞到农用车上，一直被拉到另一个县，大致有七八十里。人们卸车的时候才发现有具尸体在车上，当时已经夜里10点左右。车主吓哩要死，不知道咋回事，赶紧报警。在这边，事故现场，车主庞一看人死了，赶紧打电话，很快，来辆车过来把他拉走了。旁观的人报警，梁亮被拉到医院，很快就死了。村里人和梁英婆家人一直在找梁英，明明是和梁亮一块儿走的，咋会没见了？到第二天早晨，公安局查到这边派出所，才知道梁英被撞进车上，拉到另一个县里了。

光河两口子还在新疆打工，几天之后才回来。弟弟光天在家打理。梁英放在火葬场，梁亮放在医院太平间。当时，庞托村里治安主任去说，认为这个事七八万就可以了，光天认为七八万不行，两个大人，带梁英肚子里的那孩子，是三条命呀。后来，庞又托镇上几个有头脸的人去说和，九万五就到头了，再多就不管了。过有三天，梁光河两口子回来了，那伤心劲就不用说了，在儿子那里哭哭，又跑到闺女那里哭哭，嗓子都失声了。村里人就劝，别哭了，人死不能复生,还是赶紧想想赔偿的事吧。刚开始,光河说，不要钱，只要命，判他刑，让他坐牢。人们劝他，人已经没了，钱再没了，真正是人财两空。再说，你这闺女儿子在地下有灵，也不会愿意的。光河也就不这样说了。那一阵子，一堆人围在光河家里出主意，一是同情，还有一个，心里都打着小九九呢，想着万一要哩多了，说不定还能借来一点。

最后找到一个地区公安局的关系，送礼说情，说最低赔偿二十万，姓庞的没答应。但是，地区公安局的人认为，不用管它，拖一阵儿，只要不签和解协议，他就属于重大交通事故，赔钱之外，还要判刑。后来，庞又找很多人给梁光河说和，双方僵到那儿了。最后，庞使出杀手锏，放出话来，再不答应，就不给钱了，判刑就判刑。这给梁光河造成巨大压力，怕人家有势力，即使人家坐牢，也会很快出来，钱也可能拖着不给，最后造成人财两空。为这，梁光河也四处找人讨主意，也没有更多办法。

姓庞的也打听过了，知道梁家这一家族虽然外面有人，但多与梁光河家，尤其是与他父亲、老老支书梁兴隆有历史矛盾，肯定不会多管此事。因此，也就不管梁光河如何活动，以静制动。

此事被晾有一段时间。梁亮和梁英一直没有下葬，放在火葬场的冰柜里，每天也得花不少钱。光河两口子天天哭，到最后眼泪都流不出来了，闺女儿子下不了葬，人家又不管，打官司吧又没人。一个月工夫，光河就瘦变形了。最后，光河撑不住了，又找人说和，把赔偿的钱说到十五万七。算是和解了。梁英的婆家也得了一部分钱。

后来，梁家一个与梁兴隆有仇气的人，在镇上碰到另外一个人，谈起这件事，那个人说，这都是梁兴隆的报应，你是不知道，梁兴隆那鳖娃儿干支书的时候，那是屙血背良心，坏透气了！老天爷没报应到他身上，报应到他孙娃儿孙女身上。听话的人心里想，我咋能不知道，我日他妈当年被他们欺负哩摸门当窗户，他狗日们也有今天！

梁庄的人大都同情这俩娃儿，但是，另一方面，又认为这是梁兴隆当支书时做下坏事的报应。

农村人的想法很现实，人死了，最重要的就是钱的问题。而在为钱争执的过程中，疼痛、伤心、亲情都变为可以讨价还价的东西，一切都似乎冰冷、无情与残酷。这也是一般人在理解乡村的类似事件时常有的谴责与鄙视，似乎他们把钱看得比人重。但是，谁又能看到他们心里面的深流呢？

我就要离开家乡的时候，光河到县城看病，他的舌头突然间不能动了，吃什么都吐，无法下咽，已经有十来天没能进食了。我不知道最终的检查结果，姐姐说可能是神经官能上的病，哪一根神经失控了。但我有一种疑惑，这会不会是抑郁症引起的？想起光河从房屋暗处走出的时刻，那厌倦的、松弛的、刀条一般的脸，觉得死亡就跟随在他左右。谁能猜到儿女去世对他的打击有多深？白发人送黑发人本来就是非常痛苦的，又是以这样残酷的方式，无儿无女的他，生活的希望、目标又在哪里呢？而他的新房，又给他多大的压力，或者，一种说不清的负罪感？“拿儿女的命换来的”，这句话会在他心里产生怎样的反应呢？在乡村，突然得到这么大一笔钱，觊觎的人且不说，它会使那些嫉妒的人说出不符合自己日常性情的话。我相信，有不少人向光河借过钱，毕竟，他有这么多钱，是所有人都知道的。你不借，没有理由。而当所有的钱都转化为这一座房子时，也等于全村人的某一笔财富失去了。这是一种不顾人情的做法，会招致村里人的不满。它也会加深光河的负罪感。

第五章　成年闰土

对农村无依无靠的老、弱、病、残及因劳力弱和遭受灾害而生活困难的特困户，市政府采取临时救济和春节前集中救济的办法，帮助他们解决生活困难。2004 年 6 月出台了《穰县农村特困户救助办法》，2006 年 7 月又将农村 9388 户、22500 人纳入农村低保救助范围，平均每年发放生活救助金和医疗费 170 多万元。

——《穰县县志 · 民政》

清立

夜里下了一场大雨，清晨起来，村里人都出来查看房前屋后的情况，害怕有地方存水太多，泡到地基。乡村的下水道一直是一个大问题，没有统一的排水管道，都是各自为政，一到下雨，村里的水流纵横交错，为排水前后邻居打架的现象非常普遍。

我和哥哥也到老屋去查看了一番，东西屋的两个水坑里储了好多水，但还没有漫到前后地基的地方，不会造成老屋的倒塌。我们准备回去吃早饭，走到青石桥的地方，清立挎着篮子出现在路的那头。他的上衣敞着，露出滚圆的肚子，裤子用一根草绳系住，一只手拿着个长约八九寸的砍刀。看见哥，老远就笑眯眯地打招呼：“叔回来了。姑啥时也回来了？”他的声音很低，有些沙哑。我低声对哥说：“看着怪正常啊，怎么都说他神经了？”哥说：“说两句话你就知道了。”然后大声对清立说：“清立，起恁球早，干啥呢？”清立说：“河里涨水了，五点多就起来，到河里逮鱼了，逮住条大鲶鱼。”说话间，走到我们面前，把篮子伸到我们面前。那个小篮子里卧着一条大鱼，有四五斤重的样子，胡须还在微微地动，我和哥都赞叹起来。清立一听，非要把鱼送给哥。他把篮子放在青石桥边，到处找绳子，想把鱼穿起来。

我说："清立，给你照张相。"他好像不相信的样子："真的？"我说："是真的，你站好，摆个姿势。把手里的刀先放一边儿，不好看。"清立却说什么也不愿意，一定要拿着刀。我说："你把它先放篮子里，等照完相再拿上，不就行了吗？"说着，我就很自然地去拿他的刀。清立的脸色突然难看起来，非常紧张，手里的刀握得更紧了，眼神里露出些凶光。哥看见这情势，赶紧上来拦我："你照就是了。"

清立好像忽然醒悟过来，把衣服掀开，刀插在裤腰里，然后放下衣服，从外面几乎看不出，只有一个很浅的轮廓。我说："开始了。"清立即又跳起来，说："别慌，我还没摆好姿势。"他跑到一棵树旁，倚在旁边，腿交叉着，大概觉得这姿势很美，脸上露出得意的笑容。照完之后，再三嘱咐我洗出来一定送给他一张。我答应了。

我很想和他聊会儿天，了解一下他的精神状态。九年前，清立突然神经了，拿着刀到老老支书梁兴隆家里行凶。梁兴隆吓得满村跑，他满村地追，把梁兴隆的头、手、腿都几乎砍断，胸前也挨了一刀，肋骨都露出来了。梁兴隆老婆的手和腰也被砍伤。这件事成了当年轰动方圆几十里的新闻，有好事者编了顺口溜："梁庄出新闻，清立砍兴隆，胳膊断了线，刀往肚里捅。"

我问他日子怎样，他却反问我："你从北京回来，那奥运什么样？"我还没来得及回答，他又说到奥运很了不起，我心中还暗自吃惊，觉得清立并没有真正傻。再往下，就不知所云了。清立说话声音很低，嘟嘟囔囔的，听不清楚，双手抱在胸前，眼睛看着天，还有点沉思的状态。天上地下，一会儿粮食政策，一会儿治安管理，一会儿又哪个地方死人什么的，思维很乱，没有完整的表达，但几乎全是国家大事。

临走的时候，清立一定要我们拎着那条大鱼，他已经在地上找到一根细绳，把鱼串好，让哥哥拿着，哥说拿着不方便，但怎么推让也不行。哥哥只好拎着这条五斤的大鱼回家了。路上，哥说："你那会儿去拿清立的刀，你知道有多危险？自从出了那件事之后，他在村里，刀是从来不离身的，有时候，走着走着，就会拿着刀乱舞一阵儿，谁也不敢拦。你想，出了砍人的事儿，谁还敢上他跟前？"他为啥非要把鱼送给哥？因为当年打官司，哥帮他请律师，找精神病院做鉴定。他心里还是明白的。

吃完早饭，我让哥给我讲讲清立砍人的详细过程，还有这件事的来龙去脉。

清立，今年可能四十四岁吧。原来做过小生意，很精明，干活也出力，干瓦工。他们家在梁庄也属于被欺负的对象，他爹属于脑子特别死劲的那类人，没有一点正义感，没团结住人。想巴结村干部，但又巴结不上，村里人们都看不起他。"文化大革命"时曾经得势几天，但也只是打手，那时候咱爹受批判，他也跟着别人，上去又踢又打。在村里没一个朋友，很少有人到他家去串门，几乎没有摆过酒场。清立，在农村属于能干人，但为人处世也和他爹有点相似，性格孤僻，很少交到朋友。见人说话打招呼比他爹强。

清立没挣来多少钱，娶个老婆却很逞强，老是吵他没本事。其实当时，整个社会环境都没钱。清立分家后，日子在村里过哩不算最差，可他老婆不愿意，两人为此常吵架，打架。清立吵不过，也打不过。可能那时候性格都有点压抑，村里的人感觉到他神经有点不正常，但也没出过啥事儿。

清立和梁兴隆的矛盾根源在于房子的问题。清立的房子盖在坑塘边，离兴隆家比较远，但是，兴隆家的下水道被挡住了，其实不是个大问题，下水道都是自己挖的，怕下雨了排水不畅，稍微改一下就行了。但是，兴隆当支书恁些年，习惯了仗势欺人，就直接跑去骂清立，清立当时不愿意，就还了几句嘴，并把兴隆推倒在地。后来，兴隆的几个儿子认为非得治清立一次不可，敢欺负到太岁爷头上，那还了得。否则，这神经货不知道会干些啥事。兴隆的仨儿子跑到清立家里，把清立按在屋里揍了一顿。打哩不轻。到大队那儿评理，村里治安主任是兴隆二儿子的亲家，你说，清立能说赢吗？把清立定为没理，因为打了梁兴隆，又给赔了五百块钱的医药费。从此之后，清立种下心病，彻底神经了。

一天夜里，梁兴隆的儿子在周家看完电视回去，正准备开门，有人拍拍他肩膀，他一回头，就被戳了几刀。有人怀疑是清立干的。他们去找清立的事儿，清立说他没有，大家都不信。又打了一架，这次，清立更吃亏了。这中间，清立的老婆也带着儿子走了，找不着，可能出去打工了，连个信儿都不给清立留。

过有几个月的样子，大概1999年夏天，具体哪一天忘了。清立手里拿个砍刀，不知道是为啥，跑到兴隆家里，先打兴隆老婆，把他老婆手指砍断，头上还弄个窟窿。梁兴隆吓哩满村跑，清立拿着刀满村追，兴隆的脖子被清立用砍刀割了一刀，肩上、腿上也砍了几刀。旁边的人去拉，清立拿着砍刀满村追，吓得也没人敢上来拉架。人们说，兴隆这次肯定是活不成了。

兴隆和他老婆都住进医院，清立被关到派出所，兴隆家花了一万六七，弟兄几个为谁出多少钱吵哩像鳖血[1]一样。两人都是重伤，也做了伤情鉴定。按法律规定，可以把清立判刑，至少十五年。

这时，不知谁出个主意说应该给清立请个律师，做个精神鉴定。他爹来找我，开始我想着不能管，兴隆跟咱们家有仇，别想着我是公报私仇。后来，我又想，我这是坚持正义哩，万一清立是真有病呢？一个病人，也不能这么冤枉他。我这才帮他联系律师，找医生做鉴定。一鉴定，确定清立为躁狂型精神病。

开庭时，法官问清立："梁清立，你为什么要杀梁兴隆？"清立说："我日他姐，我就是想把他弄死，弄他弄哩还嫌轻了。"问了好几次，清立都是这句话。法官审不成，开庭没多长时间，就宣布休庭，又让清立去做精神病鉴定。后来，在地区做了鉴定，确实是精神病人。几个月后，清立被无罪释放。

回来之后，也不知道是害怕，还是为了吓人，反正无论走到哪儿，刀是不离身。

---

1 吵哩像鳖血：形容吵得很凶。

我黯然。古老的乡村故事仍在延续，即使现代之风已经吹了几十年，仍没有改变乡村内部的生存结构。当然，对于清立来讲，法律的公正已使得他逃离了刑罚的苦难，但是，他精神内部的崩溃又有谁能负责呢？哥哥让我一定要看看清立的房子，可能会更有启发。吃完午饭，我和哥哥到清立家。清立的房子其实就在一进村的那个坑塘边，我一直没有在意。房子是八十年代中期盖的那种青砖混泥瓦房，墙一半是砖，一半是泥。不知道为什么，他把东屋和西屋的两个窗户全部用砖砌了起来。

清立看我们来了，非常高兴，把我们让到屋里，屋里光线非常暗，闻到的是一股腐败的垃圾场的气息。进门的正屋还算有点光线，可以看到家里的摆设，其实，也没什么摆设，中间一张破旧、低矮的小桌子，两个凳子，桌子上落满了灰尘，估计好久没有人来了，后墙是用泥砌的一个长条凳，上面放着各种杂物，物品上面挂满了蜘蛛网，有着尘封的感觉。西屋里面几乎是黑的，支着一张床，床上一张破席、几件衣服，没有枕头。那把砍刀赫然放在床上，在微黑的光线中闪着亮光，让人有些莫名的心惊。

屋里的味道让人无法忍受，我们急急地退出。本来想照张相，又怕清立不高兴，就没有提出这一要求。哥哥给我示意了一下，让我看看院子里的猪圈。猪圈里面也是漆黑一片，没有猪，但是，却铺满了长长的蒿草。出来之后，哥说：“现在，清立每天的工作是去河里砍蒿草，铺在里面，再去砍，过一段时间，满了，弄出来扔了，再砍再铺。”问他干啥，说是磨刀。清立说：“日他姐，刀时间长不用，就钝了，那会行，万一要使可咋办？”

昆生

第一次看到墓地里的这户人家大约在十年前，也是夏天。一场暴雨之后，我和哥哥去给母亲上坟。哥哥说墓地另一头住着一户人家，是另一个自然村的，但不知为什么离群索居，住在这里。我很好奇，就去看看。墓地尽头的那片地已经被精心修整过，有碾平的打麦场，上面堆着尚未碾下麦粒的麦秆秸，可以看到最下面那厚厚一层发了芽的麦粒。还有一口水井、自制的磨盘等。中间的开阔处，有两个男人正在盖房子，墙刚刚垒好，自己打制的粗糙的土坯，好像要搭屋梁的样子。旁边有一个小茅草屋。两个男人非常警惕地看着我们，不说话。哥哥给他们发一根烟，神情才略微有所缓和。我弯腰进到茅草屋里面，等眼睛适应了里面昏暗的光线之后，我被里面的情形惊呆了。

茅草屋并不完整，前面还有一个所谓的门洞，后面却只是玉米秆之类的东西糊起来的墙，暴雨穿透这些脆弱的遮挡物，浸泡了这狭小的空间。这应该是一个厨房，锅灶上面已经被雨和泥弄脏，没有看见可以吃的东西。整个空间唯一干燥的地方是灶台前面的那片地，有三张椅子那么大的地方。在这个小小的空间里，蜷伏着三个人，一位可能是母亲，两眼痴呆地望着前面。还有两个小孩，一个小孩趴在地上，下面有麦秸秆垫着，头发散披着，看不见她的脸，一动不动，另外一个大一点的小女孩正在哭，可能有十来岁的样子。哥哥过去摸了一下趴着的那个小孩，发现小孩发高烧了。哥哥和那个年龄大的女人说话，没有任何反应，又问外面的两个男人，说是昨晚小女孩儿淋雨了，一直在烧。

我们返回到镇上，拿了药，买了些面条、饼干、盐、菜，去五金店割了几丈宽的厚塑料布，又回到那里。这个小空间还是我们离开时的样子。我把饼干送给姐姐，姐姐没有吃，扭过头去喊她的妹妹。“妹妹，妹妹，饼干。”姐姐轻声地叫着妹妹。妹妹还是一动不动。哥哥让两个男人把那位妇女搀出去，让小姐姐扶着妹妹，翻过身来，抱在怀里。小女孩儿满脸通红，眼睛紧闭着，好像没有呼吸的样子。哥哥给她打了一支退烧针。

我一直在琢磨，灶台前那三张椅子大小的地方是唯一一片干燥的地，晚上有五个人，有生病的小孩子、两个男人、一个半傻的妇人。他们如何度过昨天那个夜晚，漫长、冰冷、大雨如注的夜晚？到现在想起这个问题，心口还是莫名的疼痛。对我来说，它是一个永远的谜。

刚能望到墓地头的那个小屋，就看见两个人在前面那块荒地里干活，一老一少，老的挥舞着锄头，少的正蹲在地上捡什么东西。看到我们这一群人，他们停了下来，直起腰，盯着我们看。毫无疑问，那个老的就是这家的户主，十来年不见，他已经成了一个白发苍苍的老头。头发看起来好长时间没有洗过，花白色，纠结在头上，垂过肩，胡须几乎遮住嘴唇，也是脏乱不堪。眼睛似乎有点白内障，眼白很多，看不清人的样子。旁边的小姑娘神色活泼一些，笑眯眯地看着我们。

我们让他从地里到田埂上来，他似乎没有听清，询问般地看着我们。小姑娘先上来了，略带羞涩，拘谨地看着我们。大姐拿出五十块钱，给小姑娘，小姑娘不要，又求救似地看着地里的老头。

老头终于动身，嘴里嘟囔着什么，似乎是喃喃自语，但又看我们，好像是在与我们交流。姐姐把钱塞到他手里，他推辞了几下接住了，说着什么仍然听不清楚，又问了几次，才大致听清楚。他说的是，这白花花的银子不好拿（花）啊。不明白他表达的是个什么意思。和清立一样，这是一个长期孤独的人，已经失去了基本的表达与交流的能力。

我对身边的小妹妹特别感兴趣。她红扑扑的脸，瘦小，但很健康的样子，眼睛弯弯的，笑笑的，非常可爱、质朴。我很好奇，她是当年的姐姐还是妹妹呢？我问她，家里还有什么人，她说，姐姐已经出嫁了，母亲今年春天死了。那么，她就是当年那个生病的小妹妹了。竟然长这么大了，真的太好了。在言谈之中，才知道，姐姐嫁到贵州去了。问为什么嫁那么远，她也不知道。她没有上过学，不识字，也出去打过工，到广州，但很短时间就回来了。因为她不识字，很多东西不懂得，也害怕。忙过这段时间，准备到镇上食堂帮忙。说好了，一个月五百，管吃管住，食堂已经催了她好几次，等着她去呢。我听了，非常高兴，小姑娘自己也挣钱了，最起码，她的生活没问题了。问他们父女现在住哪儿，说是村里的炕烟房里，是村干部给找的，这边盖的房子老是塌。我看看周围，大致明白她所说的，这一片地势太低，夏天雨季的时候，很容易积蓄水。

我提出给他们照张相，老头儿非常高兴，反复地用手捋自己的头发，怎么也捋不顺，他往手里吐了几大口唾沫，终于成了个大背头的形状。小女孩站在父亲旁边，双脚并拢，手扯着衣角，嘴角带着羞涩的微笑，看着我。

我的心一阵颤抖，不知道是激动还是欣喜，这样一个生命，终于熬过艰难岁月，又这么健康开朗，质朴纯洁。她未来的生活应该会更好些吧。我没有告诉她十年前的事情，当年才五六岁的小姑娘，应该是不记得那一幕吧？但愿她永远忘掉。

返回时已近中午，路经清道哥家。清道哥家高朋满座，是镇政府里的一些朋友来他家打牌。清道哥又是打牌，又是不停招呼。看到我们经过，非常高兴，把我们喊过去，介绍了一番。言语之中也略有点炫耀的样子。

说起墓地的那户人家，我才知道，他叫昆生。说实话，我也是第一次想到，他还应该有一个名字。

昆生，人称大胡子，年轻时候入伍做汽车兵，退伍后没有回来，在云南贵州一带做散活，据说，他手很巧，特别会编篾席，能够在席中间编出不同颜色的字和花。他在墓地那一片地的井、贮藏窖、房屋，都是自己弄的。

清道哥说："那货，可能是脑子有点问题。要说村里有他的宅基地，也有弟兄几个，不知道为啥，非要住到那个地方。那年他在墓地盖那个小房子，还来向我要砖，也不算傻嘛。我说，我上哪儿去弄，总不能把我的房子扒了，给你盖吧？"清道哥在说的时候，是一种非常淡然、漫不经心，略带点蔑视的口吻。

我问清道哥，政府对他们这样的人家有没有具体的政策，譬如补助什么的。清道哥说咋没有，村里为他可没少操心。当年为他住在坟园，说多少回，让他回村里，就是不愿意。后来，夏天下大雨，冬天下大雪，坟园的房子塌了，这算嚷嚷着要回去。就把他安排在一队，把队里的老炕烟房又重新修修，算是住下了。他老婆春天死，也是村里帮他埋的，他享受五保，一年七八百块钱，还有三四百块钱照顾款，平时面粉、被子、衣裳都给他，实际过哩不错，比村里其他死出力的老实货还强呢。清道哥说着，带着他一贯的揶揄口气，周围的人也都附和着。

这时，一个正在打牌的年轻人插言了。清道哥说，这是咱们镇上民政所的干部，管咱们这片，最了解情况。年轻人说：“这个昆生，你看他一脸可怜相，其实坏哩很。有一次，他喝醉了，跑乡里告状，说没人管他。当时所长可不愿意了，出来骂他一通，说政府伺候哩像个活神仙，你还想干啥？政府要是不管你，你都饿死了。我说让他赶紧回去，别在这儿闹，他不听。后来我说，你要是不听我的，以后我都不管你了，民政所也不管你了。闹哩过头了还把你抓到派出所去。他也知道好坏，就不闹了。他现在可不穷，精哩很。村里给有他二亩地，他种着，坟园里那片地现在也不错，能蓄水，他种些藕，有存款，估计有万把块。前年把大闺女给卖了，给他五千块。这俩闺女都是抱的，也不稀罕。你别看他穿哩脏，衣裳多哩很，就是不洗。”

听着这些议论，仿佛昆生还是一个品德极坏的人，喝酒闹事，勒索政府，卖闺女，故意装穷，等等。我默想着，如果这真的是昆生的另一面，我是否应该因此而减淡自己的同情？因为他道德败坏，因为他懒惰，因为不懂得好坏，所以不值得同情。但是，很明显，他们所说的昆生与我所看到的昆生不是一个人，或者，不是一个观察体系中的人，他们是用另外的眼光来看昆生的。他真的是卖掉闺女了吗？我想，也许是闺女的婆家给了一点钱，而这一笔钱对于昆生这样的人来说，是不应该拥有的，他应该赤贫，应该一无所有，才配让人们给予同情的目光。而喝醉酒，对于这样一个享受着政府补贴的人来说，更是一种败类的形象。

我猛然惊醒，在乡村，像昆生这样的人，已经被排除在正常的道德体系和生存体系之外。他们的存在并非是一个村庄不人道的象征，相反，因为他们的与世隔绝，因为他们的愚笨、怪异，他们已经成为村庄的道德污点，成为被嘲笑和被拒斥的“异类”，根本不配享受关爱和帮助。在我们的文化里面，“生命”本身、“人”本身并不值钱，除非你在文化系统之内找到价值的对应，才被赋予尊重和肯定。因此，当你自逐于群体，越来越孤绝，你也就被驱除出文化系统之外,成为不值得尊敬和不值得帮助的“废弃物”。在骨子里，民众也不认为这种人应该得到这样周到的帮助，更多是出于制度的完善才去做的。

姜疙瘩

准备吃午饭时，已经下午一点多了，“农村饭，两点半”，这已经算是早的了。饭刚端上桌，一个干瘦的老头从外面走了进来，手和脚都黑漆漆的，沾满了煤屑，一进门，便高腔大调地喊道：“咋，不到中午，可都吃饭了！”哥只是淡淡地应了一句，没有过多话语。父亲也一反常态，不甚热情。我仔细一看，这不是姜疙瘩吗？几年不见，显老得厉害，腰已经驼了，眼睛混浊不堪，头后面的疙瘩更突出了。哥哥让了座，也没有让他吃饭。姜疙瘩干坐了一会儿，说一些着三不着四的话，一边拿眼睛巡视着四周，他好像已经不认识我了。不知为什么，我也没有主动和他说话。停了一下，姜疙瘩突然对哥哥说：“志子，昨晚喝酒不是剩个瓶底吗，拿来叫爷喝了。”

哥像是早有准备似的，从桌子底下摸出一瓶酒，果真有个瓶底，哥虚让说太少了，姜疙瘩认真地说：“可不能拆整瓶，我就一点儿就行了。”大约有一两多酒的样子，姜疙瘩一饮而尽，抹了抹嘴，砸吧了几下，问哥几点了，哥说两点了，姜疙瘩一惊一乍地：“哎呀，日他妈，可真晚了，你九奶奶肯定等急了。”蹬上他那辆破烂车摇摇晃晃地走了。

我责怪哥哥对姜疙瘩不够热情。父亲和哥哥都笑起来，说对姜疙瘩可不敢热情，对他这么冷淡，他还几乎天天来，天天都是如此要酒喝。如果你哪天热情得过了头了，他保准会中午来，晚上来，有时甚至半晌正干活，他都会跑来要酒喝。来了不要多，就要喝剩下的瓶底，所以，家里每天都给他备有瓶底酒。这段时间没来，也是因为我们的九奶奶在跟他闹气，要回娘家，他在家守着九奶奶呢。

“姜疙瘩”并不姓姜，是我们本家，不出五服，六十多岁。按辈分，我还应该叫他四爷，没有人知道他的真实姓名，问父亲和村里几个老人，也都想不起来，至于为什么叫这样一个怪名字，倒是大家禁不住要笑，因为从侧面看，他的后脑勺极端不规则，凹凸不平，的确很像老姜的形状，即使从正面看，也能看到他后面突起的“山峰”。

记忆中的姜疙瘩，也是这么瘦，只是腰不驼，神情也没这么疲倦，嘴里整天哼着小调曲什么的，偶尔，还扯着嗓子唱几句信天游。从来没听说过他的父母，家里只有一间东倒西歪的破土屋。他常年在外面流浪，但隔一段时间，就出现在村里，自己也不做饭，东家窜一顿，西家蹭一顿，尤其是哪家改善生活，他总是及时出现在那里。他眼里有活，又有力气，因此，大家并不嫌他白吃。于是，每逢我家蒸馍的时间，姜疙瘩就哼着小曲来了，他当仁不让地揽下揉面切面的活儿。他会两只手同时揉面，只见那手一绕一绕地，时而扬得老高，时而在案板上快速地移动，像玩魔术一样，很快，两个圆圆的馍样便出来了，他揉出来的馍总是特别香，馍一揭锅，那突然窜出的香甜的味道，简直馋死人了。当然，中午，姜疙瘩肯定在我家吃饭，他一口气能吃三四个，心疼得我们直跳。那时候多穷啊，面粉都是量着吃的，他一顿饭就吃了全家三天的面粉口粮。

姜疙瘩回乡是当年村里的特大新闻，几年之后，大家还在津津有味地谈论当时的情景。据说，那天下着小雨，村里的单身汉们像往常一样聚集在公路旁，朝着过往的女人抛媚眼，说些莫名其妙的黄色笑话，间或莫名其妙地大笑一通。如果有女人走过，他们就“嗷嗷”大叫。黄昏的时候，雨停了。一辆公共汽车突然“嘎”地一声停在了大家面前，先下来的是姜疙瘩。只见姜疙瘩穿着西服，还打着歪歪斜斜的领带，接着走下来一个非常年轻的女子，准确地说，是姜疙瘩一手挽着，一手托着腰下来的，“这是我老婆”，姜疙瘩得意地向昔日的同类们介绍。不用说，当时那帮傻瓜们目瞪口呆。这女人蛮清秀的，光洁的脸，梳着长长的辫子，只是个头稍有些低，屁股硕大，腿短而粗，但是一看便知是个老实过日子的女人。姜疙瘩咋咋呼呼地叫大家帮忙从车上搬东西。那天中午，姜疙瘩在镇上大摆宴席，又是甩烟，又是敬酒，吆五喝六的。后来听说这女人还是西安市的市民，大家都猜姜疙瘩是骗人家过来的，他的年龄那么大，相貌又奇丑无比，怎么能让一个光鲜的女子乖乖地跟回来呢？

有一些好事之徒向村支书告状，一句话被顶了回来：“有本事你也领回来一个。”

姜疙瘩暂且安身在砖瓦场的破房子里。第二天，带着自己的老婆，办结婚证，向大队要地，要粮食，又跑遍了自己的本家，要些家具，日常用品什么的，开始扎根过日子了。过了两年，姜疙瘩的女人居然生了一个大胖儿子，姜疙瘩简直要喜疯了，五十好几的老单身汉，怎么也想不到自己有一天会得个儿子。这时的姜疙瘩，已经差不多把当初带回来的一点钱花光了，女人是个好女人，就是不会过日子，好吃懒做。儿子满月那天，姜疙瘩没有摆酒席，而是让老婆抱着儿子，自己提着面袋子，挨门挨户地报喜，“你又添一个爷了”或“你又有叔了”。他的儿子年龄虽小，辈分却极高，几乎全村的人都得喊他一声什么。大家看他手里的面袋子，便明白了，免不了给粮给钱，或把自家小孩穿过的衣服找出来，还给女人讲一些养孩子的常识。有了儿子，姜疙瘩的房子嫌小了，家也更穷了，他开始找房子，四处找一些零活做。经老支书说和，村里的一户人家长期在外打工，同意让姜疙瘩借住，四间半新的房，非常有样子，姜疙瘩带着老婆孩子住进去，算是有了家了。

几年前的春节，我回家给母亲上坟，刚一打开老屋，姜疙瘩便一晃一晃出现了，后面跟着一个年轻的女人和三四岁的小男孩，我猜那便是他的老婆孩子。那男孩俨然又一个“小姜疙瘩”，果然，姜疙瘩一本正经给我介绍：“这是你九奶奶和你小叔。”我看那女人，虽不漂亮，但是脸盘还挺清秀的，梳着传闻中那长长的辫子，尤其是眉宇间的温顺和善良，让人顿生好感。姜疙瘩在屋里巡视了一圈儿，还倚老卖老地骂我几句，摸摸桌子椅子，让我看上面厚厚的灰尘，又把墙上挂着的锄头拿下来比划了一番，“看看，都生锈了，多可惜！”我看他恋恋的样子，便把这些都送给了他，他高兴得不得了，让老婆扛着锄头，自己拎着桌子椅子，胳膊里夹着我送他的一些零碎东西走了，临走前还邀请我到他家去坐。看着一家人远去的背影，我禁不住想笑，却有些说不出的辛酸，总想起鲁迅《故乡》中的场景，一个世纪过去了，为什么还会有同样的场景？

第二天我去了姜疙瘩家，姜疙瘩正在门口磨昨天的那把锄头，看我去了，很意外，怔了片刻，大概没想到我真会去，醒悟过来后，非常高兴地大声招呼女人，让她给我搬座、倒茶，自己蹲在火炉边，卷着旱烟吸。这时的姜疙瘩，非常安详沉稳，颇有一家之主的派头，和平常在外给人的形象简直判若两人。我打量着他们的家，收拾得非常干净，从我家拿来的小桌子上摆着一个小电视，上面还搭着一块红丝绒布。女人坐在床边织毛衣，墙上和平常人家一样，挂着成串的辣椒、玉米、大蒜、农具，温馨、富足、踏实。

现在，姜疙瘩在镇上的一家煤站打煤球，每打一吨给二十元。好的时候，一天挣上三十多块钱。六十出头的人了，每天早晨五更便爬起来到镇上干活，中午又慌慌张张赶回家吃饭，他从来没在街上下过馆子，只不过添了爱喝酒的毛病，自己又买不起，只好在熟人家混喝。

一天，我在门口闲坐，遥遥看见一个矮胖的身影推着自行车正走过去，那不是姜疙瘩的老婆吗？我几步跑过去，喊了一声，果然是我们的九奶奶。她的长辫子已经剪了，车子后面的椅座上还坐着一个小女孩，噢，又给姜疙瘩添了一个小闺女。小姑娘扎着蝴蝶结，穿着小裙子，头型非常匀称，没有了姜疙瘩的“疙瘩”，九奶奶还在座上支了一把花伞给她遮阳。年轻的九奶奶比以前话要多了，不停地唠叨着她的儿子如何不听话，不好好学习，计划生育还追着屁股要罚款；又埋怨姜疙瘩爱喝酒，我听着，心中竟有说不出的感动。

可是他又能撑多久呢？也许这并不是难题，故乡的人世世代代面对种种困难，兵来将挡，水来土掩，一切在他们不过是平平常常的事情，总会过去的。

我在夏天的那一感叹仿佛成了谶言。几个月后，姜疙瘩死了。姜疙瘩年轻的老婆和别人好上了，夏天的时候已经有兆头了。那人年轻，四十多岁，也是农村的老单身汉。近些年在外面打工，手里有点钱。不知什么时候，两人混在一起。在农村，这种老夫少妻，女性一般都是别的单身汉调戏和觊觎的对象。老婆一直要离婚，姜疙瘩不愿意，老婆就跟着那个人跑了。冬天的一个晚上，喝醉酒的姜疙瘩被车撞死了。就在往镇上走的那个街道拐角处，拐角太陡，几乎每隔几年就有村里人在那个拐角被车撞死。知道姜疙瘩死了，她老婆回来大哭一场，料理了丧事。家族里的人告诉她，撞车的人赔偿了两万块钱，放在村支书那里，她想花的时候必须经过家族的同意。她带着两个孩子走了。

现在，有梁家人商量着把“小姜疙瘩”再要过来，毕竟，那是姜疙瘩的根。但是，要过来谁管？没有人愿意揽这破事儿。于是，也就不了了之。

清道哥

早上刚起床，父亲就接到清道哥的电话，说已经赶完集了，马上就开始备菜，叫我们一定要早点去。我回来了，清道哥说一定要表示表示。

清道哥的家，将近四分地，依公路而建。左边不远处是八十年代村子里最大的企业，梁庄煤矿建设有限公司（简称煤建），最兴盛的时候，方圆几十里的人都从这里拉煤，每天运煤的大型卡车来来往往，还有一串串架子车拉煤的普通农户。我们这些小孩放学去的最好的地方就是那个大院子，高耸的黑色的煤山，有着别样的吸引力，我们看巨大的机器在那里吊煤、铲煤，看人们的白毛巾一把下去变成黑毛巾。我们在那里捉迷藏，在煤堆的周边乱蹭。围绕着煤建，形成了一系列小型的商业品种，饭店、小干店、百货商品店、澡堂等等，而生意最好的无疑是饭店。清道哥的手艺也是在那时候练成的。

早年，这里并没有房子，也不是田地，而是一片大坑塘，每到夏秋交季之时，坑塘里长满黑色、清甜、肥美的大菱角，经过锲而不舍的填埋，坑塘上面终于盖出了一排排房子。当然，这样临公路的地段不是谁想填就填的。现在这里的房子依次是清道哥家、会计家、队长家，和其他一些做生意的村户。作为支书，毫无疑问，他所占据的是当年村里最好的位置。那里面有清道哥一车土一车沙慢慢填坑的辛苦。现在，煤建早就破产了，连那个院子都不见了踪迹，清道哥的房子也有点前不着村后不着店的，有点荒凉，只有门口的平整与宽阔能够显示出昔日的繁华。

我们去的时候，面庞清秀，但眼睛浑浊的嫂子正在后院灶台烧茶。她前年得了乳腺癌，双乳切除，在大姐医院做的手术。大姐一去，就撩开衣服让看病情，也不管是否有外人。嫂子还留着那两条标志性的大辫子，但发质已经枯黄、瘦细，没有任何光泽，毛蓬蓬的，配着她不停眨巴、溢着眼屎的眼睛，更见苍老，有一种滑稽的哀伤。前院的房子是他们的百货店，现在上面的货架落满灰尘，几乎没有什么货品。中间的院子种一些丝瓜，瓜秧杂乱地到处爬着，自来水井旁边是自然溢出来的一片湿地，上面有鸡鸭在啄食。在闷热的夏天中午，淡淡的臭味弥漫了整个院子。一条狗呼啸来去，把鸡鸭吓得到处乱飞，鸡毛扑棱了一地。而厨房是开放式的，就在院子的角落，锅台很低，水缸、菜、面粉和其他一些杂物都随意摆着，鸡和鸭随时可以跳上去。

清道哥让我们看他准备的午餐，他已经下油锅炸了鱼块、鸡腿、青椒塞肉馅、小酥肉等八个荤菜，全是炸菜，吃的时候再烩一下就可以了。这是我们那里待客的最高规格。还有十来个做好的素菜、凉菜，只等上桌。我不相信这是他在短短一小时内弄出来的，他大笑："别瞧不起你道娃儿哥，做几桌子，待三五十个客还是没问题的。"前天这里还办了三桌酒席，是村里订婚相亲宴。父亲在一旁说："这可是你清道哥现在的大收入，要不是，他赌的钱从哪儿来？"

"从哪儿来？！"清道哥很不服气，"我有三个养鸡厂，随便卖点鸡蛋，卖些鸡子哪儿不是钱？"父亲回道："三个养鸡厂，哪一个是你的？能得不轻，别看都是你弄的，现在你敢去把鸡蛋拿出去一个试试？"清道哥立马不说话了，过了一会儿，他赌气般的低声说："我今年也要多养点鸡。"

我这才明白一些，清道哥共有三个儿子，现在是三个儿媳，五个孙子孙女。儿子们刚结婚的时候，他把三个养鸡场分给了儿子，一家一个，不偏不倚。但是，为养鸡厂的大小、位置的好坏，三个儿媳都对他有意见，相互之间也闹到几乎不说话的地步。清道哥，因为失去了对鸡场的掌控权，没有了经济来源，也就失去了说话权。经常被儿媳们白眼来去，也说不出话来。

后院是一个两层小楼，楼上楼下，共十二间房。清道哥很得意地告诉我，这都是他亲自设计的，三个儿子，一个儿子两间房，谁也不偏不向。但是，这六间房都是空着的，儿子们没有一个过来住。一方面是有矛盾，儿媳不愿意住；另一方面，养鸡厂也需要人看，所以，儿子们的家基本上就都在养鸡厂。清道哥盖的“城堡”显得空空荡荡。

虽然如此，清道哥仍然很自豪，他为儿子们办下了这家业。他让我和姐姐到后面大儿子的养鸡厂去看看，顺便拔一些时令蔬菜。

养鸡厂在通往河道旁的庄稼地里，刚走近那里，一股恶臭就随着风吹了过来。路边，是一个巨大的蓄粪池，这是养鸡厂的副产品。蓄粪池上面有盖子，但是无法阻挡这臭味，清道哥说这鸡粪很值钱，附近有养鱼的抢着来拉，但不知为什么，最近来的人少了，粪积在这里，出不去。

说实话，这是一个不错的乡村养鸡厂，有三四个大棚，是养鸡棚，鸡在长条形的笼里，喂的饲料和水都掺有防止生病的药物，下面的水泥地也被冲得干干净净。但是，外面的生存环境却让人无法接受，主人的房子就在这养鸡厂中间，门口拴两只大狗，说是为了防盗。主人家的两个小孩在这片恶臭中玩耍，女主人在门口的水井洗菜，洗衣，又把脏水随手泼在鸡粪上，更加剧了臭的味道。清道哥所说的时令蔬菜也是种在这鸡粪上，踩上去，臭水立即渗了出来。我快快地逃了出来。中午，我还是吃了这里的“时令蔬菜”，好在还没有鸡粪味儿。

“城堡”的厕所建在院子外面的角落里，一个很低很小的土坯搭起来的小房子，要弯腰进去才行。门口用一个很短的塑料布遮挡，蹲下去，能看见里面的人，但这是家庭自用，所以一般不会在意这个问题。里面的坑池是用砖砌的，上面脚踏的地方也是两块砖垫上去的，当然，在这些砖的周围，少不了一些蛆虫的爬行。每去一次，姐姐总要感叹，厕所太脏。但在农村，这已经是好的了。回想起来，北方的村庄，最不堪的往往是厕所。每家房子的侧墙旁边都是一个天然的厕所，比较富裕和讲究的人家如清道哥这样才挖一个坑池。一般人家很少有意识，就是在侧墙的地上随便大小便，然后等着自然风干。童年少年最惨痛的记忆莫过于下雨天，侧墙的地到处软乎乎的，都是粪便，找不到下脚的地方，脚尖踮着往里面走，总会踩上各式“炸弹”。这种情况，一般都是到家里有人结婚，或发生重大事件才会改变。而那些临着村中路边的家庭，低矮的、胡乱搭起的围墙与房子侧墙之间的那个空间就是一个厕所。行人往往可以看到蹲厕人的头部，隔墙说话是常有的事。而最尴尬的莫过于辈分有别的人路过，因为站起来提裤子是要被路边的人看到赤白身体的。对于一个刚成年的少女来说，那种尴尬更是让人终生难忘。

必须承认，一个已经习惯了城市生活的人，无法面对这样的厕所。城乡之间无法避免的差距，尤其是这种生活细部的差距也会导致离散的发生。

上午的饭菜果然十分丰富，有童年的味道，虽然觉得油太多，过咸，过香。清道哥讲了许多顺口溜，每一个都逗得大家哈哈大笑，创作力惊人的旺盛。因为来了客人，大儿媳和二儿媳就也来帮忙，很自然地分工，一个洗菜，刷碗，照顾灶台，另一个负责上菜，端盘子，负责酒桌与厨房的传递工作。她们基本上不和我们说话，目光对接的时候，也只是很快就闪过去，很少有表情。乡村女性的情绪在外人面前是不大显露的，包裹得很严，偶然来到的客人很难窥探到她们之间的内在关系，更找不出矛盾所在。实际上，一旦有矛盾，即使是最善良的女性，也会马上翻脸，毫不留情地吵架。而需要共同露面的时候，她们也会暂时共同出场，保持和谐的表象。

吃过午饭，茶水泡好。清道哥喝得半醉，本来紫膛色的脸更显黑红，眼神乱飞，不停地大笑，可见其开朗、豁达的性格。我让清道哥讲讲他的顺口溜故事，比起他谈乡村政治的情况，我更想了解这样一个曾经的乡村政治人物的生活、情感与其生命状态。

你说想听我说顺口溜，妹子可是笑话我了。这梁庄出个梁清道，喝酒场里瞎胡闹。载入史册可丢人，人家说你胡球顺。[1]

那二年交公粮，粮管所所长老二哥俺俩对劲儿[2]，我上粮管所，可热闹。晌午一下班，就在那儿吃饭。吃罢喝罢，编个曲儿胡球出他洋相。我说，二哥，你这两天在村里影响不好，你都不听听群众啥议论。老百姓都在说，咱镇有个所长，交公粮开后门你算别（bái）想，交粮去了报杜南（村庄名），那是好坏都能过，要是报的是杜北（村庄名），好坏一样不吃亏。一报是梁庄，签子没拔就不行。咋，粮管所地盘在杜南，你把那儿的老百姓都维持完，把梁庄人都坑完。所长听了脸只红，去，去，来了好烟好酒吸吸喝喝，

1 胡球：随意，瞎编，一种语气修饰词。

2 对劲儿：好，交情深。

走了还编个曲儿气我。

交粮时上面来检查，他一听算急了，上上下下胡指挥。我说，二哥，你说你不好巴结领导，我看你上午跑哩像个小张[1]，性质可不一样。他急了，你梁清道胡球扯，人家来了能不发根烟？这一听市长进了院，二哥出来赶紧喊金殿，麻利去给“拐子”说，赶紧停磅别出错。说，正收粮为啥停磅？懂个球，注意别叫他出问题，先把秤锤下面那坨泥抠下来。所长一听，气哩乱蹦说，去去，日你妈，你看你糟蹋多狠，还秤锤糊哩泥，下回来了凉水都不叫你喝，靠得[2]你老二哥，可会编。实际上，没那回事，在一块儿对劲儿，胡球出他洋相，出他鲜点儿。

后来金殿当所长了，那几个坏货说，可给新所长也编个曲儿。那有球编哩，“老崔退休换金殿，梁庄交粮超往年，过去交粮报梁庄，签子没拔就靠瘫[3]，今年交粮报梁庄，就没有剩下来一家儿。”一听可都笑开了，新所长表扬哩可怪好，不编不编，曲儿可出来了。是不是金殿就比前所长强？强啥强，胡乱出洋相，说笑话哩。

还有那年那电管站的事儿。人们都说，“党是爹，政府是娘，工商税务是两只狼，还有一只老虎是电霸王。”村里抗旱大忙，变压器烧坏了，自己去买个新哩用，这可得罪了电管站的人。这必须得通过他们换，他们能从中使

1 像个小张：忙得不可开交的样子。

2 靠得：捉弄，戏弄之意。有脏话意味，但在乡村属于戏谑。

3 靠瘫：完蛋了。

私钱。站长说没有通过站上买，不给送电了。我去找站长说理，那个站长杨书敏说东说西，就是不给送。我说，你别说，你们是独家经营，不合理，别想着农村人对这件事不明白。“这管电哩下乡，村里招待都不一样，晌午只说招待差，下午生门儿[1]就停电，你这良心背不背。抗旱大忙巴结你，回头还是要停电，去问你们这为啥，看你下回招待还错不错。”那站长一听，气哩乱转圈，说：“是这[2]，你先回去，回头就送电过去。”我就去找局长，局长也叫我先回去，说是回头给站长打电话。

我说，俺们回不去，老百姓拈着半截砖，在村头拦着，抗不了旱，老百姓只打我。一会儿想上县委去一下，看看这事咋个办？局长一听急了，拿起电话就骂杨书敏，不管啥原因，先把电通上。局长说，你走的时候，也给站长说个感谢话。感谢谁，那是他应尽的职责，感谢他干啥！还没走到家里，就听说，杨书敏在院子里气哩乱蹦！

家里的事就不说了，这清官难断家务事，我这支书干一辈子，家都没管好，你说窝囊不窝囊。

有人说我支书干一辈子，把梁庄也弄哩啥没啥。你说哩是球，群众楼上楼下，我要啥没啥。喝一肚子酒精，两手空空。这些年我胡球拾俩粪也能挣俩钱。

---

1 生门儿：想坏点子。

2 是这：这样吧。

如果你出生在农村，又生长在农村，你会发现，在那些看似朴素、愚钝、木讷的脑袋中，常常蕴藏着惊人的幽默感。在午饭大槐树下的饭场中，在茶馆闲聚的喝茶者中，甚至在上地干活打招呼的过程中，幽默、智慧无所不在。那不时爆发的、爽朗的、略带狡猾的、会意的笑声在乡村的上空回响，为沉默的村庄增添着一份份生机和活力。清道哥正是这样的人。

清道哥一口气说了三个多小时，谈起自己编的顺口溜，尤其是政治方面的顺口溜最兴奋。他把自己对乡村生活、乡村政治的理解几乎是以艺术的方式呈现出来，嬉笑怒骂，随意成篇。以这种民间方式表达对政治、政府的看法，幽默、诙谐，又暗含着抗争，并且更有力量。但是，在涉及具体人时，如现任支书、村长情况时，做村会计的堂叔总是及时打断。在清道哥谈话期间，房间另一处的牌场已经支好，另外一个好像长期跟着会计的什么人早已候在那里。我们谈话的时候，他在外面忙来忙去，干一些杂活。这是非常熟悉的乡村场景，在支书、会计、村长家里，总是有这样的人在帮忙。

清道哥站起来，伸了伸腰，看看牌桌，摩拳擦掌，喝几口酽茶，又上趟厕所，做好一切准备。父亲已在一声声地催，在我们说话的时候，他小睡了一会儿，此时也是精神百倍。我知道，这一战至少要到晚上。

那一夜，父亲打到夜里12点，是哥哥叫了几次才叫回来的。父亲的身体已经不允许熬夜，他的牌瘾很大，一坐到牌桌前就不起来。但是，与清道哥相比，就不值得一提。父亲说他是“常输将军”，都知道他喜欢打牌，还常输，就有人设局骗他。他照去不误，照输不误。很有气度。

父亲给我讲了一个笑话。说是前段时间清道哥在家里和老婆吵架，又和三儿媳的亲家拌了几句嘴，上街卖鸡蛋，消失了好几天，电话也不通，他老婆把所有他可能去的地方都找了，就是找不到。就来找父亲，怕他想不开，万一自杀了怎么办。父亲一听哈哈大笑，说不会，道娃儿要是想不开，这日子就没人能想开。第四天，清道哥施施然地出现在父亲那里，原来到另外一家打牌去了，前两天赢，后两天输了精光，还欠下一些债。听到他老婆抱怨，清道哥指着他那长辫子老婆嚷道："我就是去卖个鸡蛋，你到处糟蹋我名声。"

田地里的昆生

乡村父女

第六章　被围困的乡村政治

统计资料显示：2000 年，抽样调查 17 个村 9181 户 39104 人。调查结果显示：农民从集体统一经营中得到的收入 26.89 万元，人均 393.7 元；家庭经营收入 148.21 万元，人均 2170 元；财产性收入 3848 元，人均总收入 2607.55 元，人均纯收入 1989.39 元，人均现金收入 1495.54 元。至 2006 年，农民人均纯收入为 3647 元。

——《穰县县志 · 收入》

政治

尽管睡得很晚，清晨六点左右的时候，父亲就已经醒了，在院子里走来走去，大声唱着戏文："胡凤莲，站舟船，表家言，悲哀悲叹，叫一声，田公子，你细听俺言——"，间或伴随着"咔咔"的吐痰声。清晨亮嗓，这是父亲几十年来的老习惯。这是一段悲哀的戏词，曲调很慢，如泣如诉，婉转悠扬，被父亲反复吟唱几十年，我们姊妹几个也烂熟于心，"俺家住在河岸边，母生下多男并多女，所生俺一女名叫凤莲。早不幸，老母亲把命丧，撇下了俺父女，以打鱼度过荒年。清晨起，老父亲到大街把鱼来卖，碰到卢公子买鱼不给俺钱。我的父一听心中不愿，卢公子赛虎拳，将我父两腿打断，然后间又重打四十皮鞭。我的父一股气儿未上来命丧黄泉——"

父亲一生热爱唱戏，他曾得意地说，在他少年时代，因为嗓子好，扮相好，差点被一个戏班子带走，还是因为爷爷坚决反对，才没有走成。在我的童年、少年时代，寒冷的夜晚，吃过晚饭，一家人早早地躺下，在一盏昏黄的油灯下，父亲躺在母亲的脚头，抱着母亲冰凉的脚，给她焐暖，我们姊妹躺在另外一张大床上，盖着破烂单薄的被子，相互挤在一起取暖。这时候，父亲开始悠悠唱起："胡凤莲，站舟船——"老屋的东间，父亲和母亲的床在后墙，我们姊妹几个的床在前墙窗下，窗外清冷的月光照进来，把悲哀与温暖也一同流到心里。这一场景成为我心灵永远的底色：凄凉、悲伤，但又有难以言传的温暖。

吃过早饭，在父亲一连声的催促中，我们开始了谈话。一个月下来，他对我的访谈产生了巨大的兴趣，不断指点我该去和谁谈话，和谁聊天，并追问我最终的思考方向。我让他谈谈他的政治斗争史，那也是一部村庄的政治斗争历史。

> 你说政治是啥。我这一生，没有当过官，政治却处处找到我。
>
> 六六年腊月，农村才开始“文化大革命”，老老少少都是红卫兵，打走资派。生产队里干部、大队部里的人都是走资派。干部吃喝风，也想起来把他们收拾收拾。官谁不想当一下，是不是？村里都说我行，就选我当“红卫兵组长”，后来是大队“文革委员”。村里有事，我也去斗人，斗保管梁光明，但我斗的都是实事，梁光明恁坏，早该斗斗他，打人，还贪污粮食。那时候，会计梁兴建急哩给我磕头。为啥事？写小红旗写反了，“毛主席”三个字成倒的了，实际是无意，人们说他是反对毛泽东。我还在床上睡着，到家就给我下跪，说是让我饶了他。六七年七月被“新文革”推翻了，村里又成立了一个新组织，说我是保皇派，保那些干部。开始批斗我，全都是胡整。
>
> 我这才到县城建筑公司，找你舅，让他帮我找个事儿干干。建筑公司几个年轻人成立了一个“七一兵团”，整

老工人。老工人发现我坚持正义，就与我商量，成立了“八一兵团”，隶属于“摧资总部”。我是“八一兵团一号”，主要领导大家干革命。还有一个叫“八一八兵团”的，和我们对立。双方都打瞎枪，没有死过人。后来“八一八兵团”胜利，我又算站错队了，被打倒，又被“七一兵团”斗。我就跑了。后来那些人把我材料送到乡政府，要给我判刑。所以才有后来我的反复逃跑。

六八年“二月黑风”后，与你五舅一块儿到湖北打棉花被套。六月份回来，又到建筑公司跟别人到另外一个地方盖仓库，算是潜逃在外。在这期间，无意间碰到一个村里人，我好吃好喝招待他一顿，让他回家别说碰见我，结果他回去就给“革命委员会”说了。当时，梁兴隆是民兵营营长，马上派人来抓我。我都来不及跑。把我捆住往回押。你外婆家是回梁庄的必经要道，刚好是七月，走到场里，人们看见我，对押我的人说，来喝个茶。趁这期间，赶紧把我藏到你外婆家里，他们找不着，给你外婆村的大队支书说，这里逃跑个反革命分子，大队支书也不管。你外婆村里人说，别再找了，再找就打死你们这些鳖娃儿。

我这算藏了起来，白天不敢回家，钻到烟地里，有时候坐在离村庄很远的树阴下，有时候跑到亲戚家。正是夏天，那热哩就是没处钻，特别是烟地，七八月间烟长哩正旺，都是半人高，把地盖得严严的，不透一丝风，早晨还凉快点，一到下午两三点，那真叫热呀。我晚上偷偷回去。那时，你三姐还不够一岁。春生看见了，报告到大队部。梁兴隆马上组织人去抓我，把王家路口、去菜园的路都堵住，这都是逃跑的必经之路。我从韩家到北岗那条路跑了。我才跑到公路上，就看见七八个红卫兵，他们在那里候着我呢。这下跑不掉了。

六八年七月初三正式被逮回家，那年闰七月。这我记哩可清，一辈子都忘不了。梁兴隆说，明天下午到晚上在学校操场上开批斗会，向主席汇报，说清问题。怕我跑，周围都布置有人，看着我。为啥下午开会，实际上是想等到黑，好打你。这你大姐都记得清清楚楚。把我绑到会场上，各个生产队的积极分子、骨干分子都坐哩满满的。二球[1]们坐在前头，梁兴隆坐在外边指挥，你原叔[2]后来跟我说，梁兴隆跟他们说打死你也不要紧。几项罪名，一是抢军火库，二是骂毛主席，三是支持刘少奇。都是叫人死的罪名。叫我跪，我坚决不跪。看形势不对，我就说，我实属人间败类，请上级做处理。实际错误我一点都不承认。李学平跟咱们还是亲戚，拿着语录本打我，把我头打流血了，浑身乌青。打的人都是积极分子，后来乱了，都打，也看不见是谁。我身上的小布衫撕哩一条条，被血染红了。回去

---

1 “二球”：农村那种爱出风头，被别人利用的人。

2 原叔；父亲的好朋友，是另外一个村庄的人。和明太爷一样，是长时间在我家坐着的人。他们有时不说话，彼此沉默，但也不走，就那么坐着。原叔死之后，他老婆脖子长的瘤病变，就上吊死了。大女儿出嫁，二女儿一心想上学，每星期背着一袋玉米糁去上学，在镇上一家废弃的房子里做饭，一天三顿都是玉米糁，没有菜，没有油和盐。后来，也没上成。儿子发高烧后傻了，四处流浪，不知所终。有时会突然冒出来，到亲戚家或熟人那里要点钱，要碗饭吃。

路上，远远也有人跟，走到岔口那儿，看见你妈在那儿等我，看我浑身是血，哭起来了。你妈说我轧哩面条，你自己做做吃，我出去一下。你妈去找着兴隆的妈说："五妈，你看在一个梁家，也没出五服的面上，你回来给我七哥说一下，别打哩太狠了。"刚好兴隆回来，五老婆儿就给兴隆说："当年咱们家不行，回来以后没吃没喝，光正家卖馍开油坊，也帮过咱们，光正这个事儿，你们看是啥就是啥，别打哩太狠了。"兴隆说："就是要打死他，好扬扬威。你别给我提原先的事儿，那跟我无关。"兴隆没有看见你妈坐在那儿，你妈气哩浑身发抖回来了。

第二天晚上又斗，这次是要定性。走到学校围墙那儿，就一大群学生娃儿，砖头瓦片往我身上扔。一到会场上，有人就喊，"打倒梁光正"，还是叫我承认。叫找证明人，编排很多事，说我在哪儿哪儿骂毛主席，编成个框儿。说梁光立们打墙，我骂毛主席，学生娃儿们都听见了。后来，会场把灯吹灭了，砖头瓦片都打在我身上、胸脯上、脸上，疼好几个月。这时，立娃儿他妈说："兴隆，你们说的不对，俺们打墙是黑儿打的，娃们放学天还没黑，咋能听见光正骂毛主席？这不对啊。"兴隆一听，不知道说啥好了，就说，待后处理。那夜算结束了。

后来为啥叫你们每年春节都去看立娃儿妈，就是这个事。大前年，立娃儿妈死，你姐还专门回去送了两百块钱，请了一盘响[1]。

这是六八年七月的事。打这以后，停了一段时候，这个人那个人找我了解情况。六八年年底，又要清理阶级队伍，大队部说，你可把你的东西弄清。六九年二月，我又是对象。从二月一直整到麦黄梢儿，把我关在镇上高中，粮食自己拿，集中去许家吃饭。清理几个月，啥也没弄清，又弄个待后处理。回去还不断找你。打过的就两次，批斗大大小小几十次。挂个牌子上面写着“反革命分子”“暴乱分子”。后来说是又要运动，安排重活让你干。六九年十月我带着你大姐跑到新疆找你大伯，腊月间回来。头天从新疆回来，第二天就被送到“治刁”水库干活，到那儿还被批斗。挖刁河水库说是疏通河道，挖沟改道，也没成功，到现在地也毁了，还没平。万幸的是，因为一直没承认错误，七〇年稍微松了点。

七四年春上。因为反对光杰、光勇、光明在村里横行霸道，三月间他们在咱们房后打我，打哩浑身是血。七五年烧窑。七七年咱们家盖房子，你妹出生了。

七八年才被平反。这一年又出大事。七八年十一月十五，梁兴隆把咱家门前的路挡住。左边你二婶们已经把路封住，因为咱们从来都是往右边走。你现在把右边路封住，连出路都没有了，不是让人没活路吗？我拿着榔头把

1 一盘响：在传统的乡村丧礼上，去世人的至亲会请乐器班来吹唱，必备的是铜唢呐、锣、鼓和钹，也称为响器。

墙给砸了。然后，就是打架。那一场架，你大姐、你哥都记哩清。我拿着菜刀，你哥拿着那个铁球，你大姐拿着铁锨。咱们家的铁球就是从那时开始立下汗马功劳。后来告到公社，公社书记肯定向着大队书记，说我是严重的反党分子，非给他斗争到底。我听说了，公社书记到哪儿开会我跟到哪儿，让他解决这事儿。最后他烦了，说解决解决，今儿就解决。就派副书记来解决。梁兴隆说，那叫光正来我这儿坐坐，我就把墙扒了。我说那不行，他来我这儿坐坐才对，他把我路封住，不让人活，咋变成我向他道歉。后来又说只让过人，不让过车，我说不行。七九年清明这件事基本告一段落。

我这个人就是好抱打不平。看不惯的事儿，就好管，人家叫我"事烦儿"。"吐故纳新"的时候，重新选村干部，梁家几门之间斗得厉害。梁光望是咱一个门上的人，属于"纳新"对象，为保护他，我早上跑晚上跑，找乡里工作组。想着是家族的事，是一种义气。没有人感谢我，你妈说："人家老欺负咱，快整死你了，你还跟人家一势，有没有脸？"你妈那次真生气。回你外婆家，我去叫了几次才回来。

八〇年九月十六，你妈生病。因为浇地，兴中把咱们的地浇坏了，你妈和他们吵架，兴中把你妈推倒在地，手也弄伤了。你妈连气带摔，中风了。那年你妈虚岁四十。

然后就是开始背着你妈到处治病。

父亲提到的很多名词，"统购统销""二月黑风"等，我都不甚清楚，但是，父亲却自然地提起，可见当时政治对普通老百姓生活的巨大渗透，只不过，他是以一个“破坏者”和“批斗对象”参与的。想象着父亲为了躲避被抓捕，坐在一眼望不到头的烟地里，一坐就是十几个小时，四周一片寂静，炎热的太阳直照着他。那是怎样的心情？他如何度过那漫长而又饥饿干渴的酷暑？从整个村庄来看，六七十年代的政治生活席卷了整个乡村，但是，其内在的逻辑、心态及操作方式却与标准的政治有着根本性的不同。村庄内部的家庭恩怨、权力斗争、人情近疏都参与其中，它决定着批斗性的心态及被批斗者的命运。最终，对父亲的批判定性被一个老太太最经验性的一句话给否定了，也恰恰显示了这场斗争内在逻辑的荒诞性。

作为一个“不安分”的乡村老人，父亲经历了，也参与了中国的当代政治历史。虽然没有惊天动地的大事发生，但政治，却切切实实地影响着他的人生和家庭。他好斗和“爱管闲事”的性情，母亲和一家人是最大的受害者。父亲的批斗史也是我们一家的受难史。母亲的生病与早逝除了自身身体的原因，跟长年的担惊受怕有相当大的关系。但当我们指责父亲因此伤害了母亲，他会非常愤怒地骂我们，认为我们太自私。近几年虽然有点“晚节不保”（父亲终于在村庄的权力层面获得了认同，颇有点得意地出入于新旧支书家里，享受着大家对他的礼遇），然而，一遇到什么不平事，如村里的财务问题，哪一家被欺负，不管是不是村里的、认识不认识的，他的“活力”马上回来，像年轻时代一样，替人家到处奔波。

在我的记忆中，父亲经常在为别人打官司。不管什么时候，家里总是一堆人在商量事儿。我上初二时，为帮一家人打官司，那家姐弟在我家住了几乎两个月。那时候，家里基本上是吃了上顿没下顿，母亲还瘫痪在床，父亲生意也不做了，和他们一起去跑，找法官、托人情，和村里几个要好的在一块商量。最终，官司也没赢。提起这件事，父亲又骂起来，这不管能行？这些人都坏到底了，没人治他们会行？这是几十年来我们经常听到的话。

父亲始终不承认，也不认为他的这些行为有什么不对。但如果脱开“父亲”的身份来看父亲，我清楚地看到，也正是父亲这样对“政治”充满热情的人，那些乡村的“刺儿头”、“事烦儿”、“管闲事”的人，维护着乡村道德与正义的均衡。他们扮演的通常是乡村知识分子的角色，有一些见识，对权力、对欺上压下有一种天然的不满，自觉地打抱不平，拔刀相助。

老支书

梁清道，梁庄的前任支书，五十七岁，长着一张宽阔的、紫膛色的大脸，眼睛里总是闪着狡黠的光。一个自学成才、优秀的乡村厨师，一个运筹帷幄的乡村政治家，一个出口成章、能随口创造顺口溜的乡村能人，一个无可奈何的公公，一个狂热的赌徒。

我让他讲一讲梁庄村这三十年的政治和权力运作情况。

> 农村政策变化可不一样，前进就在这十五年。原来有个顺口溜能说明情况：“队长对队长，走路咔咔响，会计对会计，穿着蓝卡叽。队长有权，会计有钱，撑死保管，饿死社员。”现在年轻人，你看人家脑子有点儿差，出门就把钱抓。出门打工不中用拿个万儿八千，中用的挣个

三万两万。我埋怨自己退哩不早。前几年我退了，领导照顾，让我们家大娃儿也当个村干部，算擦擦我脸上灰。干这几十年，只差把世上酒喝完。日他妈呀，想想差般[1]至极。你说有没有退休工资？有，可有，说出来不怕你笑，你问问他们正干着的多少钱，二百块。我退休，一个月六十八块钱，再加上保险，一共一百一十六块。

经济大包干，乡村可完蛋。如果还是大包干的话，到最后肯定没村干部了。咱们这个行政村共二千多人，一人一年顶百十元，每年需向乡政府交二十八万元。特产也要向老百姓要税，种辣椒，烟叶都要交钱，村里的开支还是从老百姓再要。民办老师的工资、办公费、招待费都是从土地上提取。没有企业，一切来自于土地。一亩地来回报税，不然不够村集体开支和上缴。刚开始是谁种地谁掏钱，后来不种地，你名下的地也得每亩交五十元。有许多家两口子出去打工，干脆不回来了。村干部去要，村民也有抵触，极端的情况就是发生冲突。那时候干群关系最紧张，真是一步步恶化。在村里能给群众说通了，知道这是政府的事，与干部无关；说不通，还有的搭车收费。群众最恶心干部，说，你们除了要钱，还能干啥！特别是九七年以后公办老师工资也让基层发，乡里又摊派到村里，老师罢工，村民闹事，乡干部也是急哩贷款，去借。政策再延长两年，出现啥情况还不好说。

1　差般：傻，脑子缺根筋。

现在是村村都有外债，多哩，都有几十万，主要欠在提留款和超生罚款上。提留款从来没收齐过，都是村里垫支。超生罚款按人口比例交钱，咱们村每年得交三四万，可是村民常年在外，根本不回来，这也得村里垫支。老百姓也会笑话人，称村干部的工作“催粮要款，刮宫流产”，听着咱这老脸也是挂不住。

这些主要依靠民间借贷，银行绝对不借。一分八，二分，高利贷，收提留了再还，导致村里债务越堆越多。有些信用社也想贷钱，知道这情况，不贷给集体，必须以个人名义贷。支书只好以私人身份去借贷。几乎每个村都是干部自己抓、借、贷，来完成任务和应付开支。干部背着债，不想干也不行，干着，还能生办法还；不干，这债全成自己的，那还活不活？有个村支书最后一年借不来了，选举时被选了下去。他对乡党委书记说：“书记，你要是不让我干，我上吊在你门口。”

我自己是坚决不背债，收上来交，收不上来不交。咱们村里不欠钱。我派给生产队，队里抓，你生办法完成。到季了地卖了你再交。土地霸住，一亩地一百块，你交了让你种地，不交，不让种。

咱们村是穷村，别的地方争一个村长花几百万，咱们这个地方是没人干。农村的穷队，啥没啥，干有啥用。选举是三年一届。民主是民主，早晚民主都是集中制。村民委员会也有，成员也写在墙上，选举的规章、制度都有，但只是摆设。不是这制度不好，村民自治肯定好，问题是，治谁呢？年轻人都出去打工了。在外打工的人根本不参加意见，选举给钱都找不来人。咱们行政村共两千多人，连两百个人都叫不到，开会只算走走过场。经济社会，农民一切扑在经济上，争官干的意识并不强。老百姓靠打工有点钱，集体是个空壳，所以也没人争。有些村开会比较积极，想参加选举的人自己掏钱，把在外打工的喊回来。那是因为有利可图。也有些村别说选举了，干脆就是没有人当，当个村支书还不如出去打工呢！

不过，话说回来，大多数人还是想当，能占点儿小便宜，也是个政治荣誉。算是承认，你是个能人。那全是虚荣心。有人说："道娃儿，你村支书干一辈子，把咱们村弄哩啥没啥。"我说："你说球哩，群众楼上楼下，我要啥没啥。这些年，我胡球[1]拾俩粪也挣俩钱，现在是喝一肚子酒精，两手空空。反过来说，楼上楼下跟我支书也没关系，那人家都是出门打工。不出门打工，那还不中，在屋光守二亩田，吃饭都艰难。"

说到自己的穷苦，清道哥显得很激动，父亲在一旁大笑说："你娃子别能，说哩你好像受屈了一样，你不当村支书，你能在公路边盖那一处房？你养活仨儿子，还办养鸡场？就别在这儿摆穷了！酒你没少喝，赌你也没少来，你输的钱都是哪来的？"清道哥是我们一个门上的，还没有出五服，平日里父亲和他对话都是连说带骂，

1　胡球：随便，瞎说。

毫不客气，见清道在我这里撇清[1]，父亲早就在按捺不住了。

这我也承认，是沾点儿光。不过，我干的时候，镇上食堂一般不去，减少开支，村里穷得不得了，你再胡吃，那还行。谁对口有啥事，哪一天哪一日为啥事，月底报销，一样样审核。不管在家里招待，还是在食堂，规定多少报多少，超一部分是自己的。我每天都记账，流水账。今天在干啥，跟谁在一块儿吃饭，都写得很清。

我当官的经验是，群众通情达理的多，不论理的也有，凡是有问题，首先从干部自身找问题，别先找老百姓。老百姓百分之九十都通情达理，是你干部没说到。那年交公粮，有些群众拒交，我跟去三天，三天嗓子说哑了。有些群众有怨言，借交粮可找着机会说说。能解决的我给你解决，解决不了给人家解释清。但是，交公粮是国家的事，该交粮交粮，随后再处理。借交粮胡闹，总归是不对。后来，村里人都说，早像你这样，俺们咋会不交粮，该解决解决，该说清说清，有啥说的。

现在的国家政策，对老百姓是够点儿[2]了。种地给钱，越补越多，补七八十，土地咋能荒？乡、村两级不向群众要钱，并且国家补贴，群众对上没有任何经济负担，收成好了多收点，不好了少收点。现在的村干部的职责很简单，

1 撇清：把自己身上的责任、所干的事推干净。

2 够点儿：很好。

一是宣传党的政策，处理计划生育任务，宅基地，治安，民事纠纷；另外，村支部生办法引导群众致富，过去的干部逼着要钱，现在也变成服务型。一家一户办不了的事，村支部帮助把事办了。

有人说现在的农村新政策，根本不需要村干部，干脆取消算了。这绝对行不通，就现实来说还是不适宜，如果那样，农村的老百姓就真成了一盘散沙。政府与农村肯定有间隔，具体的农村纠纷上面政府解决不了。一是不了解情况，村里的人际关系都很复杂，谁家跟谁家，有啥来龙去脉，外人一点都不了解，很难处理；二是真假难判。乡政府不可能直接进入农村。把这层取消了。下面的群众不成集体了。村里精简人可以，但机构不能取消，等于断线了。一个村千百户，政府直接工作到户是不可能的。上面任何工作都无法开展。

咱们这任县委书记，我是真佩服。第一次开三级干部会，我听罢下来说，妥了，咱们县有指望了。干哩都是实事。人家开会，会场掉个针都能听见，台上台下，鸦雀无声，理论联系实际，土洋结合，深入浅出。说个笑话，别的书记开会只想睡觉，都是套话，没意思，人家开会连解手都不愿去，怕有些话没听见。

我熬了五任县委书记，都没人家的水平。新官上任，不办事可有差，没考虑成熟，一办就岔气，劳了民又伤了财。过去各任领导都要搞项目，那年种苹果，公路两旁挖得像战壕一样，结果一个苹果也没有。还有“书记工程”，各乡都在自己的地上圈个院子，搞项目，脑子一热，不根据实际情况，强压硬办，逞能的浪费百十万，窝囊的浪费几十万元，最后长哩全是荒草。

现在，搞杨树经济，我觉得可靠。领导开群众动员会。我说，个人感受，两句话：有脑子种上几亩杨，十年之后强似小油坊。过去领导都搞特色，最后都劳民伤财，一穷二白。我种十五亩杨，一年一棵树能长一寸，就长八寸粗，几丈高，就按四百块钱一方，一棵树半方，二百块钱，一亩地五十四棵杨树，那有多少，你们自己算了。比你养儿强。你就是养个好儿，他能给你回报多少，孙儿往家一留，年下回来，给你三五百元，你喜哩不得了。不回来一个电话可给你老汉打发了。回来了不是想他爹想他妈，主要是娃子留在家。手里没有一分钱，孙儿都不往你身边跑。手里攥有四五万块钱，也够你养老了，不找娃儿们麻烦。现在废地种几棵杨树，你老了也安排好了。这个项目，我支持，绿色银行。

国家政策变了之后，最起码不存在荒芜土地。有本事打工在外致富，没能力在家种地也不受作难。总的来说，国家政策好，给农民带来好处，给村干部也带来好处，干群关系也好了，除了给村里办好事，不用登门要钱。这一政策过去从来没有过，开天辟地。现在纠纷也少了。

国家只要强大，政策就会长远。好的政策，群众信任共产党，党也有凝聚力，说明国家越来越强大。现在老百姓确实得到了好处。国家号召啥东西，老百姓也愿意支持。

肯定也存在问题，再好哩社会、再完美的政策也有问题。那远程教育好是好，给你个电视机，往大队部一扔，算是回了老家。就是你办,也没人去看。岁数大的在家种地，看孙娃儿，忙哩头都抬不起来。不出岔子还怪好，一出事就完了，爷奶承担不了。你五奶奶现在一提起来她那孙子，还是哭。娃子们都是爷爷奶奶看，留守儿童，管不住，没有几个想上学的。村里人精神涣散，死气沉沉的，现在村里死人，得找两个队，抬棺人才能找齐。这都是问题。

但是，都不急，国家也得慢慢来，恁大个家，也不是一天两天转过来的。

其实，在梁庄，清道哥并没有很强的根基，他父亲是个老实人，一辈子没上过台面。上任支书梁兴隆下台后，村里族人不愿意他儿子再当支书，硬把清道哥弄上台，谁也不得罪，谁也没话说。上台之后，清道哥显示出自己的奉献精神和从政才能，各方面关系都处理得挺好，对待父亲和老贵叔这样的“老刺头”，尊敬有加，时不时请他们吃个饭，商量点事儿，把几个老头儿哄抬得晕头转向。把兴隆儿子安排成村长，又把老保管的儿子任命为治安主任，也算让他们“世袭”了。清道哥在说到这个词时，很得意。村里普通群众虽然有意见，但是，因为这利益他们从来没有得到过，不知道它的好处到底是什么样子，因此，私下里议论议论，再加上清道哥的“清廉”，也就没什么大动作。

几十年来，国家对乡村的政策一直在调整，中间经历了非常艰难的时期。现在，政府对农村进行全方位的改革，并且，加大了投入的力度和广度。从表面上看，国家与农民、干部与群众的矛盾减轻了，但是，却也遮蔽了许多本质性的问题。譬如民主程序、村民自治，虽然已经喊了三十年，但是，对于中国一个内陆小村庄来说，它们依然是很陌生的、概念化的名词。政治、权利、民主等词语距离他们还很遥远。国家、政府与农民之间缺乏根本性的互动，一种建立在理解、尊重、平等基本上的互动。在这三十年里，农民非但没有成为主人，反而成为民众认知中负担、黑暗、落后的代名词，是现代性的负面和现代化改革的主要阻力。乡村人口的超高流动性是民主政治无法推行的重要原因，家庭的主要成员长年不在家，对村庄、对土地的感情越来越淡漠。出门挣钱是第一要义，至于土地，它不再是农民收入的重要来源，不再是“命根子”。无论政府怎么折腾，无非就是要税或不要税，多要税或是少要税，不足以形成一种巨大的牵制力和回望力。与此同时，作为一个基本的生命单位，村庄并没有生产能力、没有建设项目，也没有凝聚力吸引它的成员，使他们成为自己的有机组成部分。

现任村支书

想着和村里现任支书见面应该是很容易的事，但是，回来一月有余，却一直没碰上面。问起老支书，老支书只摇头，说过去的村支书天天在村里转，现在的村支书是天天不知道在哪儿转，反正是上面，不会朝下面看一眼。这大，到乡里了解一些情况，中午吃饭说起这件事，乡党委书记说马上安排见面。不一会儿，去的人回来说村支书正在镇上喝酒，据说是调解村里的宅基地纠纷，花了很大工夫才把双方当事人叫到一块儿，他这个中间人不能走，否则，事情就又得从头开始。乡党委书记并不生气，好像对这样的事情习以为常。等了有一个小时左右，我们的村支书韩治景，进来了，略有点醉意。看见乡党委书记在，半开玩笑地打了个招呼，一看便知关系非常好。看见我，很惊讶地大步上前和我握手，连连说："从你哥那儿早就知道你回来了，还说啥时候一块儿吃饭呢。"具有很强的表演性。

韩治景，四十岁左右，瘦长身体，穿着白色短衬衫，一派文弱书生的样子。眼睛不大，但闪着精明，透着官场里的老练和圆熟，说话非常干脆。接任村支书已有六年。先是做收购粮食生意，现在也兼营修路、修桥，有搅拌机多台，主要用于出租。

> 其实说这些，估计你也大致知道。不说大的行政村，光说咱们梁庄自然村，各姓全部加一块儿，共一千三四百人，三四百户，人均不到一亩。经济方面，主要靠外出务工。啥企业？有俩私人砖厂，从挖土烧砖变成石灰砖。韩家云龙有个养猪场，前几年养背时了。这几年政策好，行情好，老母猪投保险，保险六十块，个人拿三十块，政府拿三十块，最后，保险公司能赔偿千把块。户下散养的有四十多个。都是喂饲料，喂草太慢。没有闲人去割草。为啥养猪少？一家完全投入养猪划不来，老人还要照顾小孩，所以尽管有补助，还是养的少。
>
> 咱们现在不是杨树经济吗？村里河滩地种有六七百

亩，我也种五六十亩，最粗已经二十四公分，年年上化肥，一年一棵树投资得二百五十块，我觉得收入与种庄稼一样，只不过是最后弄个总疙瘩。十年以后，按现在的发展，能卖三十万块。把投资去掉，能挣十万块钱。也就是个定期存款，有个养老钱。

现在种地基本上已经机械化，就这，种地的人还是少，农村劳力已经习惯出去挣钱，很难回来。现在种地国家不收税，还补贴钱，是好事，但不会形成你说的返乡潮，那点钱够啥用？想盖房子、孩子交学费，还得靠出门打工。但也有新变化，就是原先让给别人的地又都要回来了，种些简单的农作物，能收多少是多少，反正不用交钱交粮，多少都是自己的。

按我分析，将来还得走集体化道路，集体化要比散化好，一人一点地，太过分散。集中种，成本降低，劳动力也减少，大型农机工具也能够充分利用。

咱们这儿的人还是没那个做生意头脑。挣了钱回来，存在银行里，等着有一天盖房子，只怕钱没了。银行存款很多，盖个闲房子，没人住，又扔那儿不管了。南方产品丰富，市场发达，家家户户都可以加工，有可能去组织做生意。几个年轻人在一块儿打工挣点钱，商量着做个啥事，赔了算了。咱这儿根本不行。人心不齐，还没干出名堂呢就闹意见，凡是几家合伙的，开始可好，称兄道弟，到最后没有不结仇的。也有攒了不少钱的，不愿再出门，想着干个啥，可东看西看，下不了决心，怕赔，最后，还是出去了。

现在最难干的是村干部，村里没钱，社员的钱还不能少，譬如说种杨树，每个村有指标，让支书亲自抓，月底报账，村里垫了三万多。事是好事儿，可是一成硬性指标就坏事了。说是只在田头沟渠种，有些村为了完成指标，也为了省事，就把耕地给毁了，强迫人们种。好事变成坏事了。农村当干部就是落了一个政治荣誉。村级干部就是奉献精神，咱们村修“村村通公路”时用了几十个人，都要工资，我只好自己垫。图个啥?

农村工作，按书本上干，按条例干，肯定干不成。在法律政策范围内，各种方法都有。生产队干部，工资就三四十块，我是一百六十八块钱，全凭人情干。干部在村里必须有一定的办法，像分地，你正经去分，你弄不成，就得连骂带哄去弄。也有派副乡级来，都站在边儿上，不上场，一个月都分不完。这也是你们说的基层经验，农村经验。就说今天中午，为啥吃？就你们梁家，前一段下大雨，宅基地石块被冲走了，弄不清，两家打起来了，谁都说不通。只好去做工作，由队里去设场请吃饭，找村里会说话、有威望的去说和，各自让一步。没三两场饭肯定不成，农村这些事都这个样。老百姓凡事爱挑个理儿，你想让他信服，必须看是谁说他，得是那个人，否则，能说成的事也说不成。有时候吃饭也闹事，本来说得好好的，一方夸口说外面有人，另一方一听，你有本事你找人呀，我还不让你了，不信你能把我弄到监狱里。这下好了，前功尽弃。

农村宅基地纠纷是常事，老是有新规划，但是落实很难。按规划盖，如果占住你的老宅基地一点，只有两家协商，协商不成，没有任何办法，新的规划很难实行。说是拆旧建新，都是建新的，也不拆旧的。现在老百姓是爷，反正我就是这个样！眼看他是错哩，你能咋办？领导又有任务，你又得完成。当支书是光荣，谁家有红白喜事，你可以坐到上座。可你要是不送礼，算你完了。来家里坐的人每天都一群一群，烟茶都供应不起。有时，我都想躲起来，也是癞蛤蟆支床腿，强撑硬劲。村支书就是那出力不讨好的角色，不是有人总结了吗？怎么说来着，“走南闯北不理你，手里有钱不甩你，遇到事情他找你，事办不成他骂你，心里生气他告你。”

农村这事儿，会整的还轻松点；不会整的，累死了都没人承情。

还有就是抓信访，也难死人了。他告哩对了，咱们管理；有些眼瞅是瞎告、胡告，也得领回来，回来还得当爷敬，下回他还去。光这一摊事儿，村里、乡里、县里得花多少钱，这，咱们书记最清楚。要我说，领他干啥，叫他告去，有理走遍天下，怕他告干啥？怕他告状本身也说明咱有问题。领回来敬起来，问题就解决了？他是人，长着两条腿，你能管住他？我觉得，这方面政策有很大问题。必须得解决，不解决要出大事。

现在公路“村村通”是好事，可也有麻烦。咱村里修那条路，也是国家出一部分，村里一部分，个人再出一部分。有些家住得远了，不走这条路，不愿意掏钱，扣他地也不愿意哩很。主路现在已经弄完了，也是不配套。还是明下水道，夏天，一下雨，还是蚊子一大堆，臭哩不行。叫整的事多哩很，关键是没钱。国家拨的钱都是少量的。啥事都需要关系。好在是通过关系能要来一些钱，这才修路、筑坝。不过话说回来,国家能有这方面规划,这已经强多了。

你说梁庄下河那条路卖的钱？我知道有人在背后说，我也不怕啥，反正没落我自己兜里一分钱。那条路卖了十七万四，让他们走大型拉沙车，沙厂人也高兴，咱们也得钱了，大车容易伤害路，一旦压坏，可以修。剩下的部分还可以拿来修村里的路，这也是好事。村里人只看到收入的那一部分，没看到支出的那些。

现在水利上也有好些补贴，农综开发，国家的钱专项管理，我又跑县里要来一些项目，打些井，盖个电房，大电盘，把高压线拉到井边，浇水，磁卡计费。农田灌溉率达到百分百。项目是拉来了，专款专用，我自己还得贴烟钱。现在，农村成年劳动力，百分之九十多都在外面，这两年粮食贵了还有人种，但是回来的还是少。政策是好了，但是那点钱给他也不起啥作用。要不要无所谓的事。

我个人想法啊，不知道对不对，农村搞新农村建设，光补助这一块，四五十块加一起，能办些大事。现在既然国家往下发钱，咱们整个村，按现在的补助，两千六百八十四亩，能发十来万元，集中在一块儿，能办很多事，譬如修路、弄水道。这比发给个人强。

说一千道一万，关键中国大了，农民多了，没招。

在和村支书交流的过程中，乡党委书记偶尔也插几句话，主要目的是阻止村支书说出一些违背政策形势的话。譬如说到信访的问题，村支书认为目前的信访政策很有问题，还没等支书的话说完，乡党委书记就插言，那些信访的多是老油条，为芝麻大点儿的事成年累月告，精神都有些偏执了，你给他咋解决他都不满意，想借机揩油。我并不完全反对乡党委书记的话，他在实际经验中应该会碰到许多案例，但是，他那种轻蔑的、轻视的态度却让人无法接受。而村支书虽然因乡党委书记的阻止而及时改变自己的话语倾向性，但却并不是绝对的唯唯诺诺，有一种隐约的平等在里面。

这使得我对乡党委书记和村支书的关系很感兴趣。从村支书一进屋两人的寒暄，玩笑话，可以感觉出，他们之间的关系并非只是一般意义的上下级关系，几乎类似于江湖兄弟，具有很强的民间意味。在中国的政治体制中，村支书一级是非常模糊的政治身份，他不属于国家干部，可以随时变回农民，但是，他又承担着落实国家政策的重大责任。“村支书算不上是个‘官’，却是个一方大事小事都会有人找的‘大人物’。”村支书虽然仰赖乡党委书记才能干这一职位，但是，他真不想干了，后者对他一点办法也没有。对于乡党委书记而言，他虽然能决定村支书的去留，但却并没有绝对的权威，因为村支书并不能因他而升职。要想让村支书比较听话，下力气去执行命令，还得依靠另外的东西，即民间场域里的一些文化方式和某些利益方面的许诺。这种民间约束力应该说是非常不稳定的。一旦一方不能达到另一方的要求，即有可能失效，并产生变数。

村支书一直在诉苦，这当然有美化自己的倾向，但是，改革开放以来，乡村的村支书不好干也是个实际情况，上面要通过他来完成政治、经济任务，农民有怨气、有问题也要找他来解决，若非有一定的手腕与势力，或依靠宗族势力，是很难有效完成这个任务的。“上面纵有千条线，下面也要靠村支书一根针。”当我这样给我们的村支书讲时，他非常激动，好像找到了知音，进一步讲述了自己如何为村里争利益，如何为村民排忧解难的难处。

当问起国家对乡村村支书的新政，譬如让村支书也进入行政序列，可以有行政级别，拿公务员工资等政策时，还没等乡党委书记回答，我们的村支书就叫起来：“哈，那也是个形式，一个乡最多一两个，基本上都是那种富裕村，或者是镇上的村子，根本轮不到一般的村支书。”我这才知道，在吴镇，只有镇北的村支书当上了公务员，也是通过重重关系才实现的。当我们的村支书这样夸张地表现自己的不满时，乡党委书记只是微微笑着，并没有表现出特别的不满，或特别去阻止。那神情，就好像一个江湖老大在看着自己的小弟耍酒疯，既是一种亲密关系的认同，同时，也是地位身份的强调与清晰化。

晚上回到哥哥家，和父亲、哥哥谈起对村支书的印象，哥哥说：“这货就是敢干，有霸气，敢拍板，敢花钱，会走关系。”父亲非常愤怒，“呸”地一声朝地上吐了一口唾沫说：“说哩可是，拿住老百姓的钱不心疼，可劲儿花。别听他在那儿表扬自己，有恁难，那他咋还干恁起劲？”说起这些时，父亲的脸都涨红了，青筋往外努着，“村里民愤大哩很呢，我和你老贵叔那天还在商量，非把他拉下台。有他在，梁庄好不了”。这个倔老头，保持着一贯的民间作风，对村干部总是有挑剔。

但也可以看出，即使村干部真的为村庄出了很大力气，费了很大的心，村民并不领情，因为，在村庄里，他们仍然享有特权，并且在这特权中谋了私利，就像某些政府官员一样。这一点如果不解决，中国农民与村干部、政府之间的矛盾仍然不会得到根本性的解决。

县委书记

我的乡村调查得到穰县县委书记的大力支持。在与他的交流中，我对国家许多政策及宏观的现代乡村政治有了一个基本的了解，也使我的调查及思考有了多个层面和多个角度的视野。

县委书记最早是乡村民办教师，是一个具有人文气质和知识分子情怀的学者型官员，对中国县域经济有独特的认识与思考。因从基层一步步干上来，对乡村问题、政策与民生之间的矛盾都有非常独特的体会和见解，也敢于发表自己的看法，具有中原人特有的文学情结和励精图治的抱负，从他的言谈和治县方针中，可以感受到他想改革乡村现状的愿望与决心。我听过他的政府报告和在学术会议上的报告，是难得的一个不讲空话，具有思辨意识和现代观念的领导。他的城区改造、生态经济、村庄整治以及“四加二”工作法，不但改善了整个穰县的外在生态环境，提高了农民的参政意识，从最根本上讲，也使得农民的生活观念慢慢走向现代化。但是，现实的积弊太深，每一种想法落到实践上，都有种种的变形，这些都使得他的许多想法被架空。许多项目、设想、规划在各种力量的牵制下，会变得面目全非。但是，县委书记是一个非常坚韧的人，按他的话说，一项一项、一步一步地做，总会有效果。

为了使问题及内容清晰化，我以问题的方式把他谈的主要内容呈现出来。

作为一个长期在基层工作的干部，您怎么看待改革开放三十年来国家的农村政策及农村问题？

毫不夸张地说，中国农村在发生一个大的转折。从整体上看，中国的改革都是从农村开始，这是以分田到户为标志。生产队的集体性质，大队、人民公社的体制被基本摧垮。文学作品中浩然的《金光大道》是人民公社“一大二公”体制的最典型代表。

八十年代，具体说在八三、八四年，农村生产力得到极大的释放，人们普遍能够吃上白馍。中央先后发了三个“一号文件”，解放了农民，调动了农民生产积极性，说也奇怪，那几年老天也帮忙，风调雨顺，年年丰收，农民基本没有什么负担。后来，一些问题出现了，原来在集体时期的公共设施慢慢被毁掉，过去集体的水利设施、拖拉机，都卖光了。接着国家开始提出发展乡镇企业，允许小商品生产、提高粮食收购价格、发展个体私营经营，进一步强调完善统分结合的家庭承包责任制等。统分结合，统，土地是集体的，所有制的性质不能变；分，就是土地承包到户，家庭经营，从实践效果上看，不少地方统的功能减弱了，分的功能强化了，小生产者和大市场的矛盾日趋增多。在这期间，发生了许多有影响的事件，比如山东蒜薹事件，还有化肥厂倒闭，最典型的事件是洛阳拖拉机一段时间卖不出去了，人们一下子懵了，找不到方向。

八十年代可以说是农村政策的过渡期。八十年代中后期到九十年代末期，邓小平南方讲话之后，国家市场经济逐渐形成，产业结构、就业形式，发生变化。前面整个时期是以“土”为主，现在是以“出走”为主，整个社会出现了大动荡、大变化。出门打工挣钱带来家庭结构的小型化与分散化。

九十年代，农民负担日趋加重，主要是“三统五筹”，三统，指工资、公积金、公益金；五筹，指修路、计划生育、农村教育、民兵训练和统一防疫。国家规定，农民人均收入的百分之五上交，为了解决统分结合的“统”字。规定农民的七个义务工、十个积累工。后来，为了变通，提出“以资抵劳”，结果是，农民又出工又出钱。还有农业特产税、生猪屠宰税等，这都给乡村干部提供了向农民要钱的借口。乡村干部的权力越来越没有约束，很随意，农民负担被层层递加。那几年干群关系矛盾极其尖锐，全国各地每年都发生因乡村干部收缴粮款，农民或喝药或上吊死亡的恶性事件。农村的情况愈演愈烈，不少地方发生群体性对抗事件，或者干脆外出跑哩你找不着。

整个九十年代是农民负担逐渐加重的过程。2004年我刚来，调研之后，发现县里有十几个乡镇承包田没有落实，地分不出去。老百姓说，一到种地的时候，村支部书记临时卖地，一亩地一百二十块，谁种谁掏钱，大多数人不种，不种地可以不交钱，还可以出去打工。我到乡里做调查，一个五十多岁的妇女拉住我的手说："书记，我们再种地，就种到监狱里了。"她说："你想，我们这儿地多，一个人三亩地，一亩地要上交一百五十块钱，三亩地得四百五，五个人得两千多块，还不说村里像割韭菜一样随时要的钱。要是没钱交，村支书就把我们的印章没收，瞒着我们拿到信用社去贷款上交，签我们的名。贷款到期，我们也还不起，信用社就到法院起诉我们，这时候，法院、派出所的人就拿个手铐一晃一晃来了，要不还钱就把人带走。这不就是种地种到监狱里了吗？"所以，农村一段时间内有很多撂荒地，种地赔钱，谁还敢种！

1992 年开始到 2002 年，整个农民负担到了矛盾极其尖锐的时候。一边出各种条令收钱，一边又三令五申减轻农民负担，相互矛盾，每年都发生一些恶性事件，追究一批基层干部责任。当时一个省领导来视察，我提出自己的看法，应该反思一个问题：为什么全国的基层干部都犯同一个错误？从东北到海南，从河南到湖南，为啥基层干部会和群众形成对立？乡村干部也是和村里老少爷儿们一块长大的，也有感情，不是天生的南霸天。如果这个不转折，那是天也没门。说老实话，这个时期真正对农民利益有所保护的，是那种落后的干部；那种老得奖的，肯定是对农民逼哩狠的。

现在看来，整个九十年代，农村政策是很不成功的。三农问题像一个到站的火车，喊得响，走得太慢，文件很多，不管用。农民负担不但没有减轻，反而日趋加重。

2002年开始提出税费改革。当时我说这个事弄不成。因为按中央有关部门原来的设计方案，基本上是“这一窝水和这窝泥”，你的所有收入管所有支出，像咱们这样的财政穷县根本不行。当时民间有一个顺口溜：四大家带着公检法，为收四毛八（烟叶税）。下去逼农民种烟叶，因为烟叶特产税比较高。这是没办法的办法。

新农村政策国家惠及农民补贴非常多，今年财政农业投入三千八百多亿，这是从来没有过的。这是根本的转折。照这样走下去，五年以后，党和农民的关系一定会修复到最好的时期。在过去，我这样的县委书记下乡考察，乡党委书记都是把住路口，一直紧张着，怕群众告状，怕有问题被发现。现在好多了。

如何看待2003年左右中国农村政策对农村生活的影响，它所具有的意义？

按2000年前后的趋势走到现在，农村都不得了了，真的很难想象，可能会发生危机。农村问题已经到了崩溃的边缘，农民负担重，农民状况差，农民情绪激动。中央政策真是调整得及时，现在都好多了，不交钱了，不交税了，种地还有补贴。

2004年以后，整个国家的宏观政策发生了质的变化。特别是科学发展观的提出，得益最大的是农村，是中国农民。中国的农民文化最大特征是跟着感觉走，你看赵本山的作品《三鞭子》变相地骂基层干部，虽然有一种表演的成分在里面，但也是农民心态的阐释。文艺作品它就是对生活的阐释，是当时情况下整个干部作风的一种折射。同样是下雨，久旱逢雨，说老天爷好，阴雨连绵，说老天爷不好，农民的感觉很直接。今天谁对我好，我说谁好，谁对我坏，我说谁坏。

当前的宏观政策，再加上基层的把握，一下子解决了农民的许多具体问题，也改变了农民的状况。多年来我们想解决而难以解决的问题都能够有条件逐步解决了。我讲过一个观点，新农村建设不能理想化。不能一讲新农村，就给农民在脑子勾画一个欧式别墅、蓝天白云、出行有车、干干净净，这样一种模式叫新农村，这容易理想化。理想化带来的问题是急于求成，我们在农村工作中容易犯的一个错误，就是理想化。譬如说五八年的“人民公社”“大跃进”，甚至“文化大革命”，都是理想化的东西。用理想化的东西代替现实，容易带来绝对化，带来一刀切，容易带来形式主义。农村经济和社会发展存在的许多问题都是从理想化派生出来的。要有理想，但不能理想化。

但我还有一个观点，新农村既不能理想化，也绝对不能随意化。新农村建设的国家政策是二十字方针：“生产发展，生活宽裕，村容整洁，乡风文明，管理民主。”这五句话的前提是生产发展，接着是生活宽裕，看起来很宏观，但又很具体。中央为什么这么规定呢？就是不想给新农村定一个具体的标准，在这个过程当中，就有先急后缓，先易后难，先干啥后干啥。理想化容易形式主义，随意化就容易感觉遥遥无期，放任自流，不知道抓啥，结果是像歌词里说的，“星星还是那个星星，月亮还是那个月亮”，农民享受不到现代文明的成果。新农村建设必须从改变农民生产生活现状入手，具体地一项一项地抓起，让农民感觉到具体的改变。

一项一项、一村一村地推进，先抓住农民最直接、最现实、最关心的利益问题，用电、吃水、行路，村容村貌，一项一项地干。不可能设想农民富裕到一定程度再去做工作，因为永远是差异性发展，过去即使不提新农村建设，村里也总有一部分人过得比较好。但是，不抓村庄基本设施，不抓生存生活条件改善，我就说，那是小楼盖到泥潭中，村里没路，房子再好，还出不去门。

目前正是农村变革的关键期，也是农民的修复期。

新农村建设所需要关注的主要问题是什么？

在这种大转折下，农村的文化理念也在发生变化，带来新的情况。第一，农民的孩子上大学无望，不像八十年代那样拼命上学，只要上学，就可以进入城市；现在上学没有出路，没有多大用处，感觉上到大学与上到高中差别不大，尽管升学率高，但孩子上学的意愿还是不高；第二，长期外出打工，家庭教育缺失。第三，越来越多新的信仰危机，宗教信仰很迷茫。第四，打工者越来越不适应外边的世界，劳动力培训较差，农民得不到系统的技能培训，所干的仍然是最低级的活。第五，农村基础设施越来越差。

第六，在新的形势下，基层干部的素质也是值得注意的问题。现在，干部与老百姓的感情有所修复，但是，这种修复是靠好的宏观政策得来的。再过几年，干部素质如果不提高，没有新的理念、新的思维驾驭农村新的现实，仍然会有危机。

同时，在新的政策下，基层村干部的任务很多是落实中央惠民政策，是给农民发钱，这极容易出现道德风险，可能会造成新的贪污方式，引发农民新的不满和社会矛盾，譬如把低保用在自己家亲戚那里，或虚报名额。这种带有公共福利性质的事情，干部容易把好事办走样，处事不公，引发农村矛盾新的热点。

在学界有一个普遍的观点，认为乡村城镇化是解决城乡矛盾的必然趋势，你怎么看待这一观点？

这个观点本身没有错，不能简单化理解。有许多学者主张大城市化，如果简单化，不适应中国国情。我觉得，解决未来中国农村问题的办法有五个“中”：中小城市，中小企业，中小银行，中产阶级，中小收入。特别要突出的是两点，第一是中小城市。中国现在是典型的大城市病，城市拥挤，农民集中到城市，又无稳定的生活来源，就成为城市无产流浪者，这会成为大问题。容易造成贫民窟，这是大城市化必然的弊病。第二要发展中小企业，能形成当地就业。我们是劳动密集型企业，这是事实，也是我们国家特殊的国情。有人说，我们是低档工业制造者，呼吁改变这种状况，其实，这并没有什么不好，人口是我们现在的优势，也是发展中的一个过程，这种密集型企业在中国的高度发展是必然的。

什么叫城市化？住在大城市就叫城市化生活？我认为，城市化首先是生活方式的城市化，就业、收入方式的城市化才叫城市化。能用抽水马桶，能洗澡，出门能用车，这是城市化。我去韩国考察，韩国的大部分教授都住在城市郊区，但是各种生活条件特别齐备，这也是城市化。如果城里人所能享受的现代文明成果，农民能享受到，并且按照新的组织理念，靠专业合作所形成的生活方式，这也是城市化。在穰县，我们提出四级城镇体制，充分发展乡、镇的作用，在乡村打造贸易集中地，它的繁华程度不亚于城市，到一定程度就有点像国外的小城市。另外，以原有的民间集市为中心，形成几个村的物资流通地，发挥镇的功能。

如果乡村发展好了，农民不用离开家乡也可以享有城市化的生活，也会解决大城市化的问题。现在，新农村整治，路也通了，下雨也可以出门，门口就有超市，有自来水管，有太阳能，洗澡的问题解决了，走亲访友也很方便，他生活的方便程度舒适程度不亚于你城市的生活，所缺乏的就是信息的问题。在若干年后，这些信息不畅通的问题解决了，你住在乡村有什么不可以？

你认为中国传统乡土文化对农村农民还有多大影响力？

农村的个别女孩出去干不好的事情，挣钱回家盖房，

回来非常纯，不管在外面如何妖，回来像个乖孩子，表现得非常纯朴。但是，你还是能大体看出来她在外面的职业。乡村文化、村庄生活场具有很强的净化功能。

穰县文化是书香文化与农耕文化的交织，节约、克勤克俭，也相对传统，这都在无形中制约着在外的人的行为。我在其他县工作的时候，我经常陪朋友去茶馆坐，在穰县我就基本不去，今天咱们在这儿说半天话，可能很快就会传出去，那也是个新闻，而且是个负面新闻，这就是地域文化的差异表现。地域文化的地方排他性和保守性很强，对外来文化会形成挤压。

简单地说，文化就是习惯，文化具有一种固化效应，有一种锁定功能。把习惯、习俗哲学化，就是宗教，把习惯伦理化、抽象化、虚化，就带来宗教、艺术、文学。人与人之间的习惯固化之后就是文化。越凝固的地方排他性越强。地域文化形成以后，游离于现代生活之外，这是一种固化效果。有客人来穰县，招待饭后请他到卡拉OK厅唱歌跳舞，人家感觉在穰县没意思，因为这里都是一家人来玩。

你认为，改革开放以来整个农村的发展趋势对乡土文化的冲击主要表现在哪些方面?

现在对传统文化的冲击，实际上是两大冲击，一是沿路盖房，对原来村落结构形成冲击，这就必然会带来对村落文化的冲击。过去是三十亩地一头牛，老婆孩子热炕头。我们那里有句俗语，“碾磨齐全，房后有个竹园”，那种农耕式的生活，筐子筛子都可以自编，一切齐全，可以自足。村落结构形成互助文化、协作文化，互相周转，邻里之间虽然也为宅基地闹矛盾，但长期集聚在一起形成一种互助文化，在摩擦中互助，共生文化。后来，富起来，沿路盖房子，带来的结果就是村里的公共设施不能共享。还有就是传统东西的丧失，过去你借我一个东西，隔个墙头就可以递过去，这些慢慢都没有了，形成很多空心村。所以这几年下大力气改造村庄，村里道路畅通，下水道打通，搬到外面的农民又回来，主要是方便。第二，因为就业方式的变化带来家庭结构的散失。老少问题，中国文化潜在的东西隔代亲，爷爷对孙子是溺爱式，不是一种管教式，父母情感的长期缺失对孩子的成长都形成不利，这又是对传统东西的冲击。且不说外来要素的冲击，就这两个问题对目前农村文化带来一种可把握上的难度。过去凤凰卫视来拍片子，我说过一句话，“唯有文化无敌”。文化有一个很强的东西，就是锁定效应，美德如此，劣习也如此。比如说沿铁路的一些村落，个别农民盗窃、扒火车，为这，不知道抓多少人，判多少人，但是还扒。道德堕落也形成一种习惯，也会越来越固化，最后形成文化。文化像一个橡皮墙，用刀子戳才能戳破，用石头打，打轻了，它是一个窝；打狠了，慢慢可能还反弹过来，打住你自己，最后，都又慢慢平复了。

邓小平说过一句话，“改革开放以来最大的失误是教育”，这个教育不光是指学校教育，实际含有道德教化、传统文化缺失的意思，没有抵制住西方的思想，各种封建的东西又都冒出来。

作为政策的实践者，如何落实政策，从哪些层面做起？

要一项一项地抓中央的惠农政策落实，把中央政策研究透，争取到、落实好。譬如太阳能的引进，发生在农民的身上，这是一个生活质量的重要变化。学会洗澡，这是一个很大的农民心理变化。抓茶馆建设，村村通，把农民带进现代文明生活。这是潜移默化的东西。从农民的脚下、房前屋后抓起。起码对村落的传统文化结构、生存方式的改变是一个保护和发展。基层干部要有责任感，要把现代文明成果一项项引给农民，应该定格在能力建设上。就农民生活而言，不能说农民落后，电话、手机、电视，都有普遍性，现代文明元素越来越多地进入农民的生活，随着农民接受信息量的增多，农民的视野在不断地扩张。但是，作为一个自然人，他的能力在往哪个方面发展，这是应该重视的问题。我觉得，应该往三个方面发展，第一，就业创业能力。现在农村教育应该侧重于职业技术教育，不应该只随着大学教育走，农村教育边缘化，应该去学具体的职业技术。第二，能够融入现代生活的能力。一方面农民收入低，另一方面有收入的农民不会消费，不知道怎么去适应现代文明生活。《新结婚时代》反映出城市对农村的普遍看法。农村大学生最不喜欢听的话是："你真农民。"这是文化上的断裂所形成的城乡差异。第三，提高农民政治意识，保护政治权利的能力。农民不知道自己的权利应该要捍卫，知情权、参与权、选举权、表达权、诉求权，常被基层干部看作是捣乱，钻牛角尖。

我们做的另外一个工作就是，力求使基层干部用新的方法、新的模式、新的思维去应对新的问题。基于此，穰县推出“四加二”工作法，现在中央也认可了，写进了“中央一号”文件，在全国农村推广。“四加二”，就是“四议两公开”，为农村基层干部的工作规定一个程序，农村的重大事项，决策必须经过四个程序：一是党支部提议，二是村党支部、村委会商议，三是党员大会审议，四是村民代表大会决议；所谓“二”，决议结果公示，执行结果公开。

这一工作方法，无论是实践和理论上都有意义。从理论上讲，按照中央的概述和学者的概括，它把党的领导机制、村两委会的协商机制、党员的民主权利保障机制和村民自治机制有机结合到一起，可以说实现了坚持党的领导，充公发扬民主，严格依法按程序办事的有机统一。从实践意义上讲，“四加二”给我们的启示是：第一，它让基层干部学会协商和妥协。在协商基础上的妥协是民主的基本表现形式，是民主的基础。第二，使基层干部学会程序决策，没有程序，就没有民主。第三，普通老百姓，学会少数服从多数，少数人的利益服从多数人的利益。它使基层干部增强民主意识和法制理念，使普通老百姓增强了大局理念，学会把大局意识、公共理念纳入自己的日常行为。同时，也保障了村民的参政权、知情权、参与权、表达权、监督权，在公共事务的决策参与当中，不断提高自己的政治意识。

农民说了不算，时间长了肯定政治冷漠。当一个集体的一分子在集体当中没有地位，不能够参与公共事务时，他就会冷漠。当他认为他是集体中不可缺少的一部分时，他自然就会积极的。

正屋里的老支书

第七章　「新道德」之忧

至 2006 年，穰县开放基督教教堂 151 处，简易活动堂点多处。有长老 3 人，传道员 184 人，神学院毕业生 3 人，信徒 4 万人。基督教各堂点均建立 5 人至 7 人的教务组，制定规章制度和爱国公约，宗教活动正常。

——《穰县县志 · 宗教》

明太爷

明太爷，五十八岁。早年当兵，年轻时英俊潇洒，从部队转业回来，穿着笔挺的黄军装，整洁、气派，是梁庄著名的景致之一。曾经干了一段运输，由于老婆信主，到处跑，总不在家，只好放弃跑车，在家给孩子做饭。九十年代在北京修自行车，挣了点儿钱，回来在镇上买了房子，开个小修车铺，一天能赚二十几块钱。

我这一生也是波折多。你让我说你大奶奶（明太爷的老婆）信主的事，那可真是三天三夜也讲不完。我这一辈子算是叫主给坑了。真叫个家破人亡。

你大奶奶，她们主内人都叫她“灵兰姊妹”。我那俩娃儿从小脑子都好使，上学有希望，我出去跑车，她要出去信主，就送到你老三爷那儿（明太爷的父亲），有时候就不让他们上学，带着他们到处跑着信主。学都上不成。到最后，娃们的成绩都不好。八十年代那时候咱这儿教会还没有会堂，你大奶奶会唱，就各个县到处跑，一跑就十天半月不落家。我说，既然信主恁好，咋你们那头儿，韩立挺们一家七八个儿子没一个信的。我说，你问问老殿魁，当年立挺们是咋骗他的。老殿魁见人都说，我算认清了，印传单，印印连一分钱也没落着。倒是立挺们个个盖着大院子，吃美喝足。都是一帮坏货，坑你们这憨人哩。有鸡蛋拿鸡蛋，有粮食拿粮食，那时候多可怜，他们发财了，俺们算绝了。能人信主是发财哩，憨人傻子是送钱去哩。你们那些信主的头们，那娃儿们都开着车，从哪儿来的？他们的钱都是从哪儿来的？不都是从募捐那儿来的。你们往里捐，他们往外拿，你们知道？啥也不知道，只知道在那儿傻捐，有哩还把自己家粮食卖了去捐钱。

才开始我骂你大奶奶，她没反应，就自己觉悟高，不和我一般见识，后来我就骂主，是主教坏你，骂她伤不住她，骂主能打动她的心。

你不挣，谁给你一分？！不管娃们也不管家。娃们长大，也气哩很。有一回，你大奶奶打闺女，打一下，闺女拿头往墙上撞，在那儿哭啊，真叫人伤心，原来闺女学习多好，硬生生是家不消停，把学习给耽误了。

也不知道主到底是啥，前几年有个妇女掉到水里，我跳进去把她救了，她不说感谢我，她说感谢主。日他妈，咱清是想不通。今年春上有个实事儿，一个村里，有个老太太，俩外孙跟着她过，闺女女婿出去打工了。也是信主，那天中午，看着坑里漂着俩娃儿，急着上教会，就没吭声，赶到她回来，才知道，那俩娃儿就是她外孙娃儿。这些都是血的教训，信主的头儿就应该提醒，过分讲究形式化不对。星期天不管是啥事，非要去，完全失去人性。别说是你哩外孙，就是不是你哩，你大声叫两声，坑里掉娃儿了，看有人来，你再走，那不也行？

你大奶奶我是根本管不住，管她只图生气。那年盖房子，正在上梁，屋里十几个人，忙哩不得了，教会来叫你大奶奶，说要让她教歌，我说，都忙成啥，你能不能不去？你大奶奶说，我去教会儿歌就回来。我生气了，我说：“你今儿教不成，你要敢去我把你腿打断，你那些信主的姊妹知道咱们盖房子，有几个来？都是些图清闲的懒家伙。你看看信主哩屋里有几个干净？”结果，你大奶奶还是去教歌了，扔下这一大堆活、一大堆人，我一个人忙。想起来现在还是气哩心口疼。

咱们村里，平占家里的、我四婶儿、拐子常的老婆、保贵家的，才开始都信，女哩多，后来，都不信了，日他妈，主还要钱，是骗人哩。你大奶奶地位比较高，都尊重她，我说，尊重是尊重，我这家没有了。离婚闹了多少年，总算离了，可也算离婚不离家，她回来了还住在这儿。你说叫她住哪儿。

在北京修自行车那几年，也是没少生气。闺女生小孩儿，叫她侍候，她还要跑教堂，北京那路，这你知道，那多远，哪一个来回都得几个小时。

我先从北京回来，才买这个房子。你大奶奶想她的主内姊妹们，也回来了。有一段时间，你大奶奶跑，我也跟着跑，我就想摸摸底，看看主到底好在哪里。农村的路也不好，我没事，岁数大了，沟沟坎坎，也能扶一下。我听了一些，总教会的梁牧师讲哩就是好，不是这显灵那显灵的，是从思想根本上改造你。实际是个人，他把自己弄成神。老牧师讲出来清是在理，你大奶奶她们那儿，完全是瞎编造。

后来，咱们乡里教堂选堂长，让你大奶奶当副堂长，我坚决反对。我说，堂长你算干不成，我是家长，你要是当堂长了这家都不让你进。你看这教会里面有几个好家伙？都是弄哩账目不清，开支要签字，一张条签错了都要负责任，看你这脑子，平时连家里账都管不了，肯定被绕进去。人家不行，说你大奶奶德高望重，非让干，我说，那得说明白，要是当个副堂长，他们弄到日南雕枝国[1]，跟你没关系。我说，灵兰，你都干过组长，你看教会有几个好东西，都是戳七捣八哩。

明太爷的修车铺在镇上非常偏僻的地方，但也算是门面房，前面两大间两层是正房，正房后面的楼梯间就是厨房。厨房里结一层厚厚的蜘蛛网，煤炉冰凉，看得出已经好久没生火了。我说："明太爷，你都咋吃饭？"他说："早晨吃一碗窝子面，中午晚上吃凉馍，喝水，夏天吃点凉粉，就馍。能把肚子填饱，也不求啥。"

明太爷是父亲最好的朋友，实际上父亲比他大十几岁，属于忘年交的那种。在我童年、少年的记忆中，他俩，一度还有原叔，三个人经常彻夜长坐，有时候吃完午饭就过来，晚饭一定回去吃，吃完再过来。夏天坐在我家院子里，摇着蒲扇，冬天在西屋的角落用

1　日南雕枝国：不管弄到什么程度，扯得很远。

玉米秆或树根烧一个小火堆，总是灰烬已凉还不回去。他们在谈些什么呢？无从知道，或者说些家事，或者谈村里的事，说到不公平的事儿，嗓音会突然提高，骂几声。有许多时候，他们甚至是不说话的，就那样默默地盯着火光，看着它逐渐暗淡。这是乡村的友谊，虽然沉默，但同样深厚，丰富，细腻。

说起和灵兰大奶奶的婚姻，言谈之中，明太爷仍是百思不得其解，不理解灵兰大奶奶何以沉湎其中，几十年如一日地不要家，只要主。

天黑了，明太爷家的电灯泡瓦数似乎很低，屋里昏惨惨的。父亲打趣说：“你明太爷一个月的电费还不到一块钱，把收电费的气哩乱蹦。”明太爷一听，“扑哧”一下笑了：“日他妈，成天就知道收电费，我就偏不用，反正晚上也不做活。我也不喜欢看电视，坐在院子乘会儿凉，冬天找人说说闲话，回来就睡了，用电干啥？”想起年轻时穿着黄军装，英俊潇洒、意气风发的明太爷，现在竟然成了“吝啬”的老头儿，又好笑，又让人感慨。

硕大的蚊子在头上乱飞，腿上乱叮，嗡嗡作响，一拍，手上立马就是一片血。明太爷拿过来一个小风扇，对着我使劲吹，蚊子也围着灯光和电扇晕头晕脑地乱飞，场面很壮观。明太爷又从床头摸出来一盒清凉油，让我抹上，都不起效。实在不知道明太爷的夜晚都是怎么度过的。

吃完饭，我们移到院子外，继续我们的谈话。

我原先跑长途时，到云南，老战友说，有个知青特别漂亮，个子也高高的，咱们去看看。就去了，长哩真漂亮。

我那时候，长哩也真是没说的，这你爹最清楚的。人家也愿意跟我，咱就不干，人得讲道德。现在后悔不？后悔啥，这是你的命，再说那时候你大奶奶还没信主，对我也真不错。我刚退伍那时候，你大奶奶对我是真好，在地里做活回去，娃们吃糊汤面，给我做一大碗捞面条，下面还卧个鸡蛋。做活的衣服不脏，非要洗，说是，男人的衣服女人的脸。这句话我记哩可清。有时候气她气哩没办法，想想她也给我说过这暖心话，就原谅她了。

也有人说，信主，这是好事，只要她高兴。我说，不出在你家，光说轻省话[1]，要是你老婆跑三天，回来不打架才算！为这信主，我跑到她娘家，对他爹说，为这俩娃儿，你劝劝灵兰。她爹说："信主是好事，政府支持，我支持。"日他妈，这一句话，我啥也不说了。从此以后，我连她娘家门边都不登。你大奶奶信主以后，慢慢把家忘了。闺女也伤心，我们俩在北京吵架，闺女跟她妈说："妈呀，你要是离婚再嫁了，我都不会认你。"在儿子的婚姻上，你大奶奶主张也要信主哩。儿子说："信主哩，我一个也不要，年轻轻哩都信主，肯定是个缺心眼。"我说："我只有三条，不要信主的女子，不要当官的女子，不要有钱的女子。第一条最重要。"

前几年，儿子寄回来个电视，我坐骨神经疼，都不能走路。我给你大奶奶说："你去，你打个电话问问，看寄

1　轻省话：不是自己的事，站着说话不腰疼。

到了没有，要不找个人帮着取一下。”那时候她正在教堂演圣剧，天天出去，根本不管。我腿一拐一拐，就去了。那时候，我真是眼泪都流出来了，难啊。后来，我对俩娃说：“你妈只算生你，养你还是老子。”闺女、儿子都结婚了，俩娃孝顺，说，你俩别干了，每月寄六百块钱给俺们，我说：“不干也不行，闲着干啥？可是，再好的生意在我这儿干不成，一个人咋干？你妈说走就走，根本干不成。”

你让我说说家族的事，日他妈，说不成，你爹是姓梁哩最苦的，我是姓韩哩最苦的。

韩家人上下不团结是个传统。久南妈死了，兄弟仨分开待客，办酒席。唢呐去早了，没人管，不知道去哪家。出去有工作的人也不顾家。爱心差哩很。那年，万金玲去心德家借钱给丈夫治病，她丈夫是心德的亲侄儿。你心德三叔坐在靠椅上，闷了半个钟头没说话。他拿工资的人，家里又没啥事，能没有一点闲钱？我看不下去了，把金玲叫出去，给她拿了二百块钱。

自己一身正气，碰见哩都是歪人。

汶川地震时，我正去电话局交话费，我拿五十块钱，只交了三十块，直接把二十块捐了出去，后来党员让捐款，我又捐了五十块。我还给闺女打电话，让她也捐，不要让单位追着要。这是道德问题。这是最危急的时候，救命哩。听说灾区也有抢，假装救灾车，进去抢东西。这是社会造成的，不是人坏。都是受社会影响，你看现在的娃们，多坏，不打杀一片，社会还不知往哪儿坏呢。

> 社会风气坏哩很。丁庄村里一个小孩，救人死亡，家里人要求给孩子个烈士，说不行，因为孩子不满十八岁。我看不惯，跟他们一块儿找到县政府，还是没人管。你看，日他妈，现在的社会分不清啥。毛主席说过，一个人做的事不在于大小，而在于做的事的价值。

一阵闲谈之后，明太爷突然神秘地对父亲说："光正，给你说个事儿，你看咋办？我拿不准，原来准备进城找你说呢。一个女的，二十七岁，带着小孩，已经离婚，高中生，普通话说哩可好。对方是'拨错'电话，拨到我这儿，我接住了。一说，说对劲儿了。娘家开一个毛衣小加工厂，父亲也是个胡整。她非要来跟我过日子，我不叫她来。还说，找个年轻的人家瞧不起我，愿意找个老的。"

父亲说这百分之八十五是"放鸽子"的，哪有恁巧的事。村里原来不是没有这样的事，何坡村的一个表哥娶山西一个姑娘，也是带着孩子，还在村里举行了婚礼。这中间，说她家里有事，让表哥寄了一些钱回去。结婚十来天，出去玩，住旅社，把表哥丢在旅社里，跑了。为此，表哥前后花有万把元。

明太爷认为对方骗不住他，来一次就知道了。显然，他很上心，其实，一直以来，他和灵兰大奶奶都是离婚不离家，但今年暑假，灵兰大奶奶从北京回来，就没来这里，而是住到娘家，可能也与这件事有关。此刻，耿直、刚硬、脾气暴躁的大爷，就好像一个思春的少年，面红耳赤，颇有点激动。

将近十二点的时候，我和父亲才回家。大爷把我们送到哥哥的门口，他和父亲在后边一直嘀咕，好像不想让我听见。我猜想，肯定是明太爷在向父亲讨主意。

天黑透了，星星更亮了，小镇完全静了下来。偶尔过往的车辆开过，像闪电般划过小镇，小镇仍然一片寂静。

灵兰

我约到了县基督教协会会长，他主动要求到我们镇上教堂与我见面，同时，还让教堂约几位信主的普通群众过来。会长本人就是牧师，是县里教职最高的。牧师并不善于言谈，也没有放开，言谈之中很谨慎，可能与乡党委书记、其他乡干部在场有关。

> 我信主二三十年了，七八年宗教政策一开放，我就信了。因为患难而信，家庭常年没办法生存，最后才走这个路。信了之后，我觉得自己精神变化大，过去在社会上与人交往太过功利，心中要强；信了之后，觉得可以当一个善人，好人。从文化角度是一种修养，从宗教上，它也有利于社会。教会初期开放，七八年以后才落实。穰县一百五十二个堂点，大致有三四万信徒。与其他县市比，还是比较多的，主要是人口基数大，体现了宗教自由的政策。这个大门一开，不仅仅是患难信，而是精神需要来信。过去的理解是因为愚昧无知，现在一些很有层面的人，像国家退休干部等很多人也信，自己改造自己，真正做到表里如一。
>
> 在农村，信主的弟兄少，姊妹多，老年人多。这主要还是因为年轻人都出去打工了。另外，咱国家规定，不到

十八岁不允许信。这些年，信徒在不断增加，现在没有到处跑着去信主的，国家也不允许有家庭教会，必须到指定的教堂去聚会。

在访谈的过程中，我们镇上教堂的堂长一直都很用心地听着，一边还在本子上记录着什么。

堂长，镇上教堂和教民是怎样的情况？

咱们镇上，这个教堂，星期天来礼拜的有四五百人，管八个行政村，这是有规定的，不允许串，各在各的教点。夫妻一块来信的比较多，年轻男子还是比较少，都打工去了。现在农村是“3860部队”,“38”指妇女,“60”指老人。闹矛盾的也有,有哩软弱,有哩刚强,这是理解程度不一样。他们信的灵性都在逐步学习，完善。经是好的，是否能念好,看个人。这是不断改造的问题。所以,也允许他是坏人。为啥六天劳动，一日闲，这一日就是改造自己。才信就像小孩子，大的原则上的罪过在基督教徒很少，小毛病还是有的。他是个人，不是个神，基督教徒也是人，只是追求一种信仰。譬如想偷而没偷，也是犯罪，动了意念。宗教是法律的补充，宗教是现实的，讲究心灵的束缚，善事不去做，这就是犯罪。

要服从在上掌权的，他们是上帝配备的臣，那是神批准的。

神是慈爱的人，号召人们做好事，譬如圣经说，你们要从上到下服从国家。当官的也是神的仆人。信教的人自己要走到前面。个别人不理解。譬如有人讥笑说天不下雨，你们可祷告一下，让神下点雨。下雨不下雨，是神的安排。当官也是一样，都是神的安排，公益善良。教一个普通教徒如何顺从社会，如何以身作则，多做善事。

信教是辅助国家的。教会的奉献随个人意愿，想捐多少都行。主要用来修缮教会，买教材，有时候哪里有灾难，响应国家号召。没有贪污受贿的，奉献还来不及呢。多一个信徒，就多了一个好公民，少了一个信徒，就少了一个好公民。

与人接触中，宁愿吃亏。河东陈集有一条大沟，娃们上学不方便，基督徒主动集资，弄一些预制板修个桥。基督徒行的是善事，收获的也是善。有的教民，在开堂的时候，把自己家喂的猪杀了，给大家吃。我们爱国爱教。

在牧师和堂长的回答中，可以感觉出，他试图把信教与爱国、与政治联系在一起，以表明与政府的一致性。在讲到某些话时，会不时用眼角看党委书记的反映，很有微妙的意味。

我又问旁边一直服务的大嫂为什么信主，是否认识灵兰大奶奶和明太爷。没想到，她们非常熟，是几十年的老姊妹，正是明太爷骂的那些姊妹中的一个。提起明太爷，大嫂直摇头。

我信三十几年，我是平安信，没有理由，没有条件。以前没有信，邻居有信主的，她们讲信教的好处，对社会都有益处，做善事，做好事，不做坏事，也能改造自己的

> 脾气。一信主自己有个约束，想发脾气的时候，《圣经》的话语一对照，就不发了。我们家里那个人不支持，不过也没有吵过。我在六天内把自己该干的事干好，腾出来一天来教堂，他也没啥说的。真有事也可以不来。不能来，非要来，那样神也不喜欢。双手劳动得来，神也是喜悦的。
>
> 你不知道，明太的性格不是个性，太暴躁。他说灵兰这不好，那不好，灵兰可是没说过他一句坏话。你想想灵兰一家，就知道主的恩典有多大，他们闺女、儿子都在北京买房子，谁有这能力？明太不信，灵兰是神的好儿女，不争不辩，所以他才吵。灵兰那里有神的爱在里面，明太不骂爹也不骂妈，光骂神，这她最受不了。他就是找碴儿，一说话就打人。明太其实是太脆弱，他不是想她在信主，他光往坏的地方想。
>
> 那明太虐待灵兰，打她，脾气来了就骂，还不叫反驳，你说灵兰咋爱他？他光猜测，不往好处想，光往坏处想，说灵兰黑哩也往外跑，不干好事。灵兰也不对，一打她就跑，男哩没智纺棉花，女哩没智回娘家。说不顾生产，都只是借口，信主也不是天天来，就星期天。再说，现在家里也没多少活，地少，一到农忙时有收割机，还有短工队。

我又问会长，有没有不顾家，或有病不吃药的信主人？会长说，也有信迷的。不顾家了，不劳动了，成专业了。最后成邪教了。“东方闪电”已经是邪教了。有病不吃药是少数。但是，也有一种现象，医院判了死刑的，在教会里好了。会长又意味深长地加了一句：“宗教有超自然的行为，这才是宗教。”像明太爷和灵兰大奶奶的事情，会长认为，一个是党员，一个是基督教徒，本来就是两个信仰，容易产生冲突。但同时，还都是劳动者。

在村庄里面，能够感觉到，人们对信主的人有一种普遍的轻视，她们的行为、语言及方式经常被作为一种笑料谈起。譬如父亲就认为，信主的人都是又傻、又闲、又穷的人，啥也不懂，跟着瞎跑。在问起我们的现任村支书是否让自己老婆信主时，他非常干脆地说：“那肯定不行，我不想让人笑话。那信主的人都是那些老婆儿们，闲哩没事干。只是作为一个精神支柱。至于啥信念，谁也不懂得。再说，作为干部，我不可能叫她信，我非叫她随大流。”那几天一直跟着我们的司机，也忍不住发表自己的看法。对于信主的人，他既觉得可笑，有点傻，用他的话说：“日他妈，真不知道那些人从哪儿来那么大的心劲儿，一群人傻傻的，跪在那儿念念有词，那都是闲哩没事干的人。”但同时，他又非常尊敬他们，譬如他们村头的一座桥塌了，那些信主的人看见了，一商量，分头捡石头，找木头，和泥灰，几天就把桥修好了。他说，那团结劲儿，比单位的人不知好多少倍。

似乎不能用“愚昧”两个字来简单评价明太爷对老婆及其“信主”的那种态度。这里面既涉及乡村生产力的实际情况，也还涉及一个文化习俗的问题和中国乡村如何看待精神空间的问题。在乡村，夫妻合作，家庭式分工协作是生活的基本前提，如果舍弃生产而去从事什么精神活动，会破坏这一模式而使家庭陷入困境，就像明太爷所面临的问题。从文化层次来看，乡村，尤其是北方乡村，高雅的、超出世俗的文化生活是被排斥的，或者说，不属于这一文化共同体的异质文化被另眼相待，多少有点“神经病”“不正常”“怪异”的味道。灵兰大奶奶在村里面就是这样一种形象。要强的明太爷绝不允许自己的老婆成为村里被取笑的对象，就拼命阻拦大奶奶去“信主”。表面的原因是大奶奶不帮他干活，实际上是因为他有一种强烈的羞耻感，觉得老婆的行为使自己无法在村里挺直腰杆。一个村庄，也是一个有生命的整体和有机的网络，身在其中的每个村民都有为自己定位，什么样的角色，什么样的形象，等等。在这其中，每个人都自觉地扮演着某一角色，这一角色是他自我价值和自我形象的确立，一旦这一形象被破坏，他就会失去基本的心理平衡。

而农村的大部分教民，对自己所信的宗教可能并不完全理解（这一现象非常广泛，在和身边一些信主的亲戚谈话，有时特意问她们《圣经》和宗教上的事，她们的回答往往令人啼笑皆非），但她们在其中找到了一种尊严、平等和被尊重的感觉，找到一种拯救别人的动力和自我的精神支撑，这是她们在生活中从来没有得到过的。所以，中国人，尤其是北方乡村的信教，并非是对信仰有多少了解，许多时候，它只是她们为生活的压抑和精神的贫乏所寻找的避难所，这也是乡村里女教民的比例高于男教民的原因。在村庄生活里面，她们并不敢公开表达，更不敢舒展自己的感觉，因为她们往往被看作是一群闲得没事干的人，脑子出了问题，或者，干脆，就是一群傻瓜。

其实，在许多时候，“信主”与生产并不那么必然有冲突，但当事人都会夸大其与劳动、日常生活之间的矛盾，以此为理由表达自己的不满。中国的乡村文化仍然是一种务实文化，踏实地生活，这是第一要义。个人精神需求，夫妻情爱往往以一种扭曲的方式，嘲笑、戏谑、回避是通常的相处方式，很少从容、正面、严肃地去叙说或交流。这种压抑、扭曲精神空间的现象不单存在于家庭内部、夫妻父子之间，也是邻里交往的基本模式，造成了许多问题。

老道义

"老道义"是我的一个大伯，没有出五服。他为什么叫"老道义"，说起来也颇有意思。大伯可以算作是我们村最早的大学生，先是在县城里的高中教书，后来为支援家乡建设，被请回来到镇上高中做教务主任。虽然颇受学生喜爱，但却并不是受领导欢迎的人。他特别喜欢"论理"，倔强耿直，口头禅就是"做人要讲道义"。学校食堂饭菜不好，学生哪一项收费不合理，甚至，学校中间的路被一些老师的菜地侵占了，他都会去管。如果领导不管，他就直接去教办室，或到乡里去找，不厌其烦，直到解决为止。弄得学校、乡里都很烦。时间长了，人们背后叫他"老道义"。大伯和他的儿子关系并不好，三个儿子，小儿子考上大学，其他两个儿子高中毕业后都做了民办教师。九十年代初，教师民办转正非常多，他们的条件也都够，但是，每年名额有限，要排名评比，这里面，讲究很多。因为要讲"道义"，大伯不去找人说，更不送礼，儿子一说要怎样，大伯就大骂，说凭良心干活，该是啥是啥。到最后，俩儿子都没评上。后来，民办教师转正取消了，我的俩本家哥又都成了农民。有几年时间，儿子和父亲一直不说话。后来，大伯退休回到村里住，父子关系才又好一些。

我去大伯家的时候，我的本家哥万会正在看电视。他家还在村里面，三间青砖瓦房，大前檐，院子里铺的是砖路，当年也是村里数一数二的房子。现在，看起来有些低矮破败。大伯的相片供在堂屋的正中间，黑框，上面搭着一个黑绸的花结。

你伯是2004年死的，肺气肿，要是不死现在多好，还能给我看个门，我好出去干点活。病有六七年，以前身体就不好。死后在屋里放有两天，等你万安哥回来，为咋出葬，火葬还是土葬，我和你大娘发生了矛盾。

我咋都可以，人死了，生前孝顺就行。可是你伯生前有遗愿，他不想火化，他一直唠叨着怕疼，村支书来看他，他还给人家讲，不要火化他，哪怕出点钱也行。农村人怕成灰，只要能有完整的尸首就行，见不得烧成那样子。

现在偷着埋哩多了。出两千多块钱就可以让完整地埋。一种是把钱直接交给支书，但也不能太明目张胆，另外一种半夜偷偷埋掉，也不敢哭。闺女来了都不敢哭，本来可以热闹一点，请铜器，吹吹打打送葬的。这是给了支书一些钱，支书点头了，半夜抬着棺材，孝子跟在后面，伤心得很了，捂着嘴硬憋气，就是不敢哭出声。实际上村里人也知道，大家心里都明镜似的。你说，谁没有往土里埋的那一天？

但也有背时[1]的，咱们村周家保良，他们没有火化，把钱给了支书，说可以埋了。棺材刚下到墓坑里面，还没有扔土，民政上去了，也不敢说已经把钱交给支书了，只好又交一千块钱，算了了。说难听话，也就是为那俩钱。啥

1　背时：倒霉。

政策不政策，经是正哩，关键是念经哩。

我一说火化，你大娘就哭。可是那段时间管哩严，咱们村成了典型，都在盯着哩。支书也不敢答应，只说，火化也没啥。最后，你万安哥回来，他在外面工作，也算是个面上人物，县里一些人知道了，也跟过来。这下不火化不行了。

咋办？又不能违背你大伯遗愿，后来，就想了个办法。没火化以前，就让阴阳仙儿把手指甲和脚指甲剪掉，保存起来。火化回来后，把骨灰按人形撒在棺材里，指甲放在四肢旁，还做一个完整的躯体形状，这也算是一个囫囵人。实际上棺材一抬，形状肯定散了，但又能咋办？只能是去去心意。

拉你大伯去火化的时候，女婿们请哩响器，离开村的时候，也放鞭炮，孝子还下来磕头，也算送行了。现在农村兴这样，火化也摆排场，有钱人家还开一长溜小汽车，把亲戚们都拉去。回来再埋，再请吃饭。等于是花两回钱，费两回事。

我现在想想心里都不美气。心里明知道人死了啥没有，但还抱着一线希望，一想着要去火化心里就难受哩很。后来，到了火葬场，你大伯在火葬场的那个床上躺着，头上蒙着咱们农村用的那种黄纸，不知道为啥，它直往下掉。我把它拾起来盖上，一会儿又掉了。后来，才发现，你大伯胳膊压住了，是不是他嫌疼啊，一直在提示我。我就哭了，你伯是不情愿啊。我把他胳膊重又放好，说：“爹，我也是没办法，现在政策这样，你多谅解。”

烧完我去拿骨灰，都是白色的，就像屋里烧那种豆秆灰一样。虽说人埋在地下，也是慢慢朽了，但总想着还是好好的人。现在可好,成了一把灰了,你大娘都哭晕过去了。

这又回来，还得偷偷埋。坟头是已经挖好了，亲戚们也都来了，孝子们跪在那里，也还有支客[1]，招呼着亲戚，来磕头上礼，但是声音都很小，孝子们也不敢哭，都憋着，只是抹眼泪。想想你大伯也是可怜，辛苦一辈子，走的时候子女亲戚连送个行都不敢。

啥时候火化能实行开？真是不好说。就现在看，坟地其实跟原来一样多，只算是里面人烧了。原来大队部说，找一片地，盖个房，按村组来分，骨灰盒拿回来，按死的顺序埋，一人一个小格子。但是，这么些年了，在哪儿哩？在农村，这根本推行不开，猴年马月也不行，没这个风俗习惯。

你说那几年烧坟，事可多哩。咱们村里你华嫂子，得了失心疯，这你估计都不知道。华在外边跟其他女人胡混，把你华嫂子气伤住了。后来掉到坑里淹死了，偷偷埋了，不知道咋被知道了，就被扒了。当时被埋有半月多，尸体快化了。执法队的人们用铁钩子拉出来，屁股都划烂了，拉出来人都走样了。扒哩时候，华不在屋里，兄弟也不管，

1 支客：北方农村丧礼或喜宴上，安排来往亲戚座次的人，在这一过程中，要特别讲礼数。一般做“支客”的人都是那些在村庄有威信的、能够服众、对村里各家的远近亲戚也比较熟悉的人。

没门了，执法队只好拉到城里烧了。后来娃儿回来，才把他妈哩骨灰收了。惊动大哩很，开车的人都停下来看。

万会哥坐在椅子上，声音越讲越低，完全没有了当年教我们时的风采。那时候，他，还有在前面提到的万明哥，是乡里都有些名气的民办教师。老高中毕业生，风华正茂，意气风发的，会教学，又负责任，正是他们的努力，才使得梁庄小学的毕业班成绩一直在乡里名列前茅。他对现在的葬丧制度及农村现状非常不满，但同时，也只是一种说法而已，他非常消沉，甚至不愿意更深地想问题。可以看得出，当年被踢回农村，重又成为农民，对他的打击非常大。

回到县城，在和一位朋友聊天时，他给我讲了一个故事。

这可是真事儿。那是九四年、九五年的时候，一天我突然接到个通知，叫我戴个口罩，叫下乡。那次可能有万把人围观，人头攒动，俺们到一个村里去挖坟，那时候是刚开始实行火葬政策，有点杀鸡给猴看的意思。在农村，挖人家祖坟是晦气事，多少也有点不道德，一般人都不干这个事，所以，都找那种痞子、无赖或劳改释放犯，他们动手，一个政府人员看着。俺们那一组的五个人就是这样的一个组合，我是组长。

扒的那个坟埋哩是个女的，刚死没多长时间，挖出来的时候，尸体刚肿胀起来，脸肿着，虚白胖大，还有蛆在爬，真是吓人。尸体就趴在墓坑沿上，没有人愿意再动。然后，浇上汽油，谁去点，是事先说好的，就是那几个二流子。结果，烧哩油太少，人烧了一半，不着了。你不知道那形状有多难看。就又点一次。那个坟园里有七八个刚埋的人，都是在那个下午烧的。狼烟四起，那味道，现在想起来，还恶心，想吐。点完之后，又烧了一会儿，我们这些烧的人就走了，也不管烧成什么样子。

那真是场面大，人山人海。烧着之后，有些人嫌味道难闻，就跑了。过一会儿，又回来，都想看看是什么样子。那些家属，刚开始哭着，骂着，拦着，被警察挡住了。其他一些地方因为烧坟，还发生了警民冲突。我们那次派去的警察多，没有闹起事儿。后来，味道实在难闻，连家属都坚持不下去了，哭着哭着，都跑了。过一会儿，回来，接着哭，又跑。

现在想想，真是对人不尊重。那几年为扒坟烧坟打架被抓的多哩很。这几年也不严了，就罚钱，特别有钱的，直接埋，也是偷偷的。一般都是先火化，再埋，只要你火化了，罚完钱，埋个坟头也没人管。都是睁一只眼闭一只眼。

焕嫂子

整整下了两天的雨。雨水洗刷下的原野清新、干净，树叶、庄稼都绿得发亮，灰暗的天空形成一个封闭、安静而又辽阔的世界。雨季来了。虽然不是南方，但每年的这个季节总有十几天连续下雨。其实，我是喜欢这样的雨天的，雨“哗哗”下着，但并不阴暗，灰色、发亮的天空，是一种辽阔与肃穆，让人有庄严与阔大之感。

河坡的树林是近几年才栽种的，林间还没有形成足够厚的草地，也没有长出足够覆盖地面的草。赤脚踩在沙土路上，细细的、湿湿的沙石，轻硌人的脚，微疼微痒，感觉非常舒服。河水“哗哗”奔腾过去，充满力量和向往，那巨大的芦苇丛接受着雨水的冲刷，稳重而又充满生命力。雨中的河，升腾着雾气，苍茫无边，却又具有永恒的清新。

河坡地里散落着许多小屋，基本上都是为看守庄稼而建的。在一片片空阔的沙地上，种西瓜和花生的非常多，它们最适宜在沙地上种植。偶尔可以看到一两个身影，在西瓜地里忙碌，估计是在检查西瓜的情况。这样的连阴雨对种瓜的人来说，是非常不好的事情。我们在一个开着门的小屋前张望，里面有一位妇女正在做家务，旁边一个三四岁的女孩子在玩。听到我们的声音，那位妇女扭过身来。哥哥笑了起来：“这不是焕嫂子吗？”

焕嫂子，今年四十二三岁的样子，当年和我们村张家小伙子谈恋爱，到村里玩，大家都被她的漂亮震住了，轰动一时。一个农村姑娘，常年下地干活，但却皮肤白皙，眼睛黑亮亮的，清澈透明，长发飘飘，像电影明星似的，走路腿一弹一弹的，韵味十足。唯一的缺点是鼻子过于直削，破坏了脸上的和谐感，但却让人感觉出，这是一个有主意和性格坚强的人。事实证明，焕嫂子也的确有主见。在嫁过来之后，她和丈夫就出去打工，一边偷生孩子。先是在小饭馆端盘子当小工，丈夫后来当拉面师傅，经过几年的观察和经济积累之后，他们在天津郊区开了一家拉面馆，生意非常好，挣了不少钱。在村里公路边也盖了房子，是村里不多的三层小楼。

唯一的遗憾就是，焕嫂子一直没生男孩儿。张家是我们村的独姓，三兄弟，分为三户，这三兄弟结婚之后所生的都是女孩。在农村，这种情况被称为“绝户头”，是一种耻辱。焕嫂子的丈夫是长子，在他们结婚十多年间，前后估计生有五六个女儿，至今仍然没有儿子。

在焕嫂子身边玩的那个女孩子是她的小女儿。再打量焕嫂子，轮廓还在，仍然漂亮，只是黑了，瘦了，人显得很憔悴。问起焕嫂子为什么在这里，不是在天津开饭店吗？焕嫂子笑起来，她已经回来有十来天时间，主要是看病，腰椎疼，连带头晕，医生说是椎间盘突出，开了药，也不是一时半会儿就能好的。过几天就回天津，那边生意忙，离不开人。这是她婆婆的瓜地，连续下雨，她来看看怎么样。聊了一会儿天，我小心翼翼地说起我的想法，想听她讲讲自己的想法。焕嫂子非常认真地听我讲着，不时点头，最后她说，她愿意讲，这是好事，她自己有时也想着自己这一生，这些事儿，不知道做得对不对。坐在门边的小凳子上，搂着她乖巧、伶俐的小女儿，焕嫂子给我讲她生孩子的故事。

我就想生个儿子。张家这一大家，兄弟三个，没有一个男娃儿，人太单了，我得生一个，无论如何也得有一个。

女娃儿我也喜欢哩很，是我哩贴心小棉袄，你看我这小闺女，多可爱，我稀罕哩不得了。当初差点都不要她了。怀她到五个月时，去做 B 超，一看又是个女孩儿，就想着再引产引掉算了，前面生的那个闺女，刚出生，就被送走了，不知道有多伤心，现在连面都没见过，还不如没生下来的好。她姨，俺一个远方亲戚，俺们每次去，都是找她验的 B 超，她说你别引了，到时找个好人家，就在咱们县城里，想的时候,也可以偷偷去看一下。我一想,闺女也是一条命。引第一个闺女的时候，我多伤心啊，都五个月了，听说眉眼五脏都有了，可是，前面已经有俩了，我还想要个男孩，不能再要了，就引产引掉了。心里可难过了，可也没办法。后来那两个，连想也不想，就引掉了。我就是打算生下来，她爸也反对，一是还得好几个月时间，二是怕到时舍不得，再说，送人了，就不是自己的了，费这心也没啥用。

她姨这样一说，我又有些心动。我要求见见那家家长，那一对夫妻，还真是很有修养，比我岁数大不了多少，还年轻着呢，在政府部门上班，儿子已经上大学。我一看，挺喜欢的，就决定生了。但是，人家就是不同意以后认亲。那也没关系，我都想通了，能给闺女送个好人家，也可以。

她是提前生的（焕嫂子说着，怜惜地看一眼身边的女儿，用手抚摸着她的脸），比预产期早十来天，是个晚上，肚子突然疼了，到医院不到半个小时就生了。她姨还没来得及通知那家人。本来，我是不想见闺女的，想着直接送走算了，怕一见受不了。可她在那儿哭啊哭的，嗓子都哭哑了,那家人还没到。我怕她哭出事儿来,就让护士抱过来,我哄一下。谁知道，刚挨住我，她就不哭了。我扒开包裹，小家伙粉红透白，睁着大眼睛看我。我一下子心软了，就决定不送了。后来，那对夫妻来了，一看长得漂亮，就特别想要，给我送礼，还答应以后让认亲，我说啥也舍不得，她姨也气得不得了，为这，她还得罪了那家人。你看，幸亏没送人，这小家伙跟我亲得很，懂事得不得了。

说实话，以后我老了，就指望这几个闺女。闺女好，心细，嫁人了还会顾娘家。儿子有啥好哩，我清楚得很，你看看，农村有哪个儿子结婚后顾自己老娘？不是不孝顺，自己一家人还过不成呢，最多、最好的也不过就是给父母点钱花花，真正能心疼到父母的，能陪在身边说上两句话的，还是闺女。这我心里很清楚。但是，我还是想要个男娃儿，还得有个根。你张哥也想要，他是个闷葫芦，嘴上不说，他也看到我这些年受的罪了，知道求儿求不来了。但他有时那叹气声，真让人泄气。过年回家，那神情好像没儿子短别人一截似的，看着难受。人家都以为俺们想要男孩，就是想着自己的钱、房子怕没人继承，其实不是这样，就是觉得得有个男孩，一个大家庭，兄弟三个，连个男孩都没有，别人笑话，自己也心不甘。

你说身体受损伤没有？也没啥，咱们的爹妈哪一个不是生四五个，也不见得就咋样了，女人生小孩，是天生的，不会有啥影响。不过，这几年岁数大了，身体也开始有毛病了，不敢累着。三个闺女，老大老二上初中了，她们奶奶帮着看，现在住校，星期天回家住一下。这个小哩跟着我们在天津，她一点儿不费事。平时，饭店我也请有人，我主要管收钱、采买，不是很累，就是离不开。

早十来年，家里穷，生第二个闺女时，计划生育管哩严，很多人都快生了，还被抓去引产。万明老婆离生还有二十几天，想着没事，不会恁倒霉。还想着就是抓住了，都快生了，应该不会恁绝情吧。那最后不也被拉去做手术了吗？

就是现在，万明老婆想起来还眼泪流多长，好端端一个娃儿，硬是被弄死了。俺们跑哩远，新疆、甘肃都去过，你张哥出去干活，我在租的小房子里就不敢出门。家里把她奶奶抓去关了好多天，罚款拿不出来，差点把老房子都卖了，最后还是在我娘家借到钱，人才放出来，真是难哪！后来到天津才算安定下来。现在农村管哩松了，也让生二胎了。说老实话，真超生的也不多。现在养孩子成本高了，再生，也养不起，也没时间养。

还有个事，我还是给你说说吧。我这次回来，算了一命，算命先生说，我命中是七仙女的命，要凑够七仙女之后，才有男孩。我一想，连引掉的，我不刚好够七个了吗？要是再怀孕，不就应该是个男孩了吗？我想着，我再最后试一次，岁数大了，再拖，就生不了。要是再不是，我就死了这条心了。你说，我生不生？我还没有给你张哥说呢。

望着漂亮、坦然、爽朗的焕嫂子，我似乎有些迷惑，焕嫂子绝对是有见识的女人，做事情的方式，对事物的看法，对现代世界的认识，包括她讲到在天津做生意的理念，都很具有前瞻性。但是，在生男孩的问题上，似乎没有道理可言。她反复提到，她就是想生个男孩，不是因为落后观念，而是想要。

我在心里算了一下，焕嫂子共生了七个女儿，三个留下，三个引产，一个送人。如果以现在的文明观念，以一个有知识的、城市居民的视野来看，这样的生育大战似乎是残忍的。

对于一位乡村女性来说，和五十年代的“英雄母亲”不同，生育是伴随着对生命的破坏与轻视而发生的。当怀孕、引产，再怀孕、再引产，变为一种常态的时候，那种母亲的神圣感和喜悦感变得非常淡，到最后，从被迫变为自愿，从痛苦变为麻木，进而成为一种内在的自我要求。仿佛不达到这一目的，人生就不完整，任务就没完成。

但是，情形也在慢慢发生变化，农村生多胎的也越来越少。按清道哥的观点，在农村，头胎是男娃儿，一般都不急着生二胎，或是抱养个小女孩子。二胎又是男娃，都哇一声，气哩不得了，咋了？养不起。一胎是女孩，百分之九十九的还是想生男孩，别绝了就行。生三胎的现在几乎没有。真要想生，你再罚，还是有办法生出来。计划生育政策本身并没有形成约束力，反而是经济约束着人的意识。

生命有时真的充满不可思议的韧性，眼前的焕嫂子，健康，开朗，所有的伤害与痛苦都被自我吸收并消化，或者被主动屏蔽掉。她向哥哥打听，城里哪所寄宿学校好，哪一个老师的学习班好，她的大女儿已经上初三，想考县里第一高中，焕嫂子对她抱的希望很大。我问她，知不知道天津的“移民政策”？只要在那里买房，就可以落户口，孩子可以在那里上学，并考大学，天津整体的分数要比河南低得多。她很惊异，还有这样的政策？她从来都不知道，她在天津，清晨五点起床，晚上十一点之前从来没有睡过觉，每天忙碌，很少看电视报纸。我想，即使偶尔看到这样的新闻，他们也会觉得与自己无关，就像即使生活在天津，“天津”这一名词也与自己无关一样。他们所有的注意力和努力的点还在自己的家乡上。在了解到天津买一座房子大约要花四五十万时，焕嫂子又释然了，她根本买不起，前些年挣的钱全盖房了，现在手里最多也就十来万的样子，根本买不起。看着焕嫂子的表情，我有点难过，她的释然是因为她买不起，她可以不做“非分之想”了。

已经快中午了，又下起蒙蒙雨，焕嫂子锁上门，带着她的小闺女，和我们一块回村里。小姑娘真的很乖，一双黑色的大眼睛，骨碌碌地转，警惕地看着我们，一边紧紧拉着妈妈的手。想着她刚出生时，看到焕嫂子时戛然而止的哭声，真的精灵极了。也许，她早已预感到自己要被母亲抛弃，想以这哭声来反抗并感动母亲。她成功了。

回到哥哥家，发现雨水浩浩荡荡地在马路上奔腾，下水道不畅通，水没有地方流，只有在街道上漫溢。即使是镇上，也没有完整的下水管道。只是一些非常浅，并且窄小的通道，上面用石板随便盖着，生活垃圾、脏水、泥沙、石子都会漏到里面，时常被堵塞。一到下雨，问题就出来了，各种脏东西都泛了出来，散发着强烈的臭味。

巧玉

韩家巧玉和梁家万青一块儿跑了。在深圳，一个在厂里做计件工，一个骑三轮车。同村的人也有在那里打工的，他们也不避讳，就住在一起。留下巧玉的丈夫明在梁庄村里咆哮如雷，从村东骂到村西，村南骂到村北。几个月后，他带着几个同族兄弟去深圳抓巧玉，十几天之后，却一个个灰头土脸地回来，听说还是巧玉帮他们买的火车票。

韩家巧玉本不姓韩，在她三岁时，她的寡妇妈带着她嫁到了韩家，就跟着姓韩了。巧玉家里可怜，巧玉的继父是村里有名的老实疙瘩，沉默寡言，挣不来钱，粮食也不够吃，全靠巧玉的寡妇妈暗地里跟村里村外一些单身汉做些勾当，换些粮食、粮票或钱，虽说是暗地里，村里人也都知道。因此，巧玉家在梁庄村名声很不好，她们也自动不与村里人打交道，尤其是巧玉的妈，面部表情很木讷，路上相遇，远远瞥上一眼，表情很严峻，或者很警惕，然后就低下头继续走路，一语不发。在我小时候的印象中，她们的存在很怪异，村里人也几乎不谈起她们，好像她们完全不存在似的。

巧玉长大了，一直低眉顺眼的她个子长得特别高，也很丰满，细长的眼睛，配在她善良的长脸庞上，有一种说不出的温柔与光彩。再加上她那永远手足无措的慌乱与紧张劲儿，有一种异样的可爱。韩家小伙子明开始追求巧玉，明家是村里有名的富裕户，父亲是村干部，家里有磨面机、榨油机，还有一个代销点。巧玉辍学之后，就在明家的磨房里帮忙，每个月给点钱，有时还可以把一些小麦麸子拿回家。据村里人们说，这也是因为巧玉妈和明的父亲之间有些说不清的关系，明的父亲通过这种方式间接地接济巧玉一家的生活。

明的父亲坚决反对自己的儿子和巧玉谈恋爱，有几年时间里，明的父亲通过打、骂、软禁等多种方式表示自己反对的决心，而明也总是通过忍、吵或逃跑的方式来显示自己非巧玉不娶的决心。最后，明和巧玉在村东头的一间破房子里结婚了。没有得到父亲的祝福，只有巧玉的母亲悄无声息地替女儿准备了几套被褥和厨房必备用品。这在梁庄村是一则新闻，同村人，又都姓韩，结婚的非常少见。但毕竟，巧玉不是真正的韩姓人，大家议论一段时间，在习惯了他们在村里同出同进后，也逐渐接受了他们。

他们生了一儿一女，还盖了新房，除了明的火暴脾气以及时不时对巧玉的暴打外，日子还算过得去。

记不清是哪一年的事情了，在一段时间内，我和小妹忽然经常出入巧玉家，她善良的长脸庞，细长的眼睛，温柔的笑意，轻柔的声音，对没有得到过母爱的我们俩来说，充满魅力。一到她家，她总是给我们拿出各种零食，还倒上茶。坐在堂屋的一张破圈椅上，和我们说话。由于身材高大，她的背略微有点驼，坐下来以后，显得更驼了，她的手特别大，特别阔，在不经意的抬手之间，似乎能够把我们拢过去，拢到她身边，有一种奇怪的安全感。我完全不记得我们都说了什么话，也非常奇怪，一个三十岁左右，有两个孩子，整天下地干活的妇女，和两个十几岁的小姑娘会有什么样的共同话题。我只记得，我们俩每次都是坐好久，吃好些东西，或者，有时，也在她家吃中午饭，然后，幸福地、做梦一般回家了。现在回想起来，还有一种充溢心间的幸福感和安全感。

谁也不知道巧玉和万青是什么时候联系上的。我的堂哥，万青，和村里其他男人一样，常年在外打工，只有农忙和春节回来。后来老婆病死，他出外打工的时间减少，在家里照顾两个孩子。万青聪明、爱说俏皮话，在村里是活跃分子；巧玉低眉顺眼，很少出入公共场合。他们连碰面的时间都没有。用村里人的话说，还真不知道他们咋对上眼的。同村男子一块儿到巧玉家找明玩耍，打牌、看电视、喝酒、聊天，巧玉往往在做完饭端上之后，就在厨房里待着，很少主动和男人们打招呼，也不像村里其他已婚妇女一样，和男人乱开玩笑。

在以后的几年里，巧玉和万青从偷偷摸摸到半公开，这期间，巧玉挨有多少打，似乎已经数不清了，梁庄村的人们对巧玉家里每隔十天半月发出的惨叫声见怪不怪，只不过，原来人们是骂明，有的还前去拉架，现在只是摇摇头，苦笑一下。巧玉年老色衰的寡妇妈被再次提起，还是那句古老的话，“有其母必有其女”。

巧玉和万青在深圳扎下根，几年没有回来，后来，巧玉的大女儿和万青的两个孩子也到深圳打工，他们像一家人一样，住在一起，过起了日子。明知道巧玉在哪儿，也知道闺女去跟了她妈，但是，非常奇怪的是，他却并没有再去找。时间一久，明的落魄模样就出来了，一个刚硬、火爆性格的人逐渐变成整天沉默寡言、埋头干活的庄稼汉。在一年春节，他终于和巧玉办了离婚手续。

也就是他们离婚的第二年，明被诊断得了脑血栓，中风在床。在儿子打电话到深圳的当天晚上，巧玉和万青就买了回家的火车票。他们重又回到梁庄村，并不只是简单探望一下明，而是长住下来。巧玉和万青开始认认真真地服侍明，巧玉住在明家里，负责照顾病人，收拾家务，万青住在自己家里，种两家的地，农闲时在镇上打点短工。在明需要打针复诊的日子，万青推着三轮车，巧玉跟在旁边，三人一块儿去镇上，或坐车去县医院看病。一时间，他们三人成了方圆几十里内的风景，背后议论无数。一年之后，明去世了，万青把明的房子修缮了一遍，请梁家、韩家的长辈在一起吃了个饭，大意是向大家保证自己不会占据明的宅基地和房子，这也是人们一直在背后质疑的问题。

在古老的乡村大地上，只要你真正做出有美德的事情，人们会自然忽略你的其他问题。早就有人背后议论万青是为了霸占明的宅基地才回来的，也有人认为他们俩是内疚，因为明的病就是给他们气下的，但不管怎样，能够坚持一年，照顾一个臭气熏天、已经不相干的人，并不是件容易的事。巧玉的诚恳与低调使她逐渐恢复了名声，而万青，也因为能够灵活、公正地处理各种事情，很快得到了韩家族人的谅解。巧玉和万青，终于成为名正言顺的、被人祝福的夫妻。

傍晚的时候，夏日的燥气下去，有风吹过，经过大妈家门口，听到了热闹的哄笑声，循着笑声进去，意外地发现巧玉和万青也在家里，问起，才知道，万青的儿子要结婚，他们特地从深圳回来办喜事。巧玉的头发还是老样子，把前面全部向后梳，用一个长发卡拢住，很老式，像五六十年代妇女的打扮，她年轻时就是如此。我是很久以后才知道，在巧玉的头后中间部位，有一片是没有头发的，这是刚结婚时，她那火暴脾气的丈夫给她留下的印记。

巧玉脸红红的，惊喜地看着我，远远地坐着，背仍然驼在小凳子里面。她看着我，好像我们之间很陌生，但那惊喜的表情却又一直挂在脸上，还有一点羞涩，两只大手来回对搓着，流露出内心的紧张。看得出她真的很高兴看见我，但又因为某种原因，她不敢，或者不好意思向我表示进一步的热情，就那么一直远远地看着我。我问她什么时候回来，过得怎么样，她也不说话，只是转向我的堂哥，示意他说，仿佛一切都以他说的为准。我问堂哥，听别人讲，他在深圳还有一个职业，即帮助别人打麻将，替别人支摊，输赢与自己无关，只按时间计费。据说因为堂哥打得好，开始只是偶尔为之,后来就变为专业了。堂哥听了,哈哈笑起来:“这是谁胡编排我?纯是出我洋相，要是真打哩好，我还骑那三轮车干啥？！”但是，他眼睛一闪而过的狡黠却又让人有些疑惑。出去讨生活的人，谁没有秘密?

望着仔细倾听堂哥说话的巧玉，那个善良、温柔的女人还在，那双大手也还在，结结实实的，洋溢着生命力。但这一切，被一种温顺的、服从的天性遮蔽着，只有那些愿意接近她、爱她的人才能够发现。我真的有说不出的激动，甚至想冲过去拥抱她，但我也忍住了。

赵嫂

在村头和其他几位老人说着闲话。赵嫂两口子来了，推着婴儿手推车，车里躺着才刚十个月的小孙女。后面跟着俩孙子，分别有四岁、七岁的样子。婴儿车的把上搭着几块尿布，随风飘着，像旗帜一样，估计是孙女刚尿湿的。一看见我，赵嫂就嚷起来："你在干啥？咋到处都看见你。"我笑起来："赵嫂，不见你干活，就见你走四方。"话还未落，赵嫂就叫道："不干活？我干哩活还少？五六十了，养仨小鳖娃儿，你说还少？叫你养一下试试。"赵家大哥不大说话，在一旁笑眯眯地看着。在我的印象中，好像赵家大哥就没说过话，常年在村里砖瓦厂干活，人干瘦，脸黑得就像烟熏过一样。问赵嫂怎么喂婴儿车里的孩子，累不累？爽利的赵嫂打开了话匣子：

> 我正经是不按你们城里的样子喂。娃儿不到半岁，玉米面、面条、南瓜都吃，吃哩可欢。孩子他妈打电话说，不让这样，不让那样，跟着城里人学。说哩可美，自己又不弄。背背他们眼[1]，我该咋着还是咋着，不按他们那样儿

1　背背他们眼：不能他们看到。

来。你要跟他们那养法，那就叫弄不成。原先，你们那时候，有病了给娃儿沾点土腥气，放到地下滚滚，不也就好了。哪像你们现在养孩子那样子？

他们挣那俩钱算啥！没有俺们给他看小孩，他们出去个屁？！要不是俺们给他们当不要钱的保姆，算算就是没挣钱。我给你算算，老大家两人在一个厂里，有三千多块钱，他俩自己租房子住，连吃带住得花一千多。俩娃儿在镇上她姑那儿上学，哪个月不得几百块钱，要是有个头疼脑热的，也得百十块钱，一个月最多剩下千把块，可不就是俺们老两口的保姆钱。老二家两人在两处打工，都吃住在厂里，一个月还能存上个一千多块钱，老二媳妇拿哩紧哩很，一心想着盖房，也没说多给俺们俩点钱。

你以为他们感谢你，感谢个屁！这里面有啥原因，老人帮他们带孩子，他们的地老人种着，这等于是交换。他们不管你累不累，想着你种他地也算给你报酬了，也不管种地到底能不能赚到钱。有许多娃们出去打工，孩子撇在家里，连一分钱都不给。有的老两口，好几个孩子，你留我也留，要不，吃亏了。还为谁留的多谁留的少打架，非得把老人撕吃了才行。

你看我这辈子容易不容易？可怜不可怜？才刚把他们拉扯出来，又得照顾他们的娃儿，到死都不得安生。你说不管他？眼看他日子过不去，你能不管。在家里没指望，又不让出去打工，儿媳妇非怪死你。你看农村有哪个敢说不管孙娃儿的？现在不给人家帮忙，想找死，老了还想不想活？咱们隔壁李村，老两口七十多岁了，四个儿子，两个闺女，没有一个养活爹妈。到哪家哪家都不欢迎，最后把儿子们告到法院。不告还可能有碗饭吃哩，一告倒好了，老两口连饭都没人送一口。二儿子把钱摔到他妈面前，说："你不是稀罕钱吗？拿去，从此以后，咱们井水不犯河水。"说完，扭头就走。那家大儿子好赖还是个国家干部哩。也不见得咋样，给爹妈办个存折，把法院判的钱汇到存折上，让别人捎回去，见都不见。生气爹妈不顾他面子。现在，那老两口天天哭，后悔都来不及了。

还有，王营也有这事儿，寡妇把三个儿子拉扯大，把房子、宅基地都分给他们了，到最后，仨儿子个个不愿意让老母亲住自己家里。还都有一番理由，说是妈偏心这个，偏心那个。谁多上两年学，多花家里钱，就应该多养活；谁娶媳妇时，妈不愿意，少置办了彩礼；谁自己盖房，妈也没出钱。那说头可多了，听着都嫌丢人。老婆子，嫌丢人，一头扎井里，想自己死了，算了，结果，被救上来，仨儿好上几天，过后还是那样。最后，大队支书说，干脆让法院判。法院也判了，说是老母亲轮流住儿子家，一家一个月，有病集体掏钱。住到老二媳妇家里，刚照顾完媳妇月子，老婆子出去一趟，媳妇就隔着墙头把老婆子的包袱扔了出去，连门都不让进了，说："我就不让住，有本事，还去告去。"老婆子也不敢告，现在到城里给人当保姆了。过几年，老哩干不动了，还不知道会咋样呢？

世道变了，原先是媳妇怕恶婆子，现在是婆子没有不怕媳妇的。有哪个是省油灯？不把你榨干就不算完。你辛辛苦苦替她照顾孩子，回来该吵你还吵你，该不养活你，还不养活你。给他们摆一下自己的功，说那是你孙子，你想让他饿死我也管不着。刻薄哩很。

你说小孩跟他妈有隔阂，不可能，还是人家妈亲。这小鳖娃们都能死了，他爹妈回来最多五分钟，就跟他妈亲哩不得了，前后追着他妈。你稀罕死，一年到头累死，不抵人家妈回来几天。你还不知道吧，我还有俩孙儿，跟着他们姑在镇上上学，把他们姑也累得够呛。我呢，每周还得给他们蒸馍，轧面条。

出去打工的日子过哩可美啦！小两口上完班，回来吃吃饭，就能睡觉了，清闲哩不得了，俺们这些老骨头在家帮他们带小孩。你说，城里幼儿园又上不起，上学也没户口，谁接送？再说在工厂干活，一天下来，那可不是玩哩，累哩就不想动，也不愿小孩泼烦[1]。你侄儿在那啥胶厂里干活，高温，一天下来，烤得受不了，环境还差，咳嗽哩不得了。

你看，这是我那二孙子，一直在生气，怪汪汪的，想上他姑那儿。但他姑好不容易清净一下，也不想带他。这个小女娃子，生下来五个月的时候他妈就走了。这么长时间了，就没回来，就看这个年下能不能回来了。

赵嫂一边“骂”着她的孩子们，一边晃着婴儿车，时不时用手

1 泼烦：麻烦，缠人。

摸摸里面，看孩子尿了没有。农村留守老人的状况和城市的老人问题完全不一样。城市是孤独问题，而乡村的老人却是金钱问题。

农民打工的成本有多高，赵嫂给我们算了一笔账。如果不是老人当免费保姆，帮忙带孙子外孙，降低打工者的生活成本，打工挣的那点钱根本不足以支撑生活。另一方面，老人也不敢太多抱怨，因为将来还有个养老问题。所有乡村老人都是想万一有一天你躺倒在床上，不会动了，不能为人家服务了，指望谁？没有退休金，又没有社会保障体系。你现在不给“人家”养孩子，不努力干活，将来“万一那一天”到来的时候是会有你好看的。农村的观念，是绝对不会接受不替自己照顾小孩的老人，尤其是在这种需要出去打工才能挣到钱的情况下。

从最直观的情况来看，儿女也很少有意识，认为父母年龄大了，应该有自己的生活，他们很自然地寻求父母的帮助。除此，也没有别的办法，因为只有父母愿意做免费保姆。如果有多个儿子，那这家的老人要遭罪了，还有个“攀比”问题，如芝婶和赵嫂都提到的，都是“比着留”，因为你不留，你就吃亏了。即使如此，如赵嫂所言，没有哪一个农村老人会自己优哉游哉，喝着小酒，打着太极拳，眼看着儿女有难处不去管的。赵嫂还属于比较年轻的老人，有许多已经七十多岁的老两口也在强撑着为子女服务，他们也会抱怨，儿女也会心疼，却也没有想过如何改变这种状况，撑到哪一天是哪一天。在这里，探讨作为个人的生活、个人的自由，是可笑而不切实际的。

赵嫂热情地邀我到她家去坐。从外面看，赵嫂的房子非常一般，但是进到里面，看一些细节，就能发现当年主人的精心营造，是冲着住到老死的目的盖的。房子一砖到底，粗直的圆木屋梁，椽子上面铺着一层在乡村极其少见的细竹篾编成的席子。这既起加固的目的，同时也隔绝了瓦层上面的灰尘，又使得房间显得雅致、明亮。地上铺着一层青砖，砖缝用水泥抹得非常平整，扫地时不留死角，整幢屋子里整洁、干净，是一个殷实、富足、会过日子的家庭。当我称赞起房子的时候，赵嫂有些伤感地说:“人家要拆呢！”“人家”就是他的小儿子和小儿媳。大儿子已经在路边买地起了一座两层小楼，小儿折了一些钱给哥哥，这座房子和宅基地算是分给了小儿。

又问老两口将来跟着谁住？赵嫂又是一声冷笑，跟着谁？谁也不跟。你别想着给“人家”侍候儿子闺女了，将来就可以让“人家”养你，门儿都没有。咱也不操那心。我和你赵哥还回到最早的房子里去，在那儿养老。儿子、闺女高兴了看看，给俩钱花，不高兴了，只要不骂我俩老不死的就行了。

我这才了解到，在春节里，赵嫂两口子和小儿、儿媳妇闹了别扭，还吵了一架，原因就是这房子。这栋房子是赵哥赵嫂子俩一生的心血，也是他们作为家长所拥有的房产和权威的象征。赵哥前半辈子在村砖瓦厂里干活，也一砖一瓦一木地积攒自已盖房所需要的东西，光是砖、瓦就攒有八年之久。当属于自己的那窑砖烧出来的时候，赵哥一个人躲在人后面哭了起来。房子是九三年盖起来的，房屋上梁那天，吝啬的赵嫂赵哥又是杀鸡宰羊，又是放鞭炮敬神，总算盖房起屋，像个人家了。那时候，赵嫂的女儿师范毕业，回到镇上教书，两个儿子虽说没有上成学，但也都初中毕业，准备出门打工了。赵家的好光景就要开始了。

在赵嫂子心里，他们为小儿子留这个房子，也是想着将来跟小儿子一起过的。小儿子虽然折了一些钱给哥哥，但是，这些钱远远不够再买宅基地的钱。而大儿子之所以同意，也是认为既然老人将来要跟他们过，那现在少拿点钱也是应该的。

但是，今年春节回来，小儿媳妇提出要重新盖房。在协商的过程中，也暗示将来他们不应该单独承担赡养老人的责任，更何况，赵嫂也帮助大儿子看小孩，不应该只有他一家承担赡养的责任。这就打破了之前的平衡。赵嫂和两个儿子、两个儿子彼此之间开始有些龃龉。按照赵嫂的分析，小儿媳妇虽然表面上提出是要再盖房，实际上就是不想养活他们。把他们盖的房拆了，连证据都没有了，真正到争论的时候，连一点底气都没有，因为你住的也是人家的房。赵哥在旁边反驳赵嫂，认为小儿媳妇还没有那么恶毒，可能也是嫉妒大哥过得好，房子盖得好，现在流行盖平房、小楼房，你这瓦房再好，那不还是瓦房。

我知道，在乡村，经常有这样的情况，如果有两个儿子，往往是家产一分两半，又因为农村宅基地比较紧张，一般是其中一个儿子占用父母的宅基地，另外一个儿子补偿一点钱给这个儿子，这等于说父母到最后是瓦无半片，房无半间，只能依靠孩子。这种分配方法在现代观念里，似乎有点不可思议，因为在此过程中，父母的权利被完全剥夺了。但在乡村，这是再正常不过的情况。在一般状态下，儿子媳妇出去打工，需要老人照顾孩子和房子，不会产生什么问题，但一旦儿子儿媳回来，要落叶归根，问题就出来了。这时候，父母的命运往往是极其凄凉的。

对于老人来说，他们甚至不敢理直气壮地要求儿子尽传统的孝道，如和儿子一家在一块儿居住，要求尊重等等，因为他们没有给儿子提供更多的经济支持。儿子年少出去打工，彩礼、结婚、盖房，全是自己打工挣来的钱，父母根本没有权利支配。而家族制度的衰落、公共道德监督力的衰退、国家在法律与赡养习俗之间的矛盾都使得儿子，尤其是儿媳不把父母放在眼里。社会学家阎云翔把这一现象称为“父母身份与孝道的世俗化”，传统的文化机制遭到破坏，孝道观念失去了文化与社会基础。儿子、儿媳根据市场经济的新道德观来对待父母，两代人之间的关系更多的是一种理性的交换关系，双方必须相互对等地给予。这在这一代的农村父母是绝对没有办法做到的。

在中国文化的深层，有一种本质性的匮乏，即个人性的丧失。由于秩序、经济和道德的压力，每个人都处于一种高度压抑之中，不能理直气壮地表达自己的情感、需求和个人愿望。每个人都在一种扭曲中试图牺牲自己，成全家人，并且依靠这种牺牲生成一种深刻的情感。一旦这种牺牲不彻底，或中途改变，冲突与裂痕就会产生。在日常状态中，家庭成员彼此之间沉默、孤独，好似处于一种愚昧的原始状态，但是，这并不意味着他们对这种痛苦没有体会，只是，每个人都被看不见的绳索捆绑着，无法叙说。一旦矛盾爆发，往往极具伤害性。

非常奇怪的是，从赵嫂，从五奶奶、芝婶一些抱怨性的话中，却仍然可以感受到掩藏在背后的爱与宽容，对儿女，对他们在外面的艰难生活，对身边这一个个让他们老年还不得安生的孙子，仍然有一种非常细腻的感情。虽然他们也担心将来的生活，也担心儿媳的行为，但更多的时候，他们仍然兢兢业业地伺候孙子，替他们承担一切。他们不表达，不但对外人，对儿女更不表达。这一切，是属于地层之下的，被深深埋藏起来，连他们自己也意识不到。乡村的生命，其韧性之大，是与自然界的生物相等齐的。

赵嫂的厨房里冒着香味儿，大概是刚焖好的咸米饭。炒点肉和芹菜，多倒些水，把米放在里面，小火烧煮，二十几分钟后停火，再焖上一段时间，就好了，非常香。在我童年时代，这是只有在改善生活时才做的，一年一个家庭最多也就做那么两三次，也因此，对这香味有独特的记忆。而现在，早已是乡村的家常便饭了。这香的炊烟飘出院子，在乡村的上空散开，氤氲了整个村子。

乡村教堂

第八章　何处是故乡

至 2006 年，穰县新农村建设初见成效。全县所有行政村实现了通油路。积极推进“村庄整治”，修建道路 910 公里，治理坑塘 179 个，兴建村级游园 118 个、文化茶馆 300 个、沼气池 3800 座，安装有线电视 5700 户、太阳能热水器 8700 余台。投资 3400 万元，扎实推进信息村建设，建设信息村 330 个。村级幼儿园、卫生室、商业网点、治安室、村民活动场所等公共服务体系逐步配套完善，村容村貌焕然一新。

——《2007 年穰县政府工作报告》

泥淖

清晨起来，有一种沉重和乏力之感，乡村生活就像一个大泥淖。回来不过月余，总有一种控制不住的想沉下去的感觉，不是有什么外力、强力推你，而是你不由自主地往下落，整个精神越来越散，越来越沉，朝着不知道多深的地方坠落下去，这是一种周而复始的感觉。年年回家之前，总是下定决心多待些时候，但每次都逃跑似的匆匆走了。

我对调查的可能性和有效性产生某种担忧。该怎么说呢？虽然二十岁才离开家乡，离开真正的乡村，而这段时间，在村庄里，也一直和村庄的人们在一起，但是，却深深感到乡村深层结构的难以进入，似乎无法进入他们的话语系统。支书、会计隐约透露的东西，还有那狡黠的眼神，让你很感兴趣，一追问下去，却又是总是顾左右而言他。乡村犹如一张大网，纲和目太多，无从下手。

面对芝婶、五奶奶以及村庄的一些留守老人，我觉得她们的内心是一座深厚的城堡，难以进入。或许，面对我，这样一个外来者和有某种目的的人，她们自然地处于沉默，既没有情感的交融，也不处于同一立场。面对这种情况，我也不知道该如何重新回到话题之中，几乎处于失语状态，对于她们，对于我本人来说，我已经是乡村外部的人。自己的思维和他们的思绪总是处于错位之中。那一天，在芝婶家门口，芝婶五岁的小孙子在浮满垃圾和绿色水藻的坑塘边玩，儿子哭闹着也要去，我严厉地呵斥儿子，不让他去。在拉扯孩子的瞬间，我看到芝婶脸上“明了”的笑容，这使我突然间很羞愧。即使你抱着“重回大地”“重回村庄”的目的，即使你想回到他们中间，做他们的一分子，但几乎是不可能的。你无法摒弃自己的优越感和城乡生活的差异而带来的某种嫌弃感。

国家也在做许多努力，有许多政策的确是在关注农村，关心农村，譬如义务教育，譬如种地免税，譬如各种补贴。国家在做努力。但也正因为如此，这里面的危机与黑洞也更清晰地显露出来。

义务教育终于得以实施，农民再不用为交书杂费而发愁。像我的童年和少年时代，经常因为没能及时交费而被赶出教室。每到开学的时候，就可以看见父亲走门串户的身影，他是在四处为我们借钱交学费。但是，当真正可以轻松上学的时候，孩子上学的热情，农民让孩子上学的执着却没有那么高了。中小学教育在不停地缩小，这固然有人口减少的因素，但另一方面也与乡村文化氛围的淡薄有很大关系。小孩无心上学，觉得到十几岁出去打工就可以了。这形成一种矛盾状态，农民拼命打工挣钱，希望自己的孩子能够有条件接受更好的教育,但孩子却往往不想上学,更早地走进了打工的队伍。

这同时也导致了另一个现象，农村年轻人结婚越来越低龄化。许多家庭，害怕孩子出事，也害怕子女在外面自己谈恋爱，谈一个外地的男孩或女孩,将来走亲戚麻烦不说,万一有个矛盾,很难调解,极其容易离婚。村里几对离婚的年轻夫妇都是这种远距离婚姻，夫妻吵架，说离就离，各回各家，很少有回旋商量的余地。面对这样的情况，家长通常是在孩子出门打工之前，托四乡八邻的亲戚朋友，为孩子找好对象，订婚，很快结婚，然后两人结伴出去打工。至于感情合不合，性格对不对，根本考虑不到。邻村我表姐家的儿子，在江西校油泵的时候，和一个江西的女孩子谈恋爱。传到表姐那里，表姐亲自赶到江西，把儿子拎了回来。一定在家里订好亲，结完婚再让他走。春节见到我这位表侄，打扮很时髦，他给我讲了他的故事，他的那个女孩，他很喜欢她，但母亲犟得很，他一点办法也没有。不过他对母亲的决定也很理解，毕竟都是现实的问题。表姐已经为他订好了亲，是河对岸的一个女孩，表侄说那女孩性格挺好，长得也不错。他决定忘掉江西那个女孩，春节结婚后，带着妻子另找地方，继续校油泵。

种地虽然免税了，但是，父亲就算了一笔账，即使种地不交钱，肥料、种子、人工，在不停涨价。种一年地下来，也只是落个“原地转”，没有什么赚头。因此，打工者回来种地的热情并不很高，只是高兴一阵子。

哥哥家的诊所一个上午也没见一个看病的，问是不是因为另两间房装修的原因，嫂子笑着说：“不是，啥时候都没有人。”自从农村实施合作医疗之后，国家能够报销一部分，农民也就很少来这种乡村诊所。有关系的人家，把合作医疗的一些项目弄到自己的诊所，还能勉强支撑。其他都处于半停业状态，像哥哥这样的年轻人已经在寻找其他出路。但是，即使是这些直接受影响的群体，也没有过多的埋怨，因为都知道，对于老百姓来说，合作医疗是天大的好事。

中国的农民永远是最满足的，给他一点好处就念念不忘。和几个老人在一起，谈到合作医疗、免税、补贴，都非常兴奋，说是几朝几代没有过的事情。按一位老人的话说，现在早晚穿得都像客人一样，没有破烂现象，说话办事不一样。坐在家里，南京北京，国内国外，都了解。各种知识在电视里都能学到看到。当然高兴。

哥哥家门口还在施工，用的工人也是村里王家那一片的人。看到以前熟悉的面孔，心中非常感叹。几个妇女，其中一个是当年村里最俏的小媳妇，圆脸，黑脸蛋儿，眼睛亮亮的，非常活泼。但因为是嫁给王家，村里也没有多少人去注意她。

翻看美籍华人社会学家阎云翔的《私人生活的变革——一个村庄里的爱情、家庭与亲密关系》，阎的这部著作避开社会学家对乡村的结构性考察，而是把重点放在乡村的情感问题上，从这一角度考察乡村家庭关系、人际关系的变化，及与传统现代之间的内在联系。这也是乡土社会学首次“向内转”，把乡村情感生活微妙而丰富的存在给展示出来，非常有启发性。但是，作者是社会学家，所关注的仍是整体性的变迁与结论性的东西，是一个纳入性与体系性的工作。作为一个文学者，我恐怕没有能力做出如此高屋建瓴的结论，我更愿意把目光投向一个个的生命存在，去发现、叙述他们彼此的差异及个体情感的存在,他们在这样的时代所经历的只属于“那一个”的悲欢离合。

被遗忘的人

整个乡村给人一种温暖自在的感觉，虽然有触目惊心的破败。它的确有变化，但也是自在的变化，没有时间与速度，因此，也就没有危机与焦虑。几位妇女在村头树下打牌，有的带着孙子外孙到处闲逛聊天，有的在田地里干活，仅有的青年也在各自忙碌。刚开始的情感预设（悲伤、痛苦、无奈），问题预设（乡村的败落），都慢慢被消解，甚至被否定了，因为在这里，这些都不成为问题，它们只是生活的一部分，是可以被吸纳，消化掉的。

我好像有点为赋新诗强说愁的滋味，甚至有点故意找碴儿的意思。但这样一种明晰的感觉背后又有说不出的困惑。还有一个更为重大的问题：我所讲述的乡村故事，一个个生命，他们的矛盾、痛苦，所面临的问题究竟反映了什么？是这个社会的不公平赋予他们的苦难，还是其他什么？不知道为什么，我不愿意轻易把这些人生、这些生命样态归结到社会、政府上，我总以为，这里面蕴含着更为复杂、多义的东西，它不仅仅与政府相关，也与传统、文化、道德，与这块土地，与这片天空、原野相关，它与已经深深扎根于土壤中的几千年的民族生活息息相关，是一种久远的密码，它是一种民族无意识，而时代政治、政策及由此带来的变迁则只是一个横截面，是暂时的影响，一旦这种强大的外力消失，一切又可能恢复到过去。

我的观点是如此犹疑，不确定。从外部看事物与从内部看事物永远是有差别的。而从底层看事情与从上层看事情也有截然不同的结果。底层问题并非一个简单的压迫与被压迫的问题，它是一个文化力量的博弈过程。这也是那个住在墓地的人给我的启示。

或许有一个最重要的问题都被我们忽视了，即中国农民对政治的冷淡。在农民眼里，社会仍然是别人的，他们不属于其中。所有的好与不好，都只是被动地接受。他们只是“被拯救者”，而不是其中的主人公。乡土中国不仅是地理意义的农村，而且是整个中国社会文化的基本特性。就中国目前的现实而言，政治的、文化的农民仍然被看作是社会的累赘，是一个不得不正视的巨大包袱，而没有把它们作为主体。如果不把他们纳入这个政治社会的主体中来，不以某种方式使他们能够参与政治生活，我觉得乡土问题是解决不了的。

沿着窄窄的田埂慢走，从远处过来一个人，手里拿着一个黑色的塑料袋，边走边东张西望的。应该是捡垃圾的，略微近点看，这个人穿得非常破烂，白褂子已经变成灰黑色，黑裤子，脚上穿着八十年代乡村流行的黄胶鞋。这不是军哥吗？怎么变成一个流浪汉了？兴哥，军哥，还有那个弟弟，我已经忘了他的名字，弟兄三个，父母早逝，都没有结婚，从我记事起，他们弟兄三个就住在路边的一个土屋里。兴哥是退伍军人，小弟弟长得非常俊俏，也非常活跃，后来却做了小偷，常年在监狱住着，也死在监狱里了。关于他，他怎么做小偷，怎么从偷东西到偷女人，村里有很多传说。在村庄生活的两兄弟都沉默寡言。即使冬天的夜晚到哪一家去聊天，也只是黑暗角落的旁听者，从来没有听见过他们说话。再后来，随着老屋的倒塌，这三兄弟也就不知所终了。前些日子遇到兴哥，现在又碰到军哥，才知道，他们仍然在村庄。

看见我，军哥的眼睛似乎亮了一下，但又马上移开，回归一种陌生的神情。我站住，说："军哥，起恁早。"他的嘴巴嗫嚅了几下，想说话，但最终没有说出来，眼睛也没有朝向我，而是朝着四周转了几转，掩饰自己的尴尬。他的脚步没有停，从我身边走了过去。我很奇怪他何以有如此强的陌生感，好像要把自己屏蔽掉，与我们无关，与熟悉的人无关，与村庄无关。

在一个村庄里，在一个生活的群体中，有多少这样被遗忘的人？我想起了春节在万虎家看到的场景。大年初二的中午，万虎端着一碗面条，没有一根青菜，白惨惨的，上面放着两个肝片，这是新年的饭。厨房乱糟糟的，他的妻子，一个曾经聪慧、秀丽的姑娘，因为夏天用井里的凉水洗澡把脑子洗坏了，坐在灶台后，直直地看着我，碗掉了都不知道。万虎的两个孩子，被寒风吹得脸红肿着，身上的衣服也不知道有多少时间没洗了，他们在院子里的小凳子上吸溜着面条，吃得很香。我问万虎，媳妇的病怎样，他说看了好多地方，后来没钱了，就不治了，现在连话都说不出来了。万虎还是有些结巴，憋得脸通红，听了好长时间，才明白，他现在在村里砖厂干活，一个月能挣几百块钱，但是，还不够媳妇吃药。我说不是有合作医疗吗？现在农村看病不是可以报销吗？他摇摇头，似乎有些茫然与不解。我这才明白，像万虎媳妇这样的病并不在医疗报销之内，这是慢性病，不住院，很难报销。连话都说不清楚的万虎是很难去争取一些权利的，我们的政府当然也不会主动来帮助他们。

有多少这样被遗忘的人？小柱、清立、姜疙瘩，昆生……对了，还有万善，一个堂伯家的大儿子，小时候被淹傻了。现在应该已经五十多岁了吧，他常年在外流浪，偶尔回村庄，总是悄悄地沿着墙进到哪一家里，蹲在墙角。给人打招呼，很客气，也很正常，再说几句话，就开始表演，用手把耳朵拧了一下，用标准的普通话说："叮，中央人民广播电台，现在开始广播。"然后，大家就会给他几个钱。这几十年来，每天晚上，他到底睡在哪儿，是一个谜。问哥哥，哥说："哪儿？麦秸堆，窑，野地，到处都是他的地儿。"

还有那耍把戏的小女孩儿。戏班子带着这样几个女孩子，走乡串户，选一个背风的地方，敲一阵锣，就开场了。“咔嚓”一声，小女孩儿的胳膊被卸了下来，那样垂着，像面条一样，软绵绵的，在风里晃着，一直垂着。她的头也一直低着，仿佛抬不起来。有时候为了表现效果，小女孩儿还被要求抖动胳膊，以表明胳膊与身体的确是两截。那奇异的抖动与无力的胳膊，给人以永远难忘的观感。表演完了，大人会带着小女孩到各家去收点粮食，给多少算多少。

他们都到哪儿去了？

小柱埋在哪里？他四岁的女儿又到了哪里？有谁还记得他的存在？他曾经存在过？那样一个鲜活的、健康的生命。小柱，和我一年生的。小时候，我们俩最要好，因为同一年生，似乎格外亲近。七八岁的时候，村里一个人问，你俩谁大，我抢着说，当然我大，我十月份，他四月份，不是我大还能是他大？这成了我的一个笑话，小柱妈、村里人每看见我俩在一块儿，就要笑，都要说起这件事。

我最后一次见小柱大约在十三四年前，过春节。大年初一，早上，我们村庄各家，尤其是一个梁姓家庭都要互相端饭，小柱把饭端到我家的时候，已经九点钟了。我一见是小柱，特别高兴，让他别再跑了，就在我家吃算了。他就留下了。那时候，我们刚二十岁，小柱个子很高大，有一米八左右，长得很洋气，不像农村人，性格本来就开朗，出去几年，又多了一点城市味，显得格外气派。他十六岁就出去打工。在北京干过保安、电焊工，翻砂厂里当过翻砂工，建筑队小工也干过。那一年刚到青岛的一个首饰厂，春节前回来结婚，过完初五就准备走。

没有人知道小柱是什么时候发的病，他在那个首饰厂干有十年时间，前年开始吐血。在县医院住有快俩月时间，血一直止不住，始终找不到病因。最后几个月，多器官功能衰竭，不停咯血，最后，从鼻子、嘴里呛血，轻轻一咳，血就喷出来，家里腥臭难闻。兄弟姊妹们刚开始还积极凑钱，花得差不多，眼看没什么指望了，于是为出钱也生了很多矛盾。没挨到小柱死，大家又都各自回到自己打工的城市。小柱死之后，他老婆带着女儿，又嫁了一家。第二年，小柱妈查出来是胃癌，很快也死了。

梁庄村出去打工的人，除了少数在校油泵，少数大专毕业生在公司干些技术活，大部分是建筑工人、首饰厂工人、三轮车夫、塑料高温车间工人、翻砂厂翻砂工。赵嫂的两个儿子就在塑胶高温车间，还带了同村的几个男孩子去。据他姐姐讲，那环境差得很，他们经常头晕、呕吐。但是，并没有人以为这其中有什么必然的联系，即使知道，只要问题没出在自己头上，都认为很遥远。因为他们干的活，他们的环境，并不是中国最差的。

我少年的伙伴，那一个个少女，清丽、冬香、多子，都到哪儿去了？她们的生活如何？她们是不是也和春梅一样，在家里苦苦撑着，等着那一年中的几天？仅有的幸福的几天，然后又夫妻分离。王家的一个女孩儿，自十几岁出去之后，将近二十年了，就没与家里联系过，她是活着，还是早已葬身于城市的哪一个黑暗角落？

但是，也并非都是绝望或痛心，乡村的痛，乡村的悲，总是同时包含着温暖与坚韧，因此，也还隐约闪现着那永恒存在的希望。就像五奶奶、芝婶、赵嫂和她们的儿女，无论怎样的痛苦、抱怨与争吵，背后还有亲情，还有谅解。

在路上碰到韩家种菜的老两口。我一直搞不清楚怎么叫，韩家和梁家的辈分到底是怎么排的，父亲说那得从山西洪洞县迁过来那一辈儿说起，太久远了。反正，我和这老两口是同辈，叫韩哥，虽然他们已经七十多了。七十出头的韩哥用扁担挑着两筐菜颤悠悠地往这边走，腰几乎快弯成九十度了。韩嫂拿着一把菜，跟在后面，也是颤巍巍的。但很显然，他们还健康。还在田里劳作，依靠自己的劳动赚取生活的费用。

是的，也还是有生机。那天一个堂嫂子来看我，她和丈夫两口子在北京卖有十年的菜，盖了房，还有存款。在和我的交谈中，她用的是普通话，表现欲望很强，凡是谈到大的问题，她都竭力表达自己的观点。言语中对城市人的市民气严重不屑，因为市民总是为几分钱斤斤计较。说起现在房地产的行情，也很有自己的看法。虽然我并不喜欢她那股强势及自鸣得意的劲儿，但是，你不得不承认，常年的城市生活及对自己生活的满意使她有一种自信。那天去嫁到镇上的村里姑娘家吃饭，我为她家里摆设的现代及生活方式的都市化程度而震惊，完全的城市生活模式，让人看到了金钱给乡村生活带来的巨大影响。

但是，身在城市的打工者，却永远是异乡人。回到家乡，堂嫂自信而活泼，然而，在都市里，她只是无数乡村打工者之一，是菜市场里的一个粗笨的卖菜人而已。我的表哥，在北京的一个建筑工地做小工。每次到我家，都手足无措，那种沉默、无奈的表情，常常让我震惊。实际上，他高中毕业，灵动，健谈，有头脑，在他们村子里是以聪明著称的。但来到城市，他只是一个讨生活的，他的情感、智力、生命，与城市没有产生任何交集。

在所谓现代社会中，农民在乡土社会里所形成的思维习惯、语言方式和生活模式完全失效，由“陌生人所组成的现代社会是无法用乡土社会的习俗来应付的”。那在城市各个角落成千上万的民工，他们衣衫破旧、神情怪异、动作拘谨，显得非常愚笨，就好像鱼离开了水，半死不活。谁能想到，在乡村，在他们的家，会是怎样的如鱼得水、生动自然呢？

新生

在一般的概念中，经济的衰退会造成文化的混乱与衰退。这是因为，文化的传承需要一种稳定因素的支撑，生活安定，经济充裕，才能够使文化的内在与形式得到充分的体现。在中国当代乡村，却似乎恰恰相反。如果从最广义的乡村总体经济，从一个农民家庭的总体收入来看，乡村经济的确是在发展，夫妻俩都能打工挣钱，孩子稍大一些也可以到城市里面打工，无论工种好坏，总比单纯种庄稼强得多。但是，文化，无论是传承意义的、个人精神层面的，还是求知方面的，却处于一种断裂与衰退之中。我们，包括国家意识形态和大多数知识分子，总是用“转型”这一词来概括、形容这一断裂，却忽略这一转型背后所造成的“黑洞”效应和巨大的毁坏力。我这里所指的“文化”并不仅仅指传统的一些观念、道德和习俗，也指现实中的文化状态。

就梁庄村而言，整体的，以宗族、血缘为中心的“村庄”正在逐渐淡化、消亡，取而代之的是以经济为中心的聚集地。虽然，作为村庄中的大姓氏，仍然会有安全感和主人翁感，但这种感觉已经被削弱到可以忽略不计的地步。这与一些发达地区为了经济利益，村庄宗族势力再度抬头相反。北方内陆的村庄，宗族势力很少能带来经济利益，因为本地几乎没有资源可以利用，大部分村里人都是出外讨生活。

与此同时，村庄的规划，村庄家庭之间的内在联结，都在发生变化。村庄最好的位置往往住着最有钱的，并以此形成村庄新的等级与阶层。而宗族家庭之间的感情往往很淡，尤其是新一代家庭，各自出门打工，春节回来一聚。对于村庄的政治事务、公共事务，譬如选举、修路、砖厂的去留、学校的建设，他们并不真正关心。

家庭内部也在发生变化。由父母通过日常生活教育孩子各种行为规范，变为由爷奶或亲戚代劳，父母和孩子之间被金钱关系所代替。而随着学校在村庄的停办——它可以看作是统摄整个村庄向上精神的象征物，随着一些德高望重的老人的去世——他们往往是村庄的心灵指向和道德约束，作为文化的村庄从内部开始溃败，只剩下形式的、物化的村庄。这一溃败意味着中国最小结构单位遭到了根本性的破坏，个体失去了大地的稳固支撑。

村庄的溃散使乡村人成为没有故乡的人，没有根，没有回忆，没有精神的指引和归宿地。它意味着，孩童失去了最初的文化启蒙，失去了被言传身教的机会和体会温暖健康人生的机会，它也意味着，那些已经成为民族性格的独特个性与独特品质正在消失，因为它们失去了最基本的存在地。村庄，在某种意义上，是一个民族的子宫，它的温暖，它的营养的多少，它的整体机能的健康，决定着一个孩子将来身体的健康度、情感的丰富度与智慧的高度。

改革开放这么多年，中国农村的确有很大发展，但也带来许多从未有过的问题。这些问题正成为新的环境、新的血液，深刻地影响着农村的整体生存状态。所有这些，只用“转型”二字来涵盖是远远不够的。当以一种“内视角”进入乡村，才会发现，在当代改革过程中，对传统文明与传统生活的否定性思维被无限地扩大化和政治化，普通民众和知识分子对乡村的想象也大多与这一思维同质。

当我就这些疑问与穰县县委书记交流时，他也深有同感。在听到我回来已经一个多月，在老家住着时，他大大地赞叹起来，说：“以往也有学者来调查，但总是三五天就走，然后就写一篇上万字的文章，能有什么深刻的东西？乡村现状、乡村问题绝不是几天就可以看清楚想清楚的。”他给我大开绿灯，指派自己的秘书和我一块儿，在全县范围内走访村庄，扩大眼界，从各个层面了解乡村的整体发展。

我们的第一站是××镇，是九十年代初期兴起的全国知名的乡镇服装批发市场，形成制作、批发、转销一条龙的大型产业链。每年为宣传，镇上要花费数百万请明星、歌星，办大型文艺演出。由于制作的粗劣与仿制品的泛滥，1995年之后，该镇就慢慢衰落了，到2000年以后，就连镇上的居民都遗忘了这里曾经的辉煌。

乡党委书记是一个四十岁左右的转业军人，说话精炼，有条理，正在对服装市场进行大规模地改造，以重新恢复当年的辉煌。我问他：“为什么在已经有广泛影响力的情况下，服装市场会败落？”他很干脆地说：“还是管理者不行，要想成为大型的市场，书记也应该是商人，必须有先进的管理与经营理念，另外，就是商户的素质太低，太不注重产品质量。”他的工作重点，分四步，改造街道环境，包括下水道、电力、路面等等；提高政府行政办事效率，抽调各职权部门集中于一起，使商户手续简单化；抓骨干品牌，骨干企业；扩大宣传，吸引外资。

镇党委书记侃侃而谈，俨然是一个实业家和实干家。他带我们去一家毛衣加工厂参观，这是香港一家公司，老板的祖籍是本镇，在探亲的时候被游说回来开厂。工厂简陋，一个巨大的厂房，开放式的，有电扇吹着。机器在响，女工们在忙碌，一派繁荣景象。

我却对车间里的孩子产生了兴趣。在一位妇女的脚下，躺着一个孩子，正在轰鸣中睡觉，他的脸上落着白色的毛线碎屑，看起来很滑稽；一个孩子还吊在妈妈怀里吃奶，母亲用布兜拴着他，两只手仍然在忙碌；还有几个孩子围着机器，在捉迷藏，做游戏。我想，无论是工厂主，还是书记，都是不会在意这一场景的，因为在乡镇，这样的场景，非常普遍。更何况，母亲能够不背井离乡，能够带着孩子，在村镇附近找来活做，是非常不容易的事情。比起那些在城市打工，把孩子留在老家，或把孩子拴在出租屋里的那些母亲，她们的命运还是好的。

我忍不住问起厂长："这样是否有危险？有没有什么办法解决？"厂长认为危险不大，但他承认这样不合规矩。但是，如果不让她们带孩子进来，她们很可能无法工作。党委书记敏捷地接过话题，现在这样的儿童很多，他准备在厂里办公立幼儿园，妈妈可以把孩子放在这里，以厂为家。这样，既可以让妈妈放心工作，又解决了孩子的教育问题。书记的思路让人为之一振，但是这也只是一种设想，谁来出这样一笔经费，这也是必须要考虑的问题。

该镇党委书记改变了我对基层官员的认识，在中国，也有这样锐意进取、希望做一番事业的官员，不管他是为了个人升迁、名利，还是其他什么，在客观上，他在为公众考虑，在做一些实际的事情。无论如何，对于中国的乡村来说，有这样的官员总是一件幸运的事情。

接下来，我们又去了几个村庄整治的典型乡镇。这是穰县南面的几个乡，我们去的村庄也是该乡的模范村。从县城出发，一直是平坦的柏油路，道路两旁是清新秀丽的白杨树，它们只有碗口粗，这是县委书记来之后为发展杨树经济栽种的。再往远处，是大片大片的庄稼地，玉米、红薯、高粱，也是青葱翠绿，我恍然好像到了南方。到了模范村，才发现，新的乡村规划已经完成。一排排房子，虽然仍是北方普通的屋架房，但是却高低整齐，规格基本一致，房前屋后不再是黄泥土，而是水泥地，有统一的下水道、垃圾池，还有沼气池。沼气池是近几年县里推出的一个节能项目，凡是建造沼气的人家都有三分之二的政府补贴。

我们进到其中一户家里面。这是老两口，儿子长期在外打工，他们在家养些家畜，为了产生沼气，又专门养了两头猪。我们参观了他们的猪圈、沼气池，被里面巨大的气味熏得难以呼吸。问起使用的情况，老两口认为这的确是节省了煤气、煤球钱，就是夏天气味太大。

又去了另外一个乡的一个别墅村，就盖在公路边。蓝天白云下，很漂亮。这是乡党委书记亲自抓的项目，统一样式，中西结合，红砖白墙，圆顶拱门，卧室、客厅、厨房、洗澡间，功能齐全，但也考虑农民的实际情况，譬如房顶是平的，农民习惯在房顶晒粮食，院子里也有车库，放拖拉机和农用车。刚好有几个村民在打牌，就问起盖别墅村的情况。别墅村是乡里统一规划，以社区的方式进行建设，有各种配套的设施，卫生室、宣传栏、健身器材等等都有。最明显的是道路的变化，原来村庄的道路一下雨就泥泞难走，有些地方陡窄难行，拖拉机都过不去。现在道路宽敞平整，一切都现代化，村民真正过上没有泥泞的生活。

在闲谈中，我问大家的意见，从整体上，农民很高兴，统一规划，干净整洁，离自己的土地、原来的村子不远，又在公路旁边，可能会有商机，谁不愿意？但是，并不是家家都有盖房的钱，也不是家家都愿意从村庄里挪出来。其中一个老伯面色凝重，默默地坐着，也不说话。我问他家里的情况，才了解到，他儿子儿媳都在外打工，好的时候，一年能攒个一万多块钱，不好的时候连工作都找不到，还得倒贴钱。为盖这个房子，家里的几万块钱积蓄已经花光，又借了将近两万，还得四五万花。他很惆怅，不知道怎么办。还有一些在村庄里刚盖的房子，政府怎么动员也不愿意搬，造成了新村庄和旧村庄同时并存，反而多占了耕地。

中午与乡党委书记吃饭，他给我的感觉有些浮夸，典型的官僚，一心想显示自己的业绩，镇上那些不伦不类的欧化建筑全部拜他所赐，说是要建国际化乡镇。别墅村是后来又规划的，至少把农民的实际需求考虑到了。在说起别墅村的时候，他非常得意，认为这是给县里树立了一个标杆。当问起农民是否高兴，其中的细节是否到位，如下水管道、饲养家畜、新村庄外部配套等问题时，他非常不屑地说："这完全是农民意识，太过短浅，最终得到好处的是他们。"

和几个乡党委书记交流下来，发现，中央对乡村有全方位的资助政策和管理政策，水利有农田灌溉，具体到井的打建，都有专项资金；环境方面有水污染的治理，生态测量，这几年环保局的工作力度和权力也越来越大，也正因为此，湍水上游的造纸厂和穰县的大型造纸厂、化肥厂才最终真正关闭。

国家对乡村的发展越来越重视，一直在努力寻找一条适合乡村的道路。但是，非常奇怪的是，农民却始终处于一种被动消极的状态，并没有真正的参政意识。这是很值得思考的问题。政府—村干部—农民三者之间始终是三张皮，没有形成有机的统一体。当代的农村政策不停地改变，时好时坏，身在其中的农民不知道哪一种东西还真正属于自己，包括土地。因为没有拥有过权利，农民也不认为有哪些自己应该关心的事情，国家给一点，当然好，不给也是自然。

正在消逝的古老村庄以什么样的方式新生，以什么样的心态、面貌达到健康的新生，这是一个大课题。

文化茶馆

在各村走访的过程中，才了解到，为了提高村庄的文化素质，穰县推广了一项名为“文化茶馆”的文化工程。这使我非常感兴趣，在某种意义上,这也正是对“村庄如何新生”问题的一个解决方案。

文化茶馆由县乡提倡，个人承包，以自己的房屋或大队部的房屋为基点（不另盖新房），承包者自己置办桌椅茶炉，县文化馆拨出专款购买书架书籍放在茶馆里，中央推广的“远程教育”的接线口等其他一些乡村的公共资源也都放在茶馆里。“远程教育”的电视也由政府购买，内容很多，有各种戏曲，港台、国内电视连续剧，其中，最重要的是各种科教知识。这样，农民既可以在茶馆休闲、聊天、喝茶，同时，也可以看书、看电视、学习科普知识。

我们到其中一个文化茶馆去参观。仲夏的午后，漫长、炎热。进入村庄，远远看去，有几个孩子在坑塘里洗澡，脱得光溜溜的，一会儿扎个猛子进去，一会儿又打水仗，很是热闹。走近去，所谓坑塘，只是一个用水泥修筑起来的死水潭。有几个台阶，看起来很整齐，水面却污黑油亮，上面泛着一些脏的东西，有妇女在边上洗衣服，洗那种装化肥的塑料袋。仔细观察水源，水是从上面一个水井引进来的。估计是为了迎合上级的“坑塘改造”工程（这也是一项村庄建造工程）。要想保持干净，必须换水，但很显然，自建成之后没有换过。

文化茶馆就在坑塘旁边，紧挨着还有一个很高很宽阔的台子，这是新搭建的戏台子。我们进到茶馆里面，有几个人坐在那里看电视，应该是港台武打连续剧什么的，打打杀杀的声音十分响亮。靠后墙的地方摆着两个书架，有两个孩子在看书，还有一个中年农民也在看书，非常专心，皮肤黝黑，表情拘谨。另一边是两桌打牌的人。

茶馆的主人看起来快七十岁的样子，走路颤巍巍的，头也稍微有点抖，背已经驼了。一问起来，才五十六岁，这样的衰老程度，即使是乡村的男子，现在也不是很多见。

泡了一碗茶，我们坐下来。在闲聊之中，得知茶馆主人现在带着两个孙子过日子，儿子在另外一个乡的变电站工作，儿媳妇在外地打工。两个孩子留在他这儿，一个七岁，一个三岁。儿子媳妇已经半年没回来了。本来说是暑假让大孩子去他爸爸那里，但是，却因为儿子工作太忙，还要上夜班，又不去了。茶馆的收入是卖茶和打牌的抽钱。客人一碗茶一块钱，再续水不要钱。打牌一桌一下午十元，喝茶不要钱，一天上午下午有三四桌，就会有盈余。

在茶馆待了两个半小时，那位中年农民几乎一动不动，一直在专心看书。到了约四点半钟的样子，他起来了，把书放到书架上，到外面推着自行车走了，自行车后面的篓里放着锄头和镰刀。我到他放书的地方去找他看的书，是《射雕英雄传》。两个十几岁的孩子看会儿书，又看会儿电视，走了。电视一直在播港台连续剧，没有换台。那一桌打牌的人一直在打。中间有人来来去去，但多是在打牌那儿站一会儿，去看书的人并不多。实际上，就读书而言，除了学生应试所必须学的课本和国营的新华书店之外，整个民间阅读处于一种极度萎缩的状态，更不用说阅读的质量问题。我曾经统计过吴镇的私营书社，有四家，一家以影像碟片为主，生意最好，三分之二是香港片，极少数传统戏曲和中国电影，其他三家生意都处于关闭的边缘。其中一家叫“希望书社”，我非常喜欢这一名字。店里武侠小说占满三面墙，大红大绿，装帧粗糙，典型的盗版；一面墙摆的是儿童读物和学习用品；在角落处有一个小书柜，放着几层当代小说、外国文学、励志类和官场黑幕之类的书，没有唐诗宋词或其他古典类的东西。店主说来租书的大部分是镇上初中和高中的学生，少部分镇上的居民，并且几乎都是直奔武侠小说而去。即使这样，生意也越来越差，一是因为这几年吴镇高中、初中都封闭式管理，只在周末下午让学生出去一两个小时；另一个原因就是学生在课余时间几乎都是上网打游戏，很少看书。唯有一个学生与众不同，一个高一的男同学，每隔一周都来借一本中国小说或散文看，像《白鹿原》《围城》他都借过。在和店主的闲聊之中，意外得知，镇上还有一个民间藏书者，是一个老民办教师，家里藏有几千册书，有相当一部分还是线装书。当时一听，非常振奋，我很想去拜访那位藏书者和他的书，就托店主打听一下。结果很让人失望，藏书者一年前已经去世，儿子把他的书全部当废品卖了，还把父亲的书房改造为三间大门面房，做起了五金生意。

我们又出来看那个戏台子。戏台高旷，用水泥垒的台子，四周用钢筋围筑，顶棚用石棉瓦和钢架搭成。问村支书得花多少钱，说是一万元左右。看来这是真实的成本，几个村的支书都这样说。同时支书认为这个戏台子并不实用，从建成到现在演过两场戏。请正规剧团或民间班子来都需要钱，演三四天，需要三千块左右，这对经济并不宽裕的中西部乡村来说是一笔不小的开支。现在家家也有电视，晚间的电视剧都看不过来，人们根本不愿意出来。再加上，村里本来人就不多，能来看戏的就更少。倒是有红白喜事的人家，都在这戏台上放电影，取代了昔日打麦场的位置。村支书承认，如果真的组织好节目，看戏，放电影，周围可以摆摊做小买卖，也会吸引四里八乡的人来看，非常热闹。他们组织过一次。但是，太费力气了，谁有工夫管这闲事呢？

回到县城，和朋友说起文化茶馆的事，朋友大笑，城里文化茶馆倒也不少，几乎就是麻将茶馆了。有些文化茶馆连书也不要了，就是办个证，给打麻将提供一个合法的场所。在穰县，打麻将是全城的一个活动，不管是机关干部，一般职员，还是个体商户，几乎都是麻将爱好者，有固定的麻将友，午饭应酬之后，如果下午没有要紧的事情，就会相互约好，直奔某个固定的地方，从下午打到晚上十二点左右。每天如此。我想，不只在穰县，大半个中国县城都是这样的生活。

在和县委书记谈文化茶馆和戏台时，很显然，他对此的期望很高，他希望能够借助这个平台，政府的帮助，民间的参与，以乡村能够接受的方式来提升乡村的文化品质，增强文化氛围，以对村民形成一种熏染和影响。并且，重新恢复一些传统的文化形式，譬如传统戏、豫剧、舞狮。但是，从实施情况看，却并不理想，这一举措并没有得到村民、市民的响应，在某种意义上反而助长了一些不好的习气。从干部层面看，村支书、乡干部和负责管理的人也只是把它作为一项工作指标，没有真正去组织、监管。国家的一些文化普及举措也并没有真正获得效果，如清道哥所讲，远程教育给你个电视机，扔到大队部，算是回了老家。在其中几个行政村里，大队部里甚至有电脑室，几台电脑都可以上网，有培训室，有几台缝纫机，还有图书室，里面的书也不少，可无一例外，都落满了灰尘。我们去参观的时候，村支书匆匆叫来管钥匙的人，或在地里干活，或到镇上办事，总是需要等好长时间。村民是不会这么麻烦等着去借本书的。这些都使得最初的美好设想被架空。

在乡村的一些镇上，也还有一些民间戏班子，经常被邀请在红白喜事上唱些老戏段。但是，这并不能称为文化回归，真正的“文化回归”并不仅仅指形式上的东西，它应该是对整个中国传统文化、生活方式、习俗、道德观进行重新思辨，并赋予它新的生命力。但是，这一切，都非常难。一种文化，可以在短短几十年内遭到毁灭性打击，要想再重新恢复，是非常艰难的事情，更何况，它身处如此强大的现代化的旋涡之中。

倾听文化茶馆那麻将的哗啦声，遥想那空旷的戏台飘过的寂寞空气，还有几亿少年无所适从的茫然眼神，我看到的是一个民族的文化、生活的颓废及无可挽回的衰退。

再见，故乡！

独自来到墓地，与母亲告别。

不管怎么说，乡村之所以总是能让人产生某种古老、深远的乡愁似的情感，是因为它与原野、山川、河流的天然联系。它把人类的目光拉向广阔、丰富的自然界，拉向无限延伸的天空，让人情不自禁地思考自己灵魂的来源与归宿。

大地，总是永恒。从母亲的坟往远处看，左边是绿色的田野，一望无际的平坦，低矮、新鲜的庄稼充满着生命力，灰蓝、微暗的天空，天边是暖红的彩霞；右边往下看是宽广的河坡，树林郁郁葱葱，粉红色的合欢花在树顶连绵起伏，随风起舞，如同精灵的舞蹈；围绕着树林，笼罩着一团团淡白的轻雾。不知为什么，那一刻，觉得母亲仍与我同在，她躺在这片土地中，而她的女儿在感受着这片土地，用她的灵魂与精神。有一种温暖慢慢进入心间，是的，妈妈，我来看您了，虽然次数越来越少，但每当想到这一方土地，想到在这一方土地上，有您躺着的坟地，就觉得我们心意相通，您还在注视着我们。

少年时代失去母亲，是我永远说不出的痛。想起母亲躺在床上，望着上学的我们，只能发出“啊、啊”的哭声，就无法抑制自己的眼泪，那是一位失去行动、失去语言的母亲的绝望，她无法表达她的爱，也为给这个家庭带来深重的灾难而歉疚。这一哭声犹如长久的阴影跟随着我，我的软弱、自卑、敏感、内向，通通来自于此。

我无法想象母亲在骨灰盒里，尤其是当站在她的坟前的时候，如果没有这象征性的坟头，如果她没有躺在土地之中，我无法想象，她是否还能关注我，我是否还能如此深刻地感到和她心意相通。每次家里有大事，都要来到这里，烧纸、磕头，然后，坐在坟边絮絮叨叨地给母亲说一说。少年时代，哥哥与父亲吵架，深夜里，拿着刀，往墓地跑，我跌跌撞撞跟在后面，心里害怕极了，不只是害怕哥哥会死掉，而是害怕母亲知道家里出了这么可怕的事，那一刻，我真的希望时间永远停下来。至今还能回忆起哥哥的哭声，声嘶力竭，那委屈，那依赖，是只有在母亲面前才能有的。哥哥躺在母亲的坟前，在那里翻滚着，倾诉着，似乎渴望母亲能抱住他，安慰他孤独可怜的心灵。这次回家我才知道，当年父亲手术成功，几个姐姐专门回家，到母亲坟边，把这件事告诉了母亲。这样大的事情必须告诉妈妈，才算达到真正的隆重。

这种古老的凭吊方式难道真的要成为过去？我记得一个南方朋友给我讲她们家乡凭吊亲人的方式，清明的时候，早晨起来，一家人带着吃的、喝的，来到亲人坟边，烧纸、放鞭炮、磕头，然后在那儿吃饭、说话、聊天、打牌，整整待上一天时间，天黑以后才离开。当这样听时，我的心有一种说不出的感动、温暖与辛酸，多么温馨而又自然的纪念方式，陪上亲人一整天，和他一起生活，就仿佛他还在。我无法判断农村土葬能浪费多少土地，但是，如果真的以一种强制性的手段让民众失去这样的文化习俗，对于民族心理、民族性格也是一种伤害。

乡村，并不纯然是被改造的，或者，有许多东西可以保持，因为从中我们看到一个民族的深层情感，爱、善、纯厚、朴素、亲情等等，失去它们，将会失去很多很多。也许正是这顽固的乡村与农民根性的存在，民族的自性，它独特的生命方式和情感方式能够多少得以保留。

而在启蒙者和发展论者的眼光里，这是农民的劣根性，是农民不肯接受新的生活方式、文化方式的落后表现。是不是我们——这些所谓权利与知识的掌握者——的思维出现了问题？我们对自己的民族过于不自信，一切都想连根拔起，直到面目全非。忘记是哪一位学者说的，“现代化是一个古典意义的悲剧，它带来的每一个利益都要求人类付出对他们仍有价值的其他东西作为代价。”

不知道为什么，有一种感觉，我以后会回来得越来越少。当故乡以整体的、回忆的方式在心灵中存在，回来的欲望非常强烈，对它的爱也是完整的，经过这几个月深入肌理的分析与挖掘，故乡在我心中已经变得面目全非。当爱和痛不再神秘，所有的一切都成为功利的东西，再回来的愿望与动力没有了。或许，是我的功利破坏、亵渎了对它的神圣情感，我对五奶奶，对小柱，对我故乡的人们的感情不再纯洁。

再见，故乡。

再见，妈妈。有您在，我会回来，直到我生命停止的那一刻。

祭拜

村里的戏台子

村里的乒乓球桌

工厂

工厂里的小孩

老屋与新房

后 记

我常常想，生长于农村，家庭贫困而多难，我是有福的。它使我更深体会到那掩盖在厚厚灰尘之下的，乡村生活某种内在的真实与矛盾，这一真实与矛盾是一般意义的访客所无法获知的。它就类似于密码，只有出生于这一村庄，熟悉这一村庄的道路、坑塘、田地，和年年月月走过村头那块青石板并在上面崴了无数次脚的人才能够体会到。

另外，就一个文学人来说，拥有大地、树木、河流的童年，那是一种无与伦比的幸运，生命因此更宽广、敏锐，也更丰富、深远。每当踏上故乡的路，想起村头那棵优雅的槐树；想起家门口那棵春天里总是开满白色小花的老枣树，还有，那株开满一束束紫色花朵的苦楝树，微风轻来，那故乡般邈远而馨香的味道；想起村庄后面长长的河坡，少年时代我每天从这里上学放学；想起下雨后，那沟满河平的大地，那深绿油亮的庄稼，那湿润清新的空气，这种记忆总是让我幸福。而作为一位人文学者，拥有对乡土中国的感性了解，那是天然的厚重积累，是一个人精神世界中最宝贵的一部分，它是我思考任何问题时的基本起点，它决定了我的世界观中有土地与阔大的成分。这是我的村庄赋予我的财富。我终生受用。

真正走进村庄，才意识到这还是一片贫瘠的土地，虽然生活全球化了，虽然电视、网络，各种信息都以最同步的速度抵达这里，但是，在精神上，依然贫困。乡土与现代之间的关系依然很远。一直有一种困惑，也许，现代并非都是好的，都是适应这一片土地的。难道中国的乡村一定要如欧洲那样，逐渐城镇化、风景化？难道乡村就一定要按照全球化的模式来发展？这种“熟人式的”“家园式的”乡土文化模式为什么一定要被“陌生人的”“个体式的”城市文化模式所代替？我们在说现代性时，是否过于绝对化了？是否考虑到这片土地的根性？也许这根性仍能够使我们的民族根深叶茂？

古老的乡村模式、村落文化、生存方式的确在发生巨大的变化，在这个意义上，乡土中国在逐渐终结。但这一结论在我看来，是值得推敲并需要警惕的。当把一种正在生长、正在转型的文化看作现实，并从此出发去寻找新的出路的时候，我们忽略掉的是什么呢？是仍处于这一文化中的人们。他们的情感、思想，他们的生存方式并非全然跟随这一转型而变化，相反的是，他们可能仍然渴望回到那种传统的模式中，因为在那里，有他们情感的依托，有他们熟悉的、可依赖的习惯，具有可靠性。这种渴望难道一定是落后，不需要加以考虑的东西吗？它是否还具有合理性？忽略了它，我们会进入怎样的误区？

有没有可能，农民不离开自己的村庄，不进入城市沦为贫民或底层，在他们祖辈生活的地方，也能够过上幸福、团圆、现代，同时也有主人公之感的生活？或者，他们可以堂堂正正地在城市获得生存的空间，夫妻可以团聚，子女可以入学，他们也可以享受社会保障、医疗保险、住房补贴等等在这些城市居民那里已经是最基本的生存条件。这一天，还很远吗？

感谢我仍然生活在故乡的家人们——我的父亲，姐姐、姐夫们，哥哥、嫂子，妹妹、妹夫们。这本书是献给他们的。

他们对文学，对我做的事情所表现出来的热情，对知识的尊重让我感觉到，这个民族还没有失去信心，没有失去对文化和思考的向往，虽然这里面有对我的爱的支撑，但也有他们对严肃意义的本能向往。

父亲抱着病体，跟着我，和我一起到各家去聊天，他敏锐地发现我进入谈话的困难，就主动负责调节气氛，设计了许多细节，引出头绪。

大姐义不容辞地跟着我，她的开朗热情及与乡亲们的自然融入使我也很快地融入到气氛之中。我的大姐，从十七岁起，姐代母职，经历了常人无法想象的艰辛与痛苦，把我们抚养长大，并为六个弟妹一个个安家立业。有她在，我们的心灵才能够安稳。

我的三姐，在母亲生病的那些年，是她，主动退学，整整十几年，让我们上学，而她在家伺候母亲，为我们做饭洗衣。为此，她得了严重的类风湿和营养不良症，有几年时间，她只能弯着腰走路。一段时间内，我们是以一种随时生离死别的心情生活的。但生命是如此坚韧，现在的三姐，仍然瘦小，仍然有病症折磨着她，但她乐观面对，每天出去锻炼身体，也逼着全家人和她一起锻炼，她仍然是这个家的主心骨。

我的小妹，尽一切努力帮我带儿子，使我有充分的时间去闲逛、说话、聊天。我知道，在她心里，她是期望着和我一起的，因为她对这个村庄的所有故事都很熟悉，我对村庄的许多了解都首先来自于她电话里绘声绘色的描述。如果她从事文学，我这个姐姐肯定是自叹不如的。

我的哥哥，我们六个姐妹所爱的哥哥，一想起他来，我们的心中就充满说不出的喜悦和爱意，难道仅仅是因为他是我们姊妹中的唯一男性吗？我说不清楚，反正，黑脸庞、小眼睛、宽肩膀，但又文质彬彬、用心呵护自己爱情与婚姻的哥哥是我和小妹心中的美男。

我的二姐，在和姐夫周旋、撒娇、努力干活之后，终于得以和我一起回到村庄。她仍然是一个文学青年，充满浪漫的梦想，然而，却只能终日和成堆的废铁打交道。回到村庄，回到小河，她兴奋得像个孩子。到了哥哥家里，却因为打牌坐了一个下午，到晚上都不离场。就是这么好笑，这么真实。

还有我的儿子。下火车的时候，县城刚刚下过雨，站台上有些泥泞，三岁两个月的儿子双脚不愿下地，哭着说“太脏”，看着接我的亲人们，我有点羞愧，狠狠地批评了他一通。几天过去，泥土却成了他的最爱。在盛夏的中午，出去一趟就会头晕目眩，他却还在太阳下晒着，说什么也不愿到房屋里。两个月下来，他从白净的小家伙变成了黝黑的、壮壮的小伙子，在巷道里、房前屋后和小伙伴们挖泥，掘地，逮蚂蚁，然后，满头大汗，满脸通红地跑过来要水喝，来不及喝光的样子，就又跑开了。我喜欢极了他这样子，健康，和大地、阳光、植物有直接的联系。我也很高兴我让他有机会接触大自然。冬天又一次回去，他已经如鱼得水，和他的小表哥玩得不亦乐乎，破坏了所有能破坏的东西，而放烟火暂时成了他最着迷的“事业”。

感谢我的先生。他对乡村的了解和对农村问题的深刻理解给了我很多启发。2009 年春节，利用他的休假与我的寒假，他和我，带着儿子一块儿又回到故乡，他对问题的敏锐为我打开了更宽广的思考方向。在关于书的结构、框架方面，他给我很多有用的建议。

在写作过程中，我给许多朋友讲过我的思路，他们都在不同程度上给了我很好的建议。在此衷心地感谢他们。

附录：艰难的「重返」

2012年11月中旬，《出梁庄记》终于交稿。持续的压力突然卸去，我以为我会如想象中那样欢欣和畅快。然而，没有。呆坐在租来的小书房，我不愿看书，也无法思考。这个小书房陪伴我二十个月，让我这个从来没有过书房的人享受了一段难得的安静、独立和内向的生活。因为不断出差，窗台上的那盆文竹经常从碧绿变为枯黄，又顽强地从枯黄变回绿色。每天早晨，来到书房的第一件事，就是往文竹的每一根枝茎上细细洒水，观察那枝茎上的绿色是否又往上攀爬了一些。然而，这一次，那一半却无论如何回不去了。

"我终将离梁庄而去。"好像患了强迫症一样，我在脑海里不断重复这句话。有时候，我惊慌地抬起头，四处看看，我怀疑我已经悄声说了出来。它已经在心里叙说太久，不知道从什么时候开始。也许，从重返梁庄的第一天，从再次看到梁庄淤黑的坑塘、坍塌的老屋、衰老的叔婶，从一次次在城市艰难地寻找、接头，看到堂哥在西安漆黑的厕所、兰子那漆黑眼睛里蓄满的泪水、电镀厂那浓重的雾气时，这句话就像旋律一样反反复复响起，并且音量不断增大，最终，聚合为一个巨大的感叹句出现在"梁庄"的结尾。

我害怕这句话成为现实，也好像是为了反抗这必然的结果，2012年11月下旬，我再次回到穰县。每天早晨，我沿着湍水往下游、上游，或往周边的村庄里走。没有任何目的，只是漫走。丰盛而芜杂的水草蔓延在湍水广阔的湿地之上，层层交结、错综、缠绕，如悬于水上的无边迷宫。踏在上面，如行走于虚空之上，步步心惊。

雾气笼罩村庄。深秋的早晨阴冷、潮湿，树干和枝条因潮湿而变得黑枯，夜晚的落叶被清晨的露珠一遍遍浸压，又经过人的踩碾，显得卑微、破碎，有些难以承受。无论是红砖白墙的高屋、青瓦泥墙的矮房，门口堆积的泥沙、踩得发白的小路，还是那缓慢行走、无意盯视的人，都被这灰色的雾气所统摄。仿佛一切都还是原始的、未经文明触摸过的、未经修改过的世界的一部分。

但又不尽然。在清晨的静谧中，看远处小石桥上来来往往的机动车、小三轮、自行车，无声无息地流过。桥头的肉架子上挂着一扇扇新鲜、粉红的肉，在初阳下微微发光，摊主刀起刀落，又熟练装起，然后，一个人拎着袋子匆匆离去。生活如此古老又新鲜，永恒存在，又永恒流逝。但并不悲伤，甚至有莫名的希望所在。

是的，我不会离开梁庄，虽然在身体上和行为上我即将或已经离开。我清清楚楚地看到我未来的道路，我与梁庄之间将再次被阻隔起来。或者说，我从来都没有真正进入过梁庄。我指的是，它的结构和它的命运。

梁庄和梁庄的生命究竟是什么样子？我与梁庄，梁庄与我，到底是什么样的关系？我为何重返？是否真正到达？在不断“重返”梁庄的过程中，我逐渐意识到，“我”，甚或说，自上个世纪以来，“我们”，在不断逃离梁庄中试图建构梁庄。它的生命、历史、形象，都被盖上种种印戳，并以此成为时代“风景”的基本元素。

我把这篇文章的写作看作一次重返梁庄和反思自己的机会。

一、荒凉而又倔强的生命

因为必然的“归来”“离去”和另一空间的比照,“重返”故乡,在某种意义上,其实是在回望过去、寻找生命的蛛丝马迹和早已隐于时间深处的血缘亲情,它们和现时的形态交织在一起形成故乡的所谓“现实”。当鲁迅看到,“苍黄的天底下,远近横着几个萧索的荒村”时,他看到的并不只是故乡的现实,而是由过去投射而来的“风景”。这一“风景”叠加着童年回忆、家道中落、三味书屋、百草园、祖父、母亲、兄弟一起呈现于他的精神内部,眼前的“村庄”只是让这些内部情景物化了。我们甚或可以说,当“我”在看到“鲁镇”以前,这一苍茫的风景已经存在于作者心中了。这是每一个回到故乡的人都有的先验风景。“梁庄”是由回忆、老屋、家庭的经历这些先在的事物推导出来的一个多重的存在物。

如果不曾离开,我不会如此震惊地看到梁庄的变化。我不会看到村庄的连绵废墟,不会看到坑塘的消失和死亡的气息,也不会看到梁庄小学给梁庄带来的精神上的涣散,当然,更不会看到如怪物般盘踞在湍水的挖沙机,因为,对于梁庄人而言,那是日复一日、年复一年的悄然溃败。

那个老屋并不只是荒凉、废弃的房屋,它承载着我所有的成长、情感和生活,看着它,你想着的是那里面曾经有过的欢声笑语和漫长的哭泣争吵,还有黑暗中经年沉默的母亲;那个小厨房,它竟然如此之小、如此之低,两个人进去几乎已经转不过身,我还记得我和妹妹、哥哥、三姐在一盏昏黄的煤油灯下,围着灶台等待那一锅饭好的时候的喜悦,而最后,不知道谁把煤油洒到锅里了。就这样,我们仍然顽强地在另一边盛起一碗碗的饭。而走过老支书家已经坍塌的院墙时，仍然有莫名的紧张，这个眼大如灯的老支书和他的房屋是我童年和少年时代最直接的压力。

那在墓园后面的河坡上孤独生活的一家人居然还在。只不过，那痴傻妻子已经去世，大女儿也已经出嫁，当年发着高烧、不能动弹、极度营养不良的小女儿，如今已经有着红润的脸庞和羞涩的笑容。而那个沉默的老汉，他是打定主意把自己放逐于尘世之外了，杂乱的白发纠结于头顶，俨然一个孤僻失语的老人。

2012 年 10 月，我和《人民文学》杂志社主编、批评家施战军老师在一次会议上碰到，当时他正在进行《梁庄在中国》（刊于《人民文学》12 期，后出版单行本时改名为《出梁庄记》）的终审。自然，我们谈起了它。他对我说，你有没有意识到，书中有太多死亡了？我一愣，在这之前，我从来没有意识到，更没有察觉到，“死亡”竟是“梁庄”如此正常的风景和如此隐蔽的结构。

确实，开篇有“军哥之死”“光河之死”，第三章有“贤生的葬礼”，第七章“金的千里运尸”，第八章“小柱之死”“无名死亡”，即使在结尾“梁庄的春节”一章中，也有“老党委之死”和流传在吴镇的神话故事“义士勾国臣之死”。

死亡如此随意而密集，犹如尘埃。生命孱弱地生长，又悄无声息地逝去，悲伤、痛哭、欢乐和点滴的幸福都被黑洞一样的大地吸收。我想写出大地的感觉——整体性、混沌性和蔓生性，想写出人（不只是农民）在其中的平常。你只是大地的一部分。人的生命没有高于一切，至少，它不高贵于自然界的那一棵普通的树木，一座平常的山脉，更高不过那永恒流淌的河水和宽阔的山谷。但，尘归尘，土归土。死亡并非意味着走向虚无，相反，它是一种虽然让人怅惘却又踏踏实实的归宿。是的，和树叶飘落一样，清晨的露珠一滴滴地砸向它，把它砸回到泥泞而又柔软的土地中。“每一片落下的树叶在下坠时都在实现天地间最伟大的法则中的一条。”它时刻都在进行，安静又镇定。梁庄，在每一个清晨醒来，又在黄昏中睡去，时间停滞，又长远行进。

但是，如果只有大地，只有人类生命的普遍性背景，而没有社会、文明、制度，没有家、爱、离去——那塑造种种死亡的实在因素，那么，生命的存在样态，它内部的复杂性、差异性又会被遮蔽。

尘土飞扬，农民大规模地迁徙、流转、离散，哪怕“死在半路上”，也要去寻找那“奶与蜜的流淌之地”，确实有《出埃及记》的意味。只不过，“出梁庄”却成为一种反讽的存在。他们没有找到“奶与蜜”，却在大地的边缘和阴影处挣扎、流浪，被歧视、被遗忘、被驱赶，身陷困顿。对他们而言，律法时代还远未来临。他们仍是被遗弃的子民。

我希望能在“普遍”和“实在”之间寻找一种结合，叙述的和存在观的结合。只强调人类普遍性背景对个体生命的存在是不公平的，它会抽象并忽略掉其中丰富、细微和独我的存在。即使同归死亡，其精神和形态也是各异的。

所以，既站在大地之中，又回到文明和生活的内部，把目光拉回到大地上那移动的小黑点，“人”——如何移动，如何弯腰、躬身，如何思量眼前山一样远的道路，如何困于劳累和幸福——是《出梁庄记》最基本的任务，也是我一个小小的野心。

回到“梁庄”。梁庄的“死亡”究竟意味着什么？仅仅几天而已，

“军哥之死”已经成为“闲话”沉淀于梁庄的言语中，现实变为了历史。军哥，已经成为一个被遗忘了的人。梁庄的道德、良心、情感是混沌的、残酷的，但却又有着奇怪的宽容和包容。就像那即将沦为乞丐的清立，他孤独行走在梁庄的边缘，既被遗弃，又气定神闲。就像已经死去的光河，他躺在备受谴责的“用儿女的命换来的房子里”，拒绝进食，此时，梁庄的人们早已忘记自己曾经鄙夷过光河。如果你是启蒙主义者，你会谴责梁庄的人们；如果你是强调生存法则的自然主义者，你无从解释梁庄这样富于包容性和生长性；如果你是个性主义者，你会说他们如此不平等，只看生，不管死。我不敢做出判断。我只能迷惑而犹疑地看着眼前的梁庄，我故乡的亲人们，试图勾勒出其中最细微的逻辑和枝蔓。或者，那也是我们这个生存共同体共有的逻辑和枝蔓。

贤生的葬礼为什么要在梁庄举行？我的二婶，他肥胖的母亲为什么要在那停放儿子棺材的原野上哀哀地哭？她在哭她自己。哭她“没材料”卖了祖屋，以至于让儿子失去了可以“回家”的地方，哭她将来也只能是孤魂野鬼——就像“金”的尸体被千里迢迢运回村庄，哪怕尸体变形、变味，哪怕身体不再是身体。在这里，梁庄不再只是具体的“梁庄”，而是“家”“归属”和“存在”等等具有本源性词语的象征，它们是人类最基本的精神需求。

与此同时，像小海这样的传销者，他的唯利是图是显而易见的，但他对卖假货那种单纯而又可爱的自然状态又使你意识到，不是因为他是法盲，而是我们这个时代的生活就是一种法盲生活，小海只是最赤裸地把它表现出来。

不只是城与乡的关系，不只是农民与市民的关系，也不只是现代与传统的关系，而是这些关系的总和构筑着梁庄的生活，并最终形成它的精神形态和物质形态。我不想把《中国在梁庄》和《出梁庄记》问题化，也特别希望读者能够体会到其中复杂的层面。它不是一个为民请命的文本，而是一种探索、发掘和寻求，它力求展示现实的复杂性和精神的多维度，而非给予一个确定性的结论。

我试图找到的是“梁庄”的结构，它以何种方式与城市、时代精神和当代生活纠缠，包括，与它自身纠缠。有读者把《出梁庄记》归结到2013年的“打工六书”中，这很有意味。但我从来不认为《出梁庄记》仅仅是写“打工者”生活的。我更关注的是梁庄生命的源头，不只是未来，还有历史、过去及这一历史和过去对他们现实生活的影响。我关注梁庄的进城农民与梁庄的关系，他们的身份、尊严和价值感的来源，由此，试图探讨村庄、传统之于农民，也之于我们这样一个生存共同体的意义。我把此看作《出梁庄记》的内在结构。如果没有这一内在结构，那么，《出梁庄记》就缺乏了那种回环往复的时空感和历史感。

我看重“梁庄”里面的细枝末节，刹那的羞涩，无知无畏的坦率，瞬间的凶猛，不肯退去的羞耻，不愿释怀的“无身份感”和那眉间遥远的“开阔”。我喜欢这些“闲笔”。它们附着在梁庄荒芜的场景中，就像那夏天暴雨后的植物，以一种荒凉的方式显示出顽强的活力。我想传达出这一世界的内部，它的蔓草丛生、尘土飞扬、忧伤，还有“生活的动力”。没有哪一个生命和场景完全绝望，即使被侵犯的天真而又迟钝的小黑女儿，在经历过那样的黑暗之后，她依然在成长，生命仍然在蓬勃。活下去，就是一种对抗。

二、“被塑造”的梁庄

然而，似乎并没有那么确定。

写《出梁庄记》开头“军哥之死”时，在反复修改的过程中，有那么一刹那，我突然意识到我在刻意模仿鲁迅的语调，那样一种遥远的、略带深情但又有着些微怜悯的，好像在描写一个古老的、固化的魂灵一样的腔调。我心中一阵惊慌，有陷入某种危险的感觉。我突然发现：我在竭力“塑造”一种梁庄。写作《中国在梁庄》就隐约感受到的某种奇怪的惯性再次控制了我。通过修辞、拿捏、删改和渲染，我在塑造一种生活形态，一种风景，不管是“荒凉”还是“倔强”，都是我的词语，而非它本来如此，虽然它是什么样子我们从来不知道。我也隐约看到了我的前辈们对乡村的塑造，在每一句每一词中，都在完成某种形象。

那刹那的危险感和对自己思想来源的犹疑一直困扰着我，它们促使我思考一些最基本的、但之前却从来没有清晰意识到的问题：自现代以来，中国知识分子们在以何种方式建构村庄？他们背后的知识谱系和精神起点是什么？换句话说，他们为什么塑造这样的，而非那样的村庄，这一“村庄”隐藏了作者怎样的历史观、社会观，甚至政治观？而我，又是在什么样的谱系中去塑造梁庄？

我们在如何想象梁庄？正如故乡的先验性一样，在我们还没有写“村庄”之前，关于“村庄”的想象已经在我们的思维之中。从接受角度看，我们在文学史中所体会到的村庄叙事有宿命般的几重模式：乌托邦式的，田园诗的描述，过于美好的幻象；启蒙式的，带着悲悯和天然的居高临下；原型的、文化化石般的家国模式。后来的作者总是不由自主地掉入其中一种。

古典文学时期，“村庄”并不具备这样独立的、完整的象征性和符号化作用，它在思想史上和文学史上的本体性地位与晚清以来知识分子能够以外部视野审视、观照中国生活有基本关系。实际上，“外部视野”中的“中国”在18、19世纪并不是一个积极的形象，在被迫进入“资本主义世界政治和经济秩序”的过程中，它基本上是作为一种古老封闭、愚昧怪异的形象出现在世界史上，一个异域的、颓废的又原始落后的有着种种不可思议的神秘制度和生活的地方。这在许多外国传教士、旅游者、商人、思想者的著述里都有体现（著作如《穿蓝色长袍的国度》《中国乡村生活》等，如黑格尔就认为中国“缺乏属于精神的所有的东西”，“象形汉字是中国社会停滞的象征”，等等）。它们汇集起来为西方塑造了近代中国的形象，在这背后，有鲜明的西方中心主义和欧洲文明优越论的基本支撑。当代美籍阿拉伯裔文化批评家萨义德在其《东方主义》中最著名的论断是“东方是西方想象出来的”，这当然不是指地理意义上的东方，而是指在相互观照的过程中东方的被客体化和他者化。

但是，如果细究的话，就会发现，不只是西方以“东方主义”的角度来看东方，在“东方”内部，我们也不自觉地按照西方视野中的“东方”来看自己，也把自己“客体化”和“他者化”，并以此来批判和塑造自身（这与20世纪初中国的衰败和知识分子总体接受西方知识体系有直接关系）。“村庄”突然被发现，它成为“东方中国”的活的标本——固态的、停滞的、前现代的存在，文学家、人类学家和思想家都参与到对“村庄”的阐释和塑造中，我们在他们的著作背后可以感受到那双异域的、遥远的、审视的眼睛。

鲁迅的先验思想是什么？当他看到“苍黄的天空下，远近几个萧瑟的荒村”，当闰土轻轻喊一声“老爷”时，他之前什么样的知识谱系、思想经历及对“中国”的认知参与进来并最终形成故乡的这一永恒孤独和沉默的“风景”（除却前文所言的感性基础）？追寻鲁迅“中国观”初期的形成过程——尤其是在域外，日本，他看到什么样的事情，接触了哪些与中国有关的叙事（除了最著名的幻灯片事件），阅读了哪些对他思想产生影响的书籍，这些思想具有怎样的倾向（关于中国），而这些事件、符号、思想最终在他脑海中沉淀化合出怎样的“中国”——将是一个很有意思的事情，它可以探讨现代初期中国知识分子“中国观”的形成过程及与西方叙事、域外视野的关系。

对文学而言（不只是文学），最不可避免的就是，在“看到”某个事物之前，作者已经有一整套的概念、核心词语，并且在不自觉中运用这些概念去理解、分析这一事物。鲁迅小说中的“村庄”充满原型性和启蒙性，它形象地勾画出了一种愚昧、落后、浑然的国民性和生活形态，但是，它忽略，或者剥夺了中国乡村普通生活和生命的内在敞开性，它们被封闭在一个历史空间内，一个固化的且已经丧失活力的空间。而这一空间中的人，似乎很难走出历史框架之外，恰如20世纪初英国作家托马斯·德·昆西所言，“一个年轻的中国人是一个未出生就已经过时的人”。

在塑造“国民性”这一具有整体性的历史概念时，作为个体存在的每一个农民会失去或被忽略他的主体性，即他主动面对历史与自我承担的能力，这是生活往前推进的基本前提。这并不是在谴责鲁迅的叙事具有“东方主义”的特点，而是说，在我们重返故乡或思考村庄之时，我们的前视野非常重要，它必然影响并形成我们所观事物的感觉和判断。它常常表现为一种“道德想象”，即用自己对文化、生活的理解，用自己的认知框架去建构一个“乡村”。维特根斯坦批评弗雷格的《金枝》在阐释原始部落的种种习俗、巫术时有过于明显地把自己的知识框架放置于其上的现象，“弗雷格的灵魂是多么的狭隘！结果是：对他来说，想象一种不同于他那个时代的英国人的生活是多么不可能！”

审视一下中国当代文学史中的乡土小说，就会发现，当代的村庄“风景”和叙事并没有超出鲁迅那一代的内部逻辑。我们不自觉地按照闰土、祥林嫂、阿Q的形象去理解并继续塑造乡村生命和精神状态，它已经变为一种知识进入作家的常识之中。就我自己而言，尽管在《中国在梁庄》的前言中，我告诫自己要避免以自己的知识体系凌驾于村庄生命和生活之上，并因此采用了人物自述和方言的方式，以减少自己的干扰，但是，最终也并没有完成。我注意到，我总是不自觉地在模拟一种情感并模仿鲁迅的叙事方式，似乎只有在这样一种叙事中，我才能够自然地去面对村庄。

这里面其实有着双重的困境。假设写《金枝》的弗雷格没有对自身文明结构和知识体系的深刻认同（与殖民意识、欧洲中心主义和帝国主义紧密相连），那么，他该如何理解并结构原始部落的社会组织、思维特征？假设鲁迅舍弃外视角，即批判性的、先验的知识结构及“我”在文本的实际存在，“未庄”是否就因此拥有了自主性和敞开性？我们看到很多以第三人称书写的村庄和那些以相对客观笔调出现的村庄比“未庄”更加遥远，也更加“古老”和“奇观”，这种貌似原生态的叙事隐藏着更加鲜明的“东方化”特点。早在

1970年代，人类学研究界开始反省民族志调查中强烈的结构意识及学科背后所蕴藏的与殖民主义、欧洲中心主义视野的关系，在经过一系列的检讨之后（最集中的就是1984年开的名为“民族志文本的打造”的研讨会，最后结集出书《写文化——民族志的诗学和政治学》），一批学者提出调查者应该尝试把调查对象当作主体和行动者来写，以他们的语言和逻辑记录并理解他们的生活，而不是简单给出判断。调查者承认自己的主观性和可能有的文化偏见，而非之前所强调的客观性和真理性。

中国的文学创作和研究，尤其是乡土文学的创作和研究，都还缺乏这种反思意识。从现代的《故乡》《阿Q正传》《生死场》《果园城记》，到当代的《陈奂生上城》《乡场上》，再到《爸爸爸》《小鲍庄》《红高粱》《故乡天下黄花》《日光流年》，这其中很多作品的写法和叙事方式已经有所变化，但就作者对“乡村”的整体世界观和叙述地位而言，其实变化也并不大，并且，那双异域的、俯视的眼睛一直都在。如何使“乡土中国”、村庄、农民、植物具有主体性、敞开性，并拥有自我的性格和逻辑，获得和作者平等的视野甚至对抗性，还是尚未开始探讨的问题。

在一种并不明晰的警醒意识中，我最终选择了以“人物自述”作为《中国在梁庄》和《出梁庄记》的基本叙事方式。克利福德·吉尔兹在《地方性知识》中认为，我们在阐释中不可能重铸别人的精神世界或经历别人的经历，而只能通过他们在构筑其世界和阐释现实时所用的概念和符号去理解他们。的确，在反复听自述录音的过程中，我常常被他们语言的丰富、智慧、幽默所打动，他们有自己认知世界的方式和逻辑，简单的一句话中往往蕴含着祖祖辈辈的经验。我尽可能呈现他们说话的原貌，语气、口语、方言，保留那些与主题关系不大但说者又有强烈表达意愿的话，以此达到对梁庄自身历史和生命状态的揭示。

但是，这一自述结构并非完整地契合在整个文本之中，有时候显得突兀、割裂，有时候又因为和“我”的叙述之间的反差而使得这些自述显得冗长、啰唆，其实，是因为“我”的叙述过于拔高和抽象，反而伤害了人物自述所具有的活生生的美感。

《中国在梁庄》有过于鲜明和抒发的味道，这限定了文本意义的扩张和敞开。在写作《出梁庄记》时，我最终选择以一种克制、谨慎、相对冷静又含带情感的语言方式和叙事方式进入“梁庄”，以避免对人物进行截然的判断，而是试图从人物的行动、语言和故事中寻找他的结构和逻辑，更多体察梁庄生活内部的复杂性和生命的多义性，尤其是有可能超越其历史存在的层面。

譬如贤义。他为什么成为“算命者”？他真的懂得传统知识，理解传统文明在中国生活中的意义和价值吗？他那个支离破碎的、混搭的、荒谬的正屋墙壁，似乎彰显着他内心的混沌和芜杂。这样一个“过时了的”“可笑的”人，他的神情居然有着某种清明和开阔。这些神情从哪里来？你很难辨认清楚。在梁庄，这样驳杂而又难以界定的生命和精神非常多。它们从来都不是清晰的，从来都不是非此即彼的，而是又此又彼，既左亦右。这也是我在文中细致描述贤义的墙壁和他的精神状态的原因，我希望能够写出他的复杂性。我对他一直念念不忘，他让我看到在早已被我们否定的古老中国生活和中国知识可能的空间和悠远的东西，他的复杂性也使我意识到简单的判断往往远离生活本身。

我特别担心“梁庄”只被作为一个“活化石”或原型性的存在，只具有历史的、文化的内涵，或者只是过去的某种形态，我希望梁庄和梁庄的生命内部具有敞开性和现实性。拥有这一现实性和敞开性，也就意味着乡村仍然可以和当代生活对话，乡村的生命仍然具有面向未来的可能性。

站在梁庄的大地上，并非意味着你就能够看到并叙说梁庄，相反，你可能离梁庄更远。在这个意义上，“军哥之死”仍然是一个谜。我对《出梁庄记》的开头，对“军哥”呈现在大家面前的姿态和气息至今并不满意。我和其他梁庄人一样，虽然他尸骨未寒，但却已经在像谈过去的事物一样谈论他了，他已经被遗忘了。在关于他的生命存在的叙述中，这是一个无法弥补的残缺和黑洞。

“所有的都是译释，而且我们的点点滴滴俱在其中迷失。”我们在何种意义上能够通向梁庄，能够触摸到军哥沉默的生命，这不只是一个情感问题，而是一个基本的文学问题。

三、“真实”的限度

“真实”是个很奇怪的词，许多时候，我把它作为对我的批评，但这又是这两本书获得频率最高的词语，而我确实又企图在文本中塑造一种“真实感”以带入读者。这也促使我思考，面对这样的评价，为什么我会觉得这是一种批评，而不是肯定？为什么我又要冒险进行尝试？

必须承认，这里面有我的虚荣心在作祟。我不希望“梁庄”只局限在“真实”层面，因为我知道，大部分读者所赞美的“真实”

只是事实存在的“真实”，指的是事件本身，并不包含文学的“真实”。

但我想谈的并不是我的虚荣，而是梁庄的“真实”到底包含着哪些层面。在通行的文学标准中，“真实”只是最低级的文学形式。韦勒克在《文学理论》中谈到“现实主义”时认为，“现实主义的理论从根本上讲是一种坏的美学，因为一切艺术都是‘创作’，都是一个本身由幻觉和象征形式构成的世界”。“真实”从来都不是艺术的标准，这里所说的“真实”是就其最基本意义而言的。“那儿有一朵玫瑰花”，这是可以达到的物理真实。这不是文学。文学总是要求比这物理真实更多的真实。“那儿是哪儿？庭院、原野、书桌？谁种的，或谁送的？那玫瑰花的颜色、形态、味道是什么样子？”这才进入文学的层面，因为关于这些会是千差万别的叙述。

我冒险塑造一种“真实”氛围把读者带入梁庄，是因为我想达到另一种效果，即，让读者感知到“梁庄”是活生生的情境，活生生的人和活生生的现实，它不是与你无关，也不是只在历史深处，而是与你息息相关，在同一时空之中。

这样的结果所面临的第一个发问必然是：你写的是真实吗？这是许多人会问我的话。面对这样的问话，我总是非常为难。但我自己种的苦果我必须吞咽。于是，我肯定地回答，我写的是真实。另一方面，我又会补充：这一真实是我所看到的并且叙述的真实，它们必须是同时存在的条件。物理真实是陈述的基础，而叙述的差异性则是必然的结果。所以，我既希望你认为它是真实的、历史的，同时，也希望你意识到其中作者的叙述性，它是经由作者的思想所结构出的梁庄。我不想打着“真实”的旗号塑造一个伪客观的村庄。

我还是希望读者能够意识到梁庄的叙述性。我不敢狂妄地说我写出了梁庄的全部历史性和现实性。我想，没有一个写作者敢说他写出了全部的真实。因为我非常清楚，我父亲的梁庄和我的梁庄肯定不一样，清立的梁庄和我父亲的梁庄也不一样。同回梁庄，同出梁庄，同听故事，你和我，看到的和写出的肯定不一样。也许，你根本看不到梁庄的芝婶也在为留守孙子的事情而苦恼，因为她看起来是如此雍容闲适，与众不同；在青岛，你会看到电镀厂里很多工人，但你或许就看不到我的光亮叔和丽婶，你也看不到那一年也不歇一天的我亲爱的云姐，看不到那几个妇女在冰冷的夜晚唱赞美诗。你写其他人，和我写梁光亮、云姐是一个道理。我们的真实都是经过选择的真实。哪怕是头顶“非虚构”之名，也不能说自己所写的就是全部“真实”。在听到八十几岁的福伯讲“勾国臣告河神”的故事时，你也很难有突然的震惊和通透。只有在对梁庄人和福伯性格有一个基本了解后，你才会明白，平时木讷的福伯为什么突然眉飞色舞，而我父亲和我的堂兄们又为什么听得那么入神，那么意味无穷，津津有味，因为他们讲的就是自己，就是他们自己的过去和未来。对于梁庄人而言，“勾国臣告河神”并不是一个神话故事，它就是真实。

“真实”需要很多条件。并非你亲身到了某一场地，你就是真实的。那只是一个最无用也最虚伪的假设。“真实”要求你对情境、细节或事件过程的准确描述并具有再现性（这和小说的要求不一样），但另一方面，这些细节肯定不是最核心的要素。因为最终这些事物都必须组成意义，而这一意义是由作者的排列、意图和塑造产生的，它必然会有倾向性。因此，在更多时候，我们所呈现出的或者只是对真实的幻觉，而非真实本身。所以，即使是非虚构写作，也只能说，我在尽最大努力接近“真实”。在这个意义上，“真实”其实是文学的最高要求，不管你是通过小说的虚构、象征或夸张，还是通过非虚构的准确、细节和再现，我们最终想要给世界呈现的都是我们自己认识世界的一个图式。也因此，对自己写作的前逻辑的警醒和考察是一件非常必要的事。

无论是虚构，还是非虚构写作，文学作品中的“真实”并非“是这样”，它更指向“我看到的是这样”。它通过在现实中行走、观察、体验，通过对现实存在的人和场景的描述去达到作者所理解的人、社会和生命，它包含着作者本人的偏见、立场，也包含着由修辞带来的种种误读。

但是，只有在你声称自己是非虚构写作时，你才面临着“是否真实”的质疑和指控。假借“真实”之名，你赢得了读者的基本信任，并且，这一信任被置换为“你描述出了整个世界的真实”，你因此拥有了阐释权和话语权。它使你获得了某种道德优势。你也必须承受这样的质疑和挑剔。

《人民文学》杂志把《梁庄》放在“非虚构”栏目，无意间使“梁庄”获得了一种命名，并因此得到广泛的认可，但也使它陷入某种困境——《中国在梁庄》和《出梁庄记》经常因为不符合“非虚构”的标准而被批评。“非虚构”并不是一个陌生的词语。1950 年代至 1970 年代的美国出现了大量的非虚构作品，学者约翰·霍洛韦尔在《非虚构小说的写作》中定义为“一种依靠故事的技巧和小说家的直觉洞察力去记录当代事件的非虚构文学作品（nonfiction）的形式”，它融合了新闻报道的现实性与细致观察和小说的技巧与道德眼光——倾向于纪实的形式，倾向于个人的坦白，倾向于调查和暴露公共问题，并且能够把现实材料转化为有意义的艺术结构，着力探索现实的社会问题和道德困境。最著名的就是诺曼·梅勒的《刽子手之歌》，但他把这部书的副题定为“一部真实生活的小说”，在其后的小说《夜晚的军队》中，他也加了一个副标题，“如同小说的历史和如同历史的小说”。这些都是对“非虚构”所谓“真实性”的充满矛盾的诠释。“真实”，但并不局限于真实本身，而仍然试图去呈现真实背后更深更远的东西。

有学者认为美国五六十年代社会的剧烈变化是这一文学现象出现的主要原因，艺术家缺少能力去记录和反映快速变化着的社会。美国的这种现象是与其高速的社会发展有关系的。“这一时期里的日常事件的动人性已走到小说家想象力的前面了”，“小说家经常碰到的困难是给‘社会现实’下定义。每天发生的事情不断混淆着现实与非现实、奇幻与事实之间的区别”。非虚构小说的出现是对社会危机的反应与象征。这很有点儿像近三十年来中国社会的情形。在近四十年中，我们完成了西方四百年的历史，在这一转变下，中国生活经历了犹如过山车般的眩晕与速变。光怪陆离的现实常让人有匪夷所思之感，比虚幻更为不真实。在全球化和信息化时代，“真实”和“真实感”反而成为一种稀缺的存在和感觉。

或者，非虚构写作的方式能够把虚幻感、混淆感和疏离感锁定于真实感中，让你必须面对它，会因它而疼痛。它集中在两点，一是准确性，对现实的无懈可击的准确描述与理解；二是还应该具备只有在文学中才有的情感作用。在个人的思索和公众的历史、社会现实之间寻找平衡点。

但是，对我来说，我又不愿意被这一命名所束缚，我愿意去探索一些边界，文体的边界，喜欢看到当超越或模糊这些边界所产生的特殊效果。我也从来不认为《中国在梁庄》和《出梁庄记》是社会学的，因为它并不客观，也并不具备科学性。我听到过很多争论。认为它们是社会学的，会批评它们（尤其是《中国在梁庄》）过于情感化，不够客观，问题不够清晰，也没有提出解决方案；而如果被作为文学文本，它们好像还不够“纯”，形式和结构有些混杂。

说实话，面对这样的歧义甚至争论，虽然有点尴尬，但也愿意由此思考一些问题。文学能够溢出文学之外，而引起一些重要的社会思考，我想，这并不是文学的羞耻。相反，这一文学应该具备的素质之一离当代文学越来越远了。同时，文学文体并非有某种固定的模式，一个写作者如果能够用一种新的结构使文学内部被打开，那无疑是一件幸运的事情。但同时，我也意识到，如果多数人仅从社会学方面来理解这两本书，也恰恰说明它们可能存在着一些问题。文学的结构没有在文学性和社会性之间形成一种张力，而让一方遮蔽了另一方，这说明文本在某些层面还不够成熟。

但不管怎么样，“梁庄”是文学的。它所以让人谈论，恰是因为文学的溢出。梁庄从来都不是客观的、物理的“真实”。生活的复杂性和敞开性远远超出了作者眼睛所见。梁庄是我的故乡，它一开始就是情感的、个人的、文学的“梁庄”。我也是以梁庄女儿的身份重回并体察梁庄，我的所有调查也因这一亲缘关系而变得更加内化和敞开，“我”本身就是梁庄风景的一部分。这里的时间、空间是双重叠加的，这是我和梁庄特殊的关系所致。

因为奉“真实”之名，一切都变得非常艰难。“非虚构写作”变为了一种悖论式的写作。或者，写作本身就是一种悖论。写作要面对世界，但是，我们面对世界时并非为了改变它，而只是为了叙述它。文学者对叙述世界的兴趣要远远大于面对世界的兴趣，更不用说“行动”。我们着迷于叙事和文字本身，并不真正关心真实的世界。

四、“我”是谁？

《中国在梁庄》和《出梁庄记》中都有“我”。有论者这样认为，“不是梁庄要你写这两本书，也不是梁庄人要你写，而是你要写这个梁庄。因为，你需要它”。是的，“我”需要它，“我”想找到救赎。对于我来说，重返梁庄的第一冲动不是想揭示梁庄的真实，而是为了寻找一种精神的源头，以弥补自己的匮乏和缺失，个体精神的要求要远远大于对集体精神的探索。但“救赎”这个词在这里无疑又是高高在上的。你必须意识到，“救赎”“忏悔”本身就是一种居高临下的姿态。想通过“梁庄”来完成“我”的精神重建，这是“我”羞耻的根源之一。无论是作为一个知识分子，梁庄的亲人，还是哪怕只是一个观察者，“我”的身份、位置和叙事姿态都是让人质疑的。

我一度想放弃“我”，用一种完全客观的方式重写梁庄。《出梁庄记》第一章在部分上显现了我的这一放弃，一种遥远的、与己无关的、仿佛是客观存在千年的生活。但如前所述，我并不满意这种固化的和封闭的“风景”。在开始进入城市后，书写每一具体的打工者和打工生活时，我又放弃了这一“客观”。我反复衡量两种写法。譬如“西安”一章。如果完全舍弃“我”，那么，我的大堂哥二堂哥的生活又变为一个“与己无关”的风景，他们与“我”，也就是离每一位读者是被观看者和观看者的关系，是分离的，不是互为所属的关系。因为“我”的存在，他们生活的状态、场景变得鲜活，更有同在感和现场感。

但同时，也因为这一“现场”，它似乎离文学的“自性”远了。这是一种代价。在写《出梁庄记》的过程中，我充分衡量了这一代价后，仍然选择人物自述作为主体。一是两本书有某种延续性，另外，就是，我希望能够把“我”和“梁庄内部”之间真正弥合，并创造一种新的文体。文学并无定法，关键在于你能否使你的框架具有张力并最终变成一种可供叙说的新文体。

我希望能够在文本中如实呈现并探究“我”的存在，因为，唯有通过“我”的眼睛，才能够更加深入地展示出“梁庄”在我们时代和历史中的存在真相。反过来,通过“梁庄”,“我”也看到了“我”自己的历史形象。

“我”是谁？我特别强调作品中的“我”梁庄亲人的身份。书中的人物都是我的亲属，我也以亲属的名称去称呼他们，他们往往是我的堂叔、堂侄、堂兄弟姐妹，哪怕只是按照辈分排的一个亲属关系，它本身就是一个巨大的网络。每个人在这网络上都有自己清晰的标属。梁庄是一个有机的社会网络，并非只是一栋栋房屋。每一个人和另一个人有关，彼此互为所属。在当代社会，他们也利用这一互为所属的关系以“扯秧子”的方式进入城市，并在城市的边缘建构一个个“小梁庄”。在这一“小梁庄”里,他们仍然打架、吵架，爱恨情仇着，但是，他们都有结构感和身份感，在这里，他们感觉到自己在活着。而一旦离开进入城市，他们只是城市边缘沉默风景的一部分，没有身份和依托。

在许多时候，我真的觉得我就是梁庄的一分子。当建昆婶拿着告状信给我看，并希望我能想出办法去惩罚那个十八岁的王家少年时，我突然感到纠结和害怕；当看到梁平那深陷的、明亮而狡黠的眼睛时，我仿佛看到他的叔叔小柱在朝我笑，刹那间，我对眼前这个年轻莽撞的小伙子产生了柔软的感情，我像任何一个家长一样开始对他絮絮叨叨。那一刻，我觉得我是梁庄人。

2011 年 8 月的一个傍晚，我们从南阳贤义家开车回梁庄，突遭暴雨。天瞬间变黑，雨铺天盖地，我小心翼翼地开着车，但却什么也看不见。天地茫茫，我们像被抛弃了。恐惧和不祥的感觉爬升上来。我情不自禁地在心中呼唤着各路神灵，老天爷、耶稣、真主、观音菩萨、土地爷，我在心里一遍又一遍地呼唤他们，向他们祈祷，希望他们保佑我们。我想起了贤义，我羡慕他有神灵的庇佑，羡慕他明亮、平和的双眼。在那一刻，我觉得我就是梁庄人，因为我就是贤义。

但我又始终不是。在梁庄，我时时遇到的是陌生而茫然的目光。即使是在村庄住了几个月，即使是你每年都要回家几次并且每次都尽可能地探访一些人，但是，那眼神投过来的一刹那，你明白，在他们眼里，你已经是异乡人。还有，当你在西安堂哥家的厕所面前徘徊，在小旅馆里如坐针毡，在青岛光亮叔家因霉味而想逃跑时，也都说明了，你不是梁庄人。你已经习惯了明窗净几的、安然的生活，你早已失去了对另一种生活的承受力和真正的理解力。

我不是梁庄人，还因为我时时承担着阐释的功能。许多时候，正是这些阐释，暴露了“我”其实已经不是梁庄人的尴尬事实。《中国在梁庄》在“人物自述”和“我”的议论之间有明显的分裂和不协调。当人物自己讲的时候，他讲的是自己的生活、结构，讲自己对社会的认知和世界观，它所包含的内在层面远远超出了书写者所能理解的层面。反过来，“我”的叙述一方面构成梁庄内部风景的一部分，而一当我以客观的形象进行公共议论时，所运行的完全是另一套话语。比如在“平地掘三丈”那一章里，最后“我”的议论多余而俗气，和老贵叔自己的精彩叙述非常不协调，并且苍白无力。这也显示了“我”作为一个外部人对村庄内部生命的简单化理解。

我是谁？“我”是我们这个时代的每一个人。逃离、界定、视而不见、廉价的乡愁、沾沾自喜的回归、洋洋得意的时尚、大而无当的现代，等等，我们每个人都是这样风景的塑造者。

现在想来，在《出梁庄记》结尾处，“我”的形象很让人生厌。“我”为什么有如此大的无力感？“我”在代谁哀叹、诉说？“我”把这种无力和下坠之感也附着到了小黑女儿身上，这贬低了小黑女儿和“梁庄”的存在。或者，它只是作为中产阶级的“我”的浅薄和软弱而已，“我”却把这些作为乡村生活和精神的全部。小黑女儿还活着，这就是她的意义和力量，这就是“梁庄”的意义和力量，大地再一次包容并继续抚育她。就像那时而世俗、时而铿锵的穰县大调，唱出的是欢乐、悲愁和力量并在的中国。

《出梁庄记》试图揭示“我”在“梁庄”结构中的暧昧存在（这一点也是在重新阅读后才感觉到的），并在文本结构上形成重要的参差和互文作用。“我”的视野、情感和“梁庄”的时空交织在一起，形成一个更大的时空。“我”也是一个“出梁庄者”，当重又回到“梁庄”之时，“我”没有资格做任何道德审判，更没有资格替“梁庄”做出判断。相反，“我”应该是一个被审问者。在西安，那个只有十八岁、倔强的年轻人在“我”面前的羞耻感是对“我”最有力的审判。

他始终没有正眼看我，好像我是他的创伤，好像一看我，就印证了他的某一种存在。

羞耻是什么？它是人感受到自身存在的一种非合法性和公开的被羞辱。他们被贴上了标签。

他为他的职业和劳动而羞耻。他羞耻于父辈们的自嘲与欢乐，他拒绝这样的放松、自轻自贱，因为它意味着他所坚守的某一个地方必须被摧毁，它也意味着他们的现在就必须是他的将来。他不愿意重复他们的路。“农民”“三轮车夫”这些称号对年轻人来说，是羞耻的标志。在城市的街道上，他们被追赶、打倒、驱逐，他愤恨他也要成为这样的形象。

直到有一天，这个年轻人，他像他的父辈一样，拼命抱着那即将被交警拖走的三轮车，不顾一切地哭、骂、哀求，或者向着围观的人群如祥林嫂般倾诉。那时，他的人生一课基本完成。他克服了他的羞耻，而成为了“羞耻”本身。他靠这“羞耻”存活。

为什么这个年轻人对自己的职业（“蹬三轮的”），对自己在这城市的形象，对在“我”面前呈现自己是如此羞耻？它的源头来自哪里？在他那朝“我”一瞥而来的愤怒和羞耻中，似乎有了某些答案。

是的，如果不对“我”进行追问，将无法寻找到社会的根本症结。同样，就文学而言，如果不包含着对“我”的探查，也将少了文学最基本的元素和结构，即对人性和人类文明的思考。

在《出梁庄记》的后记中，我把“忧伤”和“哀痛”作为这本书的关键词。这两个词本身是恰当的，但又都是偏内向的、不那么积极的词语，无意中奠定了这本书的基调。但是，选择这两个词并非是想带出无力感，而是想表达一种历史感。

哀痛和忧伤不是为了倾诉和哭泣，而是为了对抗遗忘。在这里，“哀痛”是一个包含着理性成分的词语，它是我们对传统和过去、对民族自我和个体自我的一种态度。是为了对抗那些坚硬的、集约的话语。每个生存共同体、每个民族都有自己的哀痛。这一哀痛与具体的政治、制度有关，但却又超越于这些，成为一个人内在的自我，是时间、记忆和历史的积聚。温柔的、哀伤的，卑微的、高尚的，逝去的、活着的，那棵树、一间屋、某把椅子，它们汇合在一起，形成那样一双黑眼睛，那样一种哀愁的眼神，那样站立的、坐着的、行走的姿势。

“忘掉哀痛的语言，就等于失去了原本的自我的一些重要成分。”哀痛不是供否定所用，而是为了重新认识自我，重新回到“人”的层面——不是“革命”“国家”“发展”的层面——去发现这个共同体的存在样态。哀痛能让我们避免用那些抽象的、概念的大词语去思考这个时代的诸多问题，会使我们意识到在电视新闻上、报纸上、网络上看到读到的那些事情不是抽象的风景，而是真实的人和人生，会使我们感受到个体生命真实的哀痛和那些哀痛的意义。

但是，如果不能对“自我”提出要求，如果不能把“我”放回到“故乡”及与“故乡”相关的事物中去审视，我们就不可能拥有富于洞察力的哀痛，也就不可能对抗遗忘。这或者是“梁庄”中“我”存在的最大意义。

五、无处抵达的“重返”

“我终将离梁庄而去。”

我想表达什么呢？它是我心中最实在的情感，它几乎成为一种呼喊，在胸腔一点点胀大。烦躁、悲哀、软弱、逃离，它既是一个已经中产化的知识分子在面对艰难人生时的矫揉造作，也是因为你突然瞥到了你背后那庞大的时代映像和不可告人的动机，那深渊之深让人莫名心惊。“我终将离梁庄而去”，也最终将无家可归。

这里面当然包含着一种更大意义的“离开”，我们都在“逃离”。当我们叙说某种“逃离”时，那只是一种抽象的感觉，并未落实到生活的实在，但是，“重返”却使得这一“逃离”之感变得清晰而必然。

沿河而走。晴空之下，岸边一张不易觉察的网把几只小鸟网住了，那小鸟灰背银腹，非常漂亮。其中一只头还上扬着，羽毛凋零，身体枯瘦。不知道已被困了多少天。它还活着。细而坚韧的网线紧紧缠绕在它的躯体上，它越挣扎，那线越紧。每解掉一道线，都有羽毛脱落，露出里面青色的骨皮。另外几只已经死了。据说这样的网是为了逮小鸟以做烧烤。在这一段的河岸边，有许多这样的网。我想找旁边那家人理论，但又不敢，只好在远处怒目而视，看着那进进出出的人。我在心里发誓，当天晚上，月黑风高之时，我一定来把这竹桩拔掉，把网一一烧掉。那天晚上，我并没有去。之后，我也一直没有去。

我心里常常想着那张晴空之中的网，我问我自己，我为什么没有去？

写作与生活之间的关系到底是什么？你发现了你生活的限度和写作的限度。具体的、实在的命运在你面前展开它狰狞而又复杂的形态，你投入了进去，描摹、揣测、理解和感受它内部最细微的纹理和走向，你叙述了他们，而后，你安然退出，任其漂流。如果你的思考不能面对任何的生活，那思考的意义又在哪里？难道你不去看那张网，小鸟就不在那里了吗？

但无论如何，随着时间的流逝，我的这种虚无感和负罪感在逐渐远离。就像现在正在发生的这样。我给自己找了一种解释：这是文学。文学的功能是叙事，是发现，而不是实际的行动。但终究只是一种“解释”，自我解脱的托词，它并没有完全说服我。我清清楚楚地感受到自己的虚伪，无法找到合适的理由。

有时候，我又在怀疑我自己，我之所以对梁庄有如此大的负罪感，恰恰是因为我把它看作低一层次的生活，是我无处不在的可恶的悲悯在起作用。你凭什么要对他们悲悯？那就是他们的生活，不高尚也不庸俗，不富裕但也不是绝对的贫穷，他们依靠自己的劳动挣钱吃饭，并获得些许的幸福和温暖，何来悲悯？你的悲悯贬低了他们的存在。梁庄和梁庄人并不应该只被悲悯，相反，我们要为他们的勇气、韧性而骄傲，为他们在严酷的生活面前仍然努力保持着人的尊严、家的温暖而自豪。

或者，让我们真正感到负罪的是因为我们看到并清楚这个时代运转的不公及历史的渊源，看到那阻碍小鸟飞行的网，看到他们还值得过更好的生活，但是，我们却什么也没做。我们把这种负罪感转化为一种怜悯并投射到他们的生活中，以减轻自己应该承担的重量，同时，也使自己很好地脱责。这是一种更深的不公，在貌似为梁庄人鼓与呼的悲愤中，梁庄再次失去其存在的主体性和真实性。

梁庄的支离破碎不只是生活本身的表现形态，它与写作者及这个社会内心的支离破碎、虚无任性也是有关的。没有“信”的坚定支撑，你无法看到你所书写事物的更深寓意，它们与世界、宇宙，与人心、社会的更深关系。同时，你也无法有一种真正的勇气去面对和承担。村庄的生命在我们笔下犹疑、彷徨、卑微，你也深陷其中，以为本来如此，但或者其实只是我们自己如此卑微。

知识分子的道德包含着什么？我指的不是人品的好坏，而是指一种对应性。如果你的所说和所做并没有达到一种相对的和谐，甚至是完全悖反的存在，那么，究竟该怎样思考这一反差所产生的距离？譬如，你在作品中充满批判性，而在生活中却是完全的犬儒，我指的不是那种为了使自己更好地写作和发声而不得不的内敛，而是指一种自满并自得地和生活达成一致的精神状态和行为。这并不是说你要放弃中产阶级生活，而是说，你在精神上也是自适的。你作品中的批判性被包裹在你生活和精神的自适性之内，无法挣脱出来。当代的作家和学者有一种对自己专业化的沾沾自喜（并非指文学本身的专业化，而是生活的专业化），这一沾沾自喜导致文本常常是一种自足的意识和结构，即使你书写的是有冲突的现实生活，它会破坏文本的内部结构。你掩藏不住你自己。我常常嗅到这种沾沾自喜的气息。我不喜欢这种气息。而这种气息，隐秘地附着在这个时代的每个角落和人心之中。

我想要表达的是：如果你并没有在精神上处于矛盾或痛苦状态，你能否书写出真正意义的矛盾与痛苦？如果你的内心没有经受烈火的煎熬，而只是把那种煎熬作为一种姿态，如果你只是把梁庄——我在这里指的是广义的梁庄，甚或是人间生活——作为他人的生活，那么，你能否写出真正的梁庄？这些，也是在问我自己。

我们该"重返"到哪里？火热的生活中吗？和你所要写的人生共在并共同承担？我不确定。知识分子究竟被困在了什么地方？真正的生活实感来自于哪里？

在中国当代作家里面，张承志是一个有独特气质和精神的作家。我在家乡清真寺里和普通的穆斯林聊天时，发现他们都知道张承志，知道他的《心灵史》《金牧场》，说起他来，神色端然，极其尊敬。对于一个写作者而言，还有哪一种荣幸能超越这种态度？他在他民族中拥有如此高的庄严地位，他通过自己的写作给民众带来思考，并以此修正自己的心灵和行为。

张承志是有信仰的，他也很安然，因为他就在其中。他知道他说的话谁在听，他知道他写出来的疑问有谁也在追寻，他知道他的问题在哪里，他就是作为这群体中的一分子在做自己的事情，并参与到文明和历史的进程之中。

但我没有这种有信的安然。我时常觉得自己处于惶恐和不确定之中。我始终徘徊在门外。我害怕交付自己。多年的灌输使得我们成为知识崇拜者和唯物崇拜者，我们执着于眼见之物，而很难去思考那引领我们精神向上的永恒存在。

从 2011 年起，我也陆续参与一些乡村建设团体的活动，并成为他们的志愿者，做宣传员，给学生上课、座谈，或到一些实践点去考察，和各个行当的人一起开会、探讨。那是一个全新的领域，他们是真正的实践者，在乡村和城市的边缘奔走、呼喊，或默默地做着可能完全失败的种种努力和实验，他们所面临的困顿、挫折和所表现的勇敢是坐在书斋里面的知识分子无法想象的。我敬佩他们。不管他们的观点、行动是什么，彼此之间有多么大的分歧，有这样